la littérature française

Direction : Jean-François Moruzzi
Direction éditoriale : Pierre-Jean Furet
Édition : Christine Martin
Conception et réalisation de la couverture : Patrice Renard
Conception graphique de la maquette intérieure : Nicole Dassonville et Salah Kherbouche
Réalisation : Thierry Decke, FACOMPO
Correction : Chloé Chauveau
Fabrication : Stéphane Mouren

Nunzio Casalaspro

la littérature française

HACHETTE
Pratique

INTRODUCTION

« Ce qui restera un jour de l'Europe ce n'est pas son histoire répétitive qui, en elle-même, ne représente aucune valeur. La seule chose qui a des chances de rester, c'est l'histoire de ses arts. »
Milan Kundera

Nous sommes nombreux à avoir fait cette expérience : un air de musique passe à la radio et aussitôt nous le reconnaissons, nous l'avons entendu mille fois ; mais, dès lors qu'on nous demande d'identifier cette phrase musicale universellement connue ou de nommer son auteur, nous hésitons, nous ne savons plus et finissons par avouer notre ignorance. La musique, évidemment, se prête tout particulièrement à ce genre d'expérience car elle est, parmi les arts, celui qui voyage le mieux dans les mémoires. Mais la littérature non plus ne voyage pas si mal ! Une phrase, une anecdote à propos de Voltaire ou de Proust, un personnage de Rabelais ou de Molière sont forcément inscrits dans un recoin de notre mémoire individuelle pour peu que nous ayons reçu un enseignement scolaire. C'est peu, mais ça n'est pas rien ! Kundera a raison : ce qui restera de notre histoire, ce sont nos arts, lesquels constituent un bien commun dont nous n'avons pas conscience parce que, peu ou prou, que nous le voulions ou non, que nous le sachions ou non, nous en vivons. Essayez donc d'imaginer un monde sans Mozart ou Bach, sans Léonard ou Picasso, sans Rabelais ou Stendhal. Vous n'y arrivez pas ? C'est que ce monde-là est tout bonnement inimaginable ! Oh, on a bien tenté, parfois, de l'imaginer, on a entendu proclamer des phrases comme « Une botte vaut autant que tout Shakespeare ! », mais c'était dans certains des pires moments de notre histoire. La plupart des totalitarismes, rappelez-vous, haïssent la culture, voient en elle leur pire ennemi. Pourquoi ? Je n'ai pas ici le loisir d'en parler longuement, mais disons pour aller vite que les dictatures savent ou pressentent bien que ce petit air de Mozart et cette anecdote à propos de Flaubert constituent une part de liberté qu'elles ne pourront pas nous ôter. Mozart ou Flaubert sont irréductibles à toute dictature.

Ce modeste ouvrage n'a d'autre ambition que de vous aider à vous remettre en mémoire tous ces noms qui constituent notre patrimoine littéraire commun, de vous permettre de parcourir à grands pas les principales étapes de notre littérature, les événements marquants de cette aventure artistique et humaine. L'honnête homme, qui prétend à un minimum de connaissances en matière d'histoire littéraire, doit être capable d'identifier un auteur fameux et de le situer sur une chronologie, de nommer quelques-unes de ses œuvres majeures, de replacer un mouvement littéraire dans son contexte, de citer une formule célèbre prononcée par un de nos grands écrivains. Tout cela vaut bien trois cents pages, sans doute !

Rédiger un ouvrage consacré à la littérature française dans un tel format constitue, il faut bien l'avouer, un pari difficile. La simple énumération des auteurs, accompagnée d'un extrait significatif de l'œuvre de chacun, suffirait à remplir des milliers de pages. Trois cents pages – ou un peu moins –, c'est donc bien peu, mais c'est déjà beaucoup ! Combien d'hommes, par ailleurs plutôt cultivés, combien d'étudiants ou d'élèves, mêmes brillants, sont capables de reconstituer une chronologie sans faille des écrivains français, d'attribuer à son auteur une citation fameuse ou de retrouver sans hésiter le titre d'une tragédie de Racine, d'un roman de Diderot ou de Stendhal ? Ce livre s'adresse donc à un public très large : il peut aussi bien servir de manuel à un élève ou à un étudiant que toucher un public de débutants qui se croient loin derrière les autres dès lors qu'il s'agit de mettre en avant une culture littéraire que beaucoup jugent, à juste raison, indispensable.

Qu'on se le dise : les ouvrages de la collection « Clés en main » sont destinés aussi bien à être lus dans leur continuité que parcourus par « petits bouts », en ouvrant le livre où bon nous semble et en nous arrêtant de même. On pourra, à loisir, décider de se remettre en mémoire la vie de Molière ou celle de Balzac, et puis refermer le livre pour le rouvrir aux pages consacrées à Villon ou à Rabelais. Je ne crois pas avoir oublié beaucoup de noms : l'essentiel de notre patrimoine est là, noms et dates à l'appui. Bien sûr, il n'a pas été possible de proposer beaucoup d'extraits d'œuvres, mais les grandes pages de notre histoire littéraire figurent dans l'ouvrage ou, au moins, y sont évoquées.

Quelques mots concernant les partis pris du livre : j'ai choisi de consacrer parfois de longs développements – si l'on considère la relative brièveté du volume ici présent – à des écrivains qui ne figurent que rarement dans les histoires littéraires (Bloy ou Schwob, par exemple), voire qui n'y sont jamais entrés (Seignolle, Dupré, Cossery, de Roux...). Ces écrivains, je les qualifie d'« oubliés » ou d'« infréquentables ». Lecteur, sache-le, l'histoire littéraire – comme la grande histoire – est aussi affaire de parti pris, et les écrivains en question ont été oubliés ou sont devenus infréquentables à cause, parfois, de la mauvaise réputation qu'on leur a faite, réputation qu'on peut trouver injuste comme on le verra. Quant aux autres, qui figurent au panthéon de notre littérature, j'ai voulu de temps en temps secouer un peu la trop bonne rumeur qui les entoure : ai-je été injuste envers Sartre en le peignant comme un révolutionnaire de salon, prêt à prendre le maquis du côté de l'Odéon ? Dans la rivalité qui opposait Camus à l'auteur des *Mains sales,* j'ai, je l'avoue, plutôt pris parti pour l'auteur des *Justes.* C'est Kundera encore qui rappelle, dans *Le Rideau,* que Camus était méprisé par les milieux intellectuels parisiens parce qu'il était pied-noir, parce qu'il était le fils d'une mère illettrée. Bref, on le jugeait vulgaire. Me suis-je trompé en sous-entendant que Mauriac était un catholique méchant parce qu'il riait de la mort de Camus ? Peut-être ! Néanmoins, un des partis pris de ce livre fut justement de prendre parti et de parler, par moments, avec une liberté de ton qu'on voit rarement dans de tels ouvrages.

Concernant les auteurs contemporains, on s'étonnera peut-être de ne pas voir figurer certains noms d'écrivains à forts tirages. À cela, je réponds que les forts tirages en question nous dispensent largement de faire la publicité de ces hommes ou de ces femmes déjà célèbres, même si ce critère des chiffres de vente, je le précise, n'a pas suffi à écarter certains auteurs, qui figurent en bonne place ici. Nous ne disposons pas du recul nécessaire pour dire qui, parmi les auteurs qui bénéficient d'une large reconnaissance aujourd'hui, vieillira bien et passera à la postérité. Un horizon se dessine pourtant, où des écrivains encore vivants semblent appelés à durer : je les ai nommés en fin de parcours. La sélection donnée ici pour ces contemporains – sans relever de l'arbitraire car je suis loin d'être le seul à les considérer comme prometteurs ou confirmés – trahit sans doute mes goûts personnels, que j'assume !

On notera enfin, pour en terminer avec cette histoire de partis pris, que j'ai tenu à faire entrer dans ce livre des écrivains dits francophones, et donc non français, qui me semblent parfois écrire une langue que de nombreux auteurs de France devraient envier. Comme je l'ai écrit dans une des rubriques, un certain goût contemporain pour l'autofiction me paraît relever de l'exhibition et du voyeurisme et, de même qu'on parle de téléréalité, on pourrait parler, pour une certaine littérature à succès, de « littéréalité ».

SOMMAIRE

1. Le Moyen Âge : épique, populaire et courtois

2. Le XVIe siècle : un nouveau monde, l'homme

➲ 3. Le XVIIe siècle : l'ordre classique

➲ 4. Le XVIIIe siècle : libertin et révolutionnaire

➲ 5. Le XIXe siècle : romantique, réaliste et symboliste

6. Le XXe siècle : comment survivre à deux guerres

INTRODUCTION

Dix siècles en un clin d'œil

Dames et chevaliers courtois, récits épiques évoquant les exploits de Roland, voilà certains des premiers mots qui nous viennent à l'esprit lorsque nous pensons au Moyen Âge littéraire. Mais avant d'arriver à la chanson de geste et au roman courtois, le chemin est long ! À ces chefs-d'œuvre, il faudra une langue, le roman, ancêtre de notre français. Et cette langue va beaucoup évoluer, tout au long des siècles que regroupe le Moyen Âge : le français de Villon, au XVe siècle, n'est plus le même que celui de Chrétien de Troyes, auteur de romans courtois du XIIe siècle. Avant même de suivre les grandes étapes de notre littérature médiévale – littérature épique, courtoise, populaire –, avant de jeter un œil du côté des poètes, des trouvères et des troubadours, un peu d'histoire, pour remonter à l'origine de notre langue.

1

Le Moyen Âge : épique, populaire et courtois

1 Un peu d'histoire

L'envahisseur romain impose à la Gaule sa langue, le latin, qui évoluera en ancien français, puis en moyen français, à partir du XVe siècle. L'ancien français, première langue romane écrite, devient langue littéraire à partir du IXe siècle.

Sous l'œil des barbares

Vercingétorix contre Jules César. Nos ancêtres les Gaulois, la chose est sue, furent battus en 52 avant Jésus-Christ à Alésia. Nous voilà partis pour quatre siècles de vie romaine ! La Gaule prend pour capitale Lyon, adopte le latin et la culture des envahisseurs : philosophes et poètes grecs et romains. La *pax romana* (« paix romaine »), cependant, a une fin. Au début du Ve siècle, en 406, les barbares de l'Est menacent les frontières de l'Empire, traversent le Rhin puis déferlent sur la Gaule : Burgondes, Suèves, Alains, Vandales, tels sont leurs noms. Au Sud, en 410, les Wisigoths entrent dans Rome. Une centaine d'années plus tard, c'est reparti : les Francs entrent par le nord. Ils prennent roi : ce sera Clovis. Son grand-père, qui se nomme Mérovée, est le fondateur de la dynastie mérovingienne.
L'Empire romain, quant à lui, vit sa fin : en 476, c'en est fait de lui, le dernier empereur est déposé.

Comment perdre son latin

En Gaule, donc, Goths et Francs se partagent le territoire. La langue et la culture latines se voient mises à rude épreuve ! Le latin écrit tient le coup, grâce aux hommes d'Église et aux monastères, où les moines copistes maintiennent l'enseignement classique. La langue parlée, elle, change rapidement. Le peuple perd son latin !

Pour en savoir plus

Mille ans d'histoire
Lorsque l'on aborde le Moyen Âge, il faut garder à l'esprit que l'on a sous les yeux une période très longue de notre histoire. De 476, date de la chute de l'Empire romain, à 1453, année où les Turcs prennent Constantinople (l'actuelle Istanbul), il s'est écoulé près de mille ans !

La langue romane, langue du peuple

Au VIIIe siècle, cette langue parlée a tellement évolué qu'il faut avoir fait des études pour comprendre le latin ! Charlemagne (742-814) doit se rendre à l'évidence : au sein de son empire, on parle une quarantaine de langues, issues en grande partie du latin et mêlées de termes hérités des langues barbares ! Le français va naître, issu de ce parler roman, la *romana lingua.* En 813, au concile de Tours, on invite les prêtres à faire leurs prêches en langue vulgaire « gauloise » ou « teutonne », mais il faut attendre 842 pour voir la langue nouvelle entamer son aventure écrite, lorsque, après la mort de Louis le Pieux (778-840), Charles le Chauve et Louis le Germanique – deux petits-fils de Charlemagne – se jurent assistance mutuelle et fidélité contre leur frère Lothaire. Un an plus tard, les frères se sont réconciliés et Charles le Chauve obtient en partage la Francia occidentalis, bientôt la France !

842 : *Les Serments de Strasbourg,* premier texte de la langue française

Langue française ? C'est beaucoup dire... Lisez donc un extrait de ce texte composé en protofrançais, pour voir si vous y comprenez quelque chose ! Protofrançais et protoallemand aussi, sans compter le latin ! *Les Serments de Strasbourg* existent en fait en trois langues.

Louis le Germanique : *Pro deo amur et pro christian poblo et nostro commun salvament, d'ist di in avant, in quant deus savir et podir me dunat, si salvarai eo cist meon fradre Karlo et in aiudha et in cadhuna cosa, sicum om per dreit son fradra salvar dift. In o quid il mi altresi fazet, et ab Ludher nul plaid nunquam prindrai qui meon vol cist meon fradre Karle in damno sit.* Voici la traduction : « Pour l'amour de Dieu et pour le salut commun du peuple chrétien et le nôtre, de ce jour en avant [dorénavant], autant que Dieu m'en donne savoir et pouvoir, je défendrai mon frère Charles, ici présent, et par aide et en chaque chose, comme on doit, par [le] droit [naturel], défendre son frère ; à condition qu'il en fasse autant pour moi ; et avec Lothaire je ne traiterai jamais aucun accord qui soit, par ma volonté, au préjudice de mon frère Charles, ici présent. »

L'ancien français, première langue romane attestée à l'écrit

Sur notre territoire actuel, parmi une foule de dialectes locaux, deux langues vulgaires commencent à se différencier : la langue d'oc, au sud, et la langue d'oïl, au nord. Les textes littéraires français que nous allons parcourir sont, pour l'essentiel, issus de la langue d'oïl (ou des langues d'oïl, car elles sont plusieurs). Le français que l'on écrit, du Xe jusqu'au XIVe siècle approximativement, est en fait de l'ancien français, inaccessible sans traduction. Entre le XVe et le XVIe siècle, on écrit le moyen français, langue de Villon et, plus tard, de Rabelais.

La Séquence de sainte Eulalie, premier texte littéraire français

Les Serments de Strasbourg, premier texte français ? Oui, mais il faut attendre encore un peu pour voir arriver le premier texte littéraire : *La Séquence de sainte Eulalie*, ou *Cantilène de sainte Eulalie* (880 ou 881), tel est son nom. Voici un extrait de ce poème de vingt-neuf vers décasyllabes (dix syllabes), qui rapporte le martyre de sainte Eulalie de Mérida, laquelle ne voulut pas renier le Christ devant Maximien, roi païen. Il s'inspire d'un hymne du poète latin Prudence.

Texte en roman

Buona pulcella fut Eulalia
Bel auret corps bellezour anima.
Voldrent la ueintre li d[õ] inimi,
Voldrent la faire diaule seruir
Elle nont eskoltet les mals conselliers :
Quelle d[õ] raneiet chi maent sus en ciel
Ne por or ned argent ne paramenz.
Por manatce regiel ne preiement
Niule cose non la pouret omq[ue] pleier.
La polle sempre n[on] amast lo d[o] menestier.

Adaptation française

Eulalie était une bonne jeune fille.
Elle avait le corps beau et l'âme plus belle encore.
Les ennemis de Dieu voulurent la vaincre ;
Ils voulurent lui faire servir le diable.
Elle n'écoute pas les mauvais conseillers
Qui lui demandent de renier Dieu qui demeure au ciel là-haut,
Ni pour de l'or, ni pour de l'argent, ni pour des bijoux
Ni par la menace ni par les prières du roi.
Rien ne put jamais la faire plier ni amener
La jeune fille à ne pas aimer toujours le service de Dieu.

La petite histoire

Pourquoi oïl et oc ?
Eh bien, oïl *et* oc *sont deux façons différentes, au nord et au sud, de dire « oui ».*

Des soudards aux amoureux transis

02

Entrons maintenant dans notre sujet. Partons à la découverte des chansons de geste – avec notamment la fameuse *Chanson de Roland* – et de la littérature courtoise, où la poésie et le roman célèbrent les amours heureuses ou malheureuses, souvent interdites, des preux chevaliers. Souvenez-vous : Tristan et Iseult, Arthur, Merlin, le Roman de la Rose...

La littérature épique : les soudards et leurs gestes

Briscards, drilles, mercenaires, la liste des synonymes du mot « soudard » est longue, mais peut-être pourrait-on se contenter de « soldat ». La littérature épique raconte, sous une forme poétique, les faits de guerre de l'aristocratie française. Ce sont ces récits que l'on nomme « chansons de geste ».

La chanson de geste, ou « matière de France »

Composées en langue romane et transmises oralement par les « jongleurs », poètes de langue d'oïl, les chansons de geste célèbrent donc les exploits guerriers des nobles du temps passé, par exemple lors des croisades. Ces chansons se répartissent principalement en trois cycles :

– le cycle de Charlemagne, ou geste du roi de France, qui rapporte la vie de Charlemagne ;

– le cycle de Guillaume d'Orange, ou cycle de Garin de Morgane, composé de vingt-quatre chansons, où l'on assiste aux combats contre les Sarrasins au moment de la bataille de Roncevaux ;

– le cycle des barons révoltés, ou geste de Doon de Mayence, dans lequel les vassaux, barons ou comtes, se révoltent contre l'empereur ou le roi.

Pour en savoir plus

Les jongleurs, une mémoire d'éléphant

Artistes itinérants qui chantaient ou récitaient des chansons de geste dans les cours seigneuriales ou dans les villages, les jongleurs (ou ménestrels) sont le plus souvent des exécutants, des interprètes, alors que les troubadours et les trouvères sont les auteurs des textes qu'ils récitent. Les jongleurs pouvaient cependant introduire des variantes dans le texte qu'ils chantaient, en s'accompagnant d'une vielle. Les jongleurs connaissaient parfois des milliers de vers par cœur ! Ont-ils disparu, depuis le Moyen Âge ? Certains interprètes orientaux (iraniens, tadjiks, mongols) ou africains peuvent encore aujourd'hui réciter de mémoire des épopées nationales comptant des dizaines de milliers de vers !

Charlemagne et Roland, en geste et en vers

La plus fameuse chanson de geste, *La Chanson de Roland* (vers 1098), est un épisode de la geste du roi de France. Elle raconte le retour victorieux de Charlemagne, après sept années d'expédition militaire en Espagne contre le roi Marsile. L'action principale ? Roland est resté en arrière, avec les douze pairs ; à Roncevaux, il est attaqué par les Sarrasins après la trahison de son beau-père, Ganelon. Les musulmans sont trop nombreux : vingt contre un ! Les Francs se battent héroïquement, mais sont vaincus. Roland va mourir. Olivier, son compagnon très cher, a succombé avant lui. Le héros sonne du cor, mais trop tard. Avant de mourir, Roland tente de briser sa célèbre épée, Durandal. Peine perdue ! Le rocher se fend, mais l'épée reste intacte ! Charlemagne fait demi-tour, et il trouve Roland mort. Les infidèles vont être châtiés, avec l'aide de Dieu : le soleil a arrêté sa course pour quelques heures, le temps de punir les Sarrasins. Charlemagne rentre à Aix-la-Chapelle. Ganelon est écartelé, et la fiancée de Roland, Aude, meurt de chagrin.

La Chanson de Roland

Turold, laisse 168, vers 2259 à 2270 : la bataille entre l'arrière-garde et les Sarrasins continue ; Roland va mourir de l'effort d'avoir sonné l'olifant.

Ço sent Rollant que la mort li est près :
Par les oreilles fors s'e ist li cervel.
De ses pers priet Deu ques apelt,
E pois de lui a l'angle Gabriel.
Prist l'olifan, que reproce n'en ait,
E Durendal, s'espee, en l'altre main.
Plus qu'arcbaleste ne poet traire un quarrel,
Devers Espaigne en vait en un guaret ;
Muntet sur un tertre ; desuz dous arbres bels
Quatre perruns i ad, de marbre faiz ;
Sur l'erbe verte si est caeit envers :
La s'est pasmet, kar la mort li est près.

Roland sent que la mort est proche pour lui :
par les oreilles sort la cervelle.
Pour ses pairs, il prie Dieu, il le prie de les appeler ;
pour lui-même, il prie l'ange Gabriel.
Il prend l'olifant, pour être sans reproche,
Et Durandal, son épée, dans l'autre main.
Plus loin qu'une arbalète ne peut tirer un carreau,
Sur la terre d'Espagne, il va en un guéret ;

La petite histoire

Charlemagne, empereur à la barbe fleurie ?

Le grand Charles (voilà ce que signifie le nom « Charlemagne ») avait-il la barbe fleurie ? Non ! Le texte latin parle de fiori, *qui signifie « glorieux », « brillant ». « Fleurie » est donc une simple erreur de traduction !*

Il monte sur un tertre ; là, sous deux beaux arbres,
Il y a quatre perrons, faits de marbre ;
Sur l'herbe verte il est tombé à la renverse :
Là il s'est évanoui, car la mort lui est proche.

Les chansons de geste : épopées en laisses et en vers

Les chansons de geste sont composées de laisses, des strophes dont le nombre de vers peut aller de sept à plusieurs centaines.

Une laisse correspond à un épisode. En général, chaque début de laisse reprend un vers (le premier ou le dernier) de la strophe précédente. Pourquoi ? N'oublions pas que ces épopées étaient récitées ou chantées : le retour d'un même vers permet de se remettre dans l'action et constitue, pour le jongleur, une sorte de repère dans la narration.

Mais pourquoi « geste » ? C'est que le genre de l'épopée est très ancien : les *res gestae* (« choses accomplies »), à Rome, rapportaient déjà les épisodes glorieux des héros nationaux.

Quelques épopées célèbres à travers le monde

- *L'Épopée de Gilgamesh*, récit légendaire de l'ancienne Mésopotamie (XVIIIe-XVIIe siècles avant Jésus-Christ).
- Le *Chahname*, « le livre des rois », épopée nationale iranienne de Firdoussi (934-vers 1020).
- L'*Iliade* et l'*Odyssée*, deux épopées attribuées à Homère (IXe-VIIIe siècles avant Jésus-Christ).
- Le *Mahabharata*, un des livres sacrés de l'Inde, qui relate la « grande geste » des Bharata, datant des derniers siècles avant l'ère chrétienne.

La chanson de geste française en quelques titres

- *La Chanson de Raoul de Cambrai* (dernier quart du XIIe siècle) appartient au cycle des barons révoltés. Dépossédé injustement du fief de son père, Raoul se fait promettre par l'empereur Louis la première terre vacante. Raoul exigera donc le fief d'Herbert de Vermandois au détriment de ses héritiers, parents de son écuyer Bernier. Les violences de Raoul, soutenu par son oncle, Guerri le Sor, conduisent alors Bernier à se rallier au parti de son lignage. Raoul, vaincu, trouve la mort devant Saint-Quentin.
- *La Chanson de Guillaume* appartient au cycle de Guillaume d'Orange. Le chevalier Garin vient de battre Charlemagne aux échecs. L'un des fils du vainqueur, Hernaut de Beaulande, déclare la guerre à l'empereur. Mais tout le monde se réconcilie dès lors qu'il s'agit d'aller combattre les Sarrasins.

Pour en savoir plus

Des milliers de vers !

La Chanson de Roland, *4 000 vers décasyllabiques (mais certaines versions en comptent jusqu'à 9 000). L'auteur ? Inconnu. On a suggéré un certain Turold, dont le nom apparaît à la fin d'un manuscrit situé à Oxford. C'est déjà très impressionnant, 4 000 vers, mais certaines épopées en comptent beaucoup plus ! Le* Chahname, *par exemple, savez-vous combien ? 60 000 ! Et le* Mahabharata *? Avec ses 120 000 strophes, ses 250 000 vers, il est considéré comme le plus grand poème jamais composé.*

La poésie courtoise : les amoureux transis

Troubadours et trouvères, poètes de cour, chantent leur amour chaste et interdit pour une dame qu'ils idéalisent et parent de toutes les perfections.

La courtoisie, amour parfait et délicat

Nous voici au temps de la *fin'amor*, « amour parfait et délicat », qui définit l'amour courtois. Un art fondé sur le raffinement, la politesse, la loyauté. Courtois ? C'est que cet art de vivre est lié à la vie de cour autour des grands seigneurs, dans le Sud d'abord, puis en Île-de-France et en Normandie. Comment s'exprime cet amour parfait ? L'homme, le chevalier, doit se faire parfait serviteur de sa dame, se consacrer à son service exclusif. Mais, attention, pas comme un rustre ! Son adoration doit s'exprimer à travers les prouesses qu'il réalise : autant d'hommages pour la dame ! Art de l'exploit guerrier, la *fin'amor* se veut aussi art de la belle parole : l'amant parfait doit célébrer la beauté de sa belle, son esprit, sa grâce. Où les poètes et les romanciers courtois prennent-ils leur inspiration ? Mais dans la « matière de Bretagne », la fabuleuse histoire du roi Arthur et des chevaliers de la Table ronde.

Les troubadours et les trouvères

Chez les poètes, la courtoisie, donc, est exaltée par les troubadours (langue d'oc), puis par les trouvères (langue d'oïl), entre le XIIe et le XIIIe siècle. Le nom de ces troubadours ? Guillaume IX d'Aquitaine (1071-1126), Jaufré Rudel, seigneur de Blaye, près de Bordeaux, Bernart de Ventadour.

Le troubadour : celui qui cherche trouve !

Notre poète courtois cherche à toucher le cœur de sa belle ; ce qu'il trouve, c'est le poème, le *trobar* (« trouver », « composer », en langue d'oc). Le chanteur de *trobar* sera donc le *trobador*, le « troubadour ».

Le troubadour et les femmes : un amour platonique ?

• Guillaume d'Aquitaine, le premier troubadour, n'a pas toujours été un amoureux transi : il a passé beaucoup de temps à tromper Ermangarde d'Anjou, son épouse, qui obtint le divorce.

Dans ses poèmes, en revanche, Guillaume exalte un amour qui ne mène pas à l'union des corps. Il s'agit plutôt d'aimer les femmes inaccessibles, mariées de préférence, car l'amour s'éteint dès que le désir est satisfait. Ne pas l'assouvir, c'est faire durer cet amour.

Pour en savoir plus

La « matière de Bretagne »

C'est Wace, vers 1155, un moine au service d'Henri II, qui invente la Table ronde et fixe définitivement la légende d'Arthur dans Le Roman de Brut.

• Jaufré Rudel (vers 1130-vers 1170) correspond mieux au modèle de l'amoureux transi : on lui rapporta, dit-on, le récit d'une belle princesse vivant à Tripoli, en Palestine. Son cœur s'enflamme aussitôt pour cette belle lointaine. Il lui dédie des poèmes d'amour, se rend à Tripoli et... meurt dans ses bras !

• Bernart de Ventadour (vers 1150-vers 1200), il est vrai, commence par des amours chastes : il compose des poèmes pour Marguerite de Limoges, épouse de son seigneur, Ebles II de Ventadour. Mais le chevalier servant et sa belle succombent au désir. Bernart est chassé, se retrouve auprès d'Aliénor d'Aquitaine, reine de France puis reine d'Angleterre. Nouvel amour chaste, puis sans doute assouvi dans l'union des corps !

Jaufré Rudel, *Chansons* (vers 1160) :

Lanqand li jorn son lonc en may,
M'es bels douz chans d'auzelhs delonh,
E qand me sui partitz de lay
Remembra-m d'un amor de lonh,
Vauc de talan enbroncx e clis
Si que chans ni flors d'albespis
No-m platz plus que l'yverns gelatz.

Lorsque les jours sont longs en mai,
Le chant des oiseaux lointains m'est doux,
Et quand je m'évade d'où je suis
Je me souviens d'un amour d'ailleurs,
Je vais le front bas de désir
Ainsi chants ni fleurs ni aubépine
Ne me plaît plus que la gelée d'hiver.

Bernart de Ventadour, *Tant ai mo cor ple de joya*
(« J'ai tant de joie au cœur » ; extrait)

Qu'el mon non a nul afaire	Il n'y a au monde nul souci
Don eu tan cossire,	Qui tant me préoccupe que,
Can de leis au re retraire,	Quand d'elle j'entends parler,
Que mo cor no i vire	Mon cœur ne se bouleverse
E mo semblan no m n'esclaire.	Et mon visage ne s'illumine.
Que que m n'aujatz dire,	Quoi qu'on m'entende dire,
Si c'ades vos er veyaire	Toujours il semblera
C'ai talan de rire.	Que j'ai envie de rire
Tan l'am de bon' amor	Je l'aime d'un amour si vrai
Que manhtas vetz en plor	Que souvent j'en pleure,
Per o que melhor sabor	Car je trouve aux soupirs
M'en an li sospire.	Meilleure saveur.

Zoom

Fals'amor *: Marcabru (1110-1150) contre la* fin'amor

Marcabru, dit « pain perdu » est un des plus anciens troubadours connus. Il passa de la cour de Poitiers à celle de France, auprès d'Aliénor d'Aquitaine, puis à celle de Castille. La particularité de notre poète ? La fin'amor *se réduit souvent à un* fol'amor *ou* fals'amor, *passion funeste, destructrice, qui mène le monde à sa perte ! Amour courtois ? Non, amour adultère, qui habitue le mari à voir sa femme courtisée par un autre ! Dès lors, le seigneur confie sa belle à un gardien, qui doit ouvrir l'œil ! Mais c'est peine perdue ! La dame, par dépit, va commettre l'adultère avec ce gardien ! Du coup, croyant cajoler ses fils, le seigneur cajolera des* guirbaudons, *des bâtards !*

Le roman courtois : les chevaliers et leurs dames

Au XIIe siècle va naître le genre romanesque, de « roman », la langue romane. La différence avec la poésie n'est pas encore bien marquée, puisque les romans à venir sont écrits en vers.

Tristan et Iseult, ou le mythe de la passion

L'histoire est célèbre : Tristan et Iseult, ou comment succomber à la passion !

Tristan, mon héros !

Le jeune Tristan va rejoindre la cour de son oncle, le roi Marc, en Cornouaille. Un géant, le Morholt, demande qu'on lui livre dix jeunes hommes et dix jeunes filles. Tristan affronte le monstre et le tue, mais il est blessé. Recueilli en Irlande par la reine, il vit auprès de sa fille, Iseult. De retour en Cornouaille, il voit aux pieds du roi Marc un cheveu d'or qu'une hirondelle a apporté. Il appartient à Iseult. Tristan retourne en Irlande afin de quérir la belle, qui doit épouser son oncle.

La vie suspendue à un philtre

Sur le bateau qui les ramène en Cornouaille, Brangien, la servante d'Iseult la blonde, emporte un philtre d'amour : bu par Marc et Iseult, il doit sceller leur amour. Mais, ô fatalité ! Tristan et Iseult boivent ce philtre par erreur ! C'en est fait, ils s'aimeront à tout jamais ! Le mariage a pourtant lieu, et Iseult parvient à se faire remplacer par Brangien pour sa nuit de noces. Marc ne voit rien ! Les amoureux se retrouvent la nuit, mais on découvre leur amour. Ils échappent au bûcher, s'enfuient dans la forêt.

Une épée entre deux corps

Marc se met à leurs trousses. Il les trouve endormis côte à côte, séparés par l'épée de Tristan. Va-t-il les tuer ? Que nenni ! Il leur laisse la vie sauve et remplace la courte épée de son rival par la sienne.

On rentre à la maison

Iseult finit par rentrer chez Marc. Tristan s'en va. Arrivé en Bretagne, il épouse une autre Iseult, Iseult aux blanches mains, mais le mariage n'est pas consommé.

L'amour à mort

Tristan est cruellement blessé dans un combat. Qui peut le sauver ? Mais Iseult la blonde ! On l'envoie chercher. Iseult aux blanches mains ne le supporte pas : elle affirme à son mari que le bateau qui doit ramener la belle est vide. Tristan succombe. Iseult la blonde, à son tour, meurt de chagrin.

Zoom

Tristan et Iseult s'aiment-ils vraiment ?

Denis de Rougemont a écrit en 1939 un livre fort intéressant, L'Amour et l'Occident, *dans lequel il croit prouver que nos deux amants, eh bien, ne s'aiment pas ! Regardez, dit-il, sitôt qu'ils se trouvent ensemble, enfin, seuls dans la forêt, ils ne consomment pas leur amour. Une épée les maintient à distance ! L'amour passion, affirme l'auteur, vit de la distance : on croit aimer mais c'est la séparation que l'on aime. On aime l'amour, en somme, et non l'être qui pourrait rester à nos côtés. L'amour passion vit des obstacles qu'on lui pose, ce n'est pas un amour véritable. L'obstacle absolu, c'est la mort : les amoureux, ou supposés tels, une fois séparés par elle, ne se rejoignent plus ! La mort scelle le mythe de la passion, mais il est la défaite de l'amour authentique, réalisable !*

Marie de France, première femme écrivain en langue romane

Marie vit à la cour du roi Henri II d'Angleterre et d'Aliénor d'Aquitaine. Dans ses *Lais* (vers 1165), des contes ou nouvelles en vers, elle utilise la « matière de Bretagne » pour célébrer les amours interdites. Dans le *Lai du chèvrefeuille*, on retrouve Tristan et Iseult, dont nous sont contés bonheurs et malheurs.

Les chevaliers de Chrétien de Troyes l'enchanteur (XIIe siècle)

C'est à la cour d'Henri Ier le Libéral, comte de Champagne, installé à Troyes, que Chrétien compose ses romans courtois. S'inspirant de la « matière de Bretagne » fixée par Wace, Chrétien va l'accommoder à la manière courtoise. Voici donc les personnages fameux : le roi Arthur, Guenièvre, sa femme, et les chevaliers de la Table ronde, invincibles guerriers et amoureux courtois.

Arthur, Merlin, Table ronde, Excalibur : des mots qui font rêver

Pourquoi une table ronde ?
Assis à une table ronde, les chevaliers sont tous mis à égalité, alors qu'une table carrée ou rectangulaire aurait établi une hiérarchie entre eux. La légende attribue la création de la Table ronde à Merlin. Elle réunit les cent cinquante meilleurs chevaliers du royaume.

Merlin, enchanteur ?
On suppose que le personnage de Merlin doit beaucoup à la vie supposée d'un barde gallois, Myrddin (VIe siècle).

Arthur, réel ou imaginaire ?
Au Ve siècle, aurait vécu un chef de guerre nommé Artus. Deux siècles plus tard, un poème gallois, *Gododdin*, mentionne son existence. Excalibur (« dure entaille ») est l'épée illustre du roi Arthur ! Comme Durandal, elle est réputée indestructible.

Le cycle arthurien : cinq romans

Cinq romans admirables où se mêlent l'imaginaire celtique et l'imaginaire chrétien. Lieux enchantés, créatures monstrueuses. Des récits de combats,

Pour en savoir plus

***Naissance de* Tristan et Iseult**
On connaît de nombreuses versions de Tristan et Iseult *entre le XIIe et le XIIIe siècle, mais la version courante fut écrite par Béroul (vers 1170) – 4 000 vers octosyllabes composent l'œuvre – et par Thomas (vers 1175). On doit au médiéviste Joseph Bédier (1864-1938) d'avoir reconstitué un texte complet du mythe littéraire à partir de la version de Béroul et de quelques autres.*

des prouesses pour l'amour d'une dame, des personnages inoubliables, Lancelot, Viviane, la Dame du lac, Merlin...

Lancelot ou le Chevalier à la charrette **(vers 1179)**
Camaalot, la cour d'Arthur. Guenièvre a été enlevée par Méléagant. Lancelot du Lac monte dans la charrette d'infamie et affronte le ravisseur devant la belle mais, avant de mériter le cœur de la reine, Lancelot doit patienter et se laisser gouverner par elle.

Érec et Énide **(1165)**
À la cour du roi Arthur, Érec est partagé entre son amour pour Énide et sa vocation de chevalier, qui le conduit sur les routes à la recherche d'exploits guerriers.

Cligès **(1176)**
Fénice, la femme d'Alis, est aimée de Cligès. Dilemme. Partagée entre deux hommes, Fénice se fait passer pour morte : elle vivra sa passion en secret.

Yvain ou le Chevalier au lion **(1180)**
Que de combats et d'exploits singuliers accomplis par nos chevaliers dans ce roman !

Perceval ou le Conte du Graal **(1181)**
Le parcours de Perceval doit le mener jusqu'au Graal.

Les devoirs du chevalier : secourir la veuve et l'orphelin

Lancelot a 18 ans. Il veut devenir chevalier. Viviane, la Dame du lac, l'amie de Merlin, lui enseigne ses devoirs : « À l'origine de l'ordre, il fut imposé à qui voulait être chevalier et qui en obtenait le privilège par légitime élection d'être courtois sans bassesse, bon sans félonie, pitoyable envers les nécessiteux, généreux et toujours prêt à secourir les miséreux, à tuer les voleurs et les meurtriers, à rendre d'équitables jugements sans amour et sans haine, sans faiblesse de cœur pour avantager le tort en portant atteinte au droit, et sans haine pour ne pas nuire au droit en faisant triompher le tort. Un chevalier ne doit, par crainte de la mort, accomplir aucun acte entaché d'un soupçon de honte, mais il doit redouter la honte plus que la mort. »

Des combats sanglants

Le sang coule beaucoup, dans les romans de Chrétien de Troyes ! Les chevaliers ne se font pas de cadeaux ! Découvrez, en lisant ces quelques vers, la fin du combat qui oppose Lancelot et Méléagant.

Zoom

Le Graal

Le Graal ? La légende dit que Jésus se serait servi de ce vase pour verser le vin durant la Cène. Ensuite, ledit vase aurait recueilli le sang jailli de ses plaies.

Le Graal est le symbole de la recherche intérieure, du bien contre le mal, du juste contre l'injuste, de Dieu. La quête du Graal est donc un voyage initiatique. Lancelot, son fils Galaad mais aussi Perceval verront le vase sacré. Galaad aura le privilège de regarder à l'intérieur du Graal, puis il mourra.

Le terme « Graal » apparaît pour la première fois vers 1165 dans Le Roman d'Alexandre. *Il viendrait du mot latin* gradalis, *désignant un plat ou une écuelle d'assez grande taille.*

Lancelot ou le Chevalier à la charrette

Car a s'espee qui bien taille
Li a fet tele osche an sa taille
Dom il ne respassera mais,
Einz iert passez avrix et mais ;
Que le nasal li hurte as danz
Que trois l'en a brisiez dedanz.
Et Meliaganz a tele ire
Qu'il ne puet parler ne mot dire,
Ne merci demander ne daingne,
Car ses fos cuers li desansaingne,
Qui trop l'enprisone et anlace.
Lanceloz vient, si li deslace
Le hiaume et la teste li tranche.
Ja mes cist ne li fera ganche :
Morz et cheüz, fet est de lui.

Avec son épée tranchante
Il l'a si bien entaillé
Que Méléagant aura grand-peine à s'en remettre,
Même passé avril ou mai,
Car il lui rembarre le nasal dans les dents,
Lui en brisant trois.
Méléagant ressent une telle colère
Qu'il n'arrive pas à prononcer un seul mot,
Et il ne daigne pas implorer merci,
Car son orgueil s'y oppose,
Un orgueil qui le maîtrise et domine.
Lancelot vient à lui, délace son heaume
Et lui tranche la tête.
Jamais plus il ne lui jouera de mauvais tour ;
Méléagant est tombé mort, c'en est fait de lui.

Guillaume de Lorris et le *Roman de la Rose* (vers 1250)

Le roman raconte la quête de la « Rose » par l'« Amant » qui, pour cela, doit déjouer « Peur », « Jalousie », « Danger », « Honte »... En près de 22 000 vers, cette poésie allégorique vise à codifier l'amour courtois. Le roman de Guillaume fut finalement terminé par Jean de Meung aux alentours de 1275.

Pour en savoir plus

Pourquoi charrette d'infâmie ?
Lancé à la poursuite de Méléagant, Lancelot se retrouve sans cheval. Dilemme : montera-t-il sur une charrette où on exposait les individus qui avaient subi une dégradation morale ? En montant, Lancelot affirme que l'amour est plus fort que la honte.

3 Le peuple se venge en riant : la littérature comique

Temps obscur, le Moyen Âge ? Non ! On sait y rire et se moquer des travers de la société, aussi bien dans *Le Roman de Renart* que dans les fabliaux. Au théâtre, on assiste à la naissance du théâtre comique et de la farce.

Renart et ses compères : naissance du roman satirique

Le Roman de Renart (anonyme, vers 1170) s'amuse à parodier le roman courtois et la chanson de geste, genres bien sérieux où l'humour n'est pas souvent de mise ! Notre auteur inconnu s'en prend aux autorités religieuses et politiques. Les personnages caricaturent les valeurs chevaleresques par leur grossièreté.

Le tableau d'une société ou les *Fables* de La Fontaine avant l'heure

La tradition est ancienne, et La Fontaine ne l'a pas inventée. Depuis longtemps, les hommes apparaissent sous les traits d'animaux. Voici quelques clés pour faciliter votre lecture :

- Noble, le lion, c'est le roi ;
- Ysengrin, le loup, représente la force, l'univers féodal ;
- Brun, l'ours, est un baron du roi ;
- Chantecler, le coq, Couart, le lièvre, ou Tardif, le limaçon, figurent les gens peuple.
- Tibert, le chat, représente les gens d'Église, pédants et avides de gains.
- Et Renart ? Le goupil, marié à Hermeline, symbolise la ruse, les valeurs bourgeoises qui l'emportent sur l'hypocrisie féodale.

Pour en savoir plus

Le Roman de Renart, *ce sont 25 000 vers octosyllabes et des récits composés du XIIe au XIIIe siècle. La plupart des auteurs de ces récits sont restés anonymes, mais on a pu en identifier quelques-uns : Richard de Lison, Perrot de Saint-Cloud.*

Le Roman de Renart

Notre renard – le saviez-vous ? – vient de Renart ! Jusqu'au XVe siècle, l'animal se nomme le « goupil », du latin vulpes. Mais Renart fut si célèbre qu'on remplaça « goupil » par « renard », avec un « d », à la fin du Moyen Âge. Voici une des nombreuses ruses de Renart, qui trompe ici des marchands pour manger tout son saoul !

Comment Renart fit rencontre des marchands de poisson, et comment il eut sa part des harengs et des anguilles (livre premier, 7e aventure)

À la distance d'une portée d'arc, Renart reconnut aisément les lamproies et les anguilles. Son plan est bientôt fait : il rampe sans être aperçu jusqu'au milieu du chemin, il s'étend et se vautre, jambes écartées, dents rechignées, la langue pantelante, sans mouvement et sans haleine. La voiture avance ; un des marchands regarde, voit un corps immobile, et appelant son compagnon : « Je ne me trompe pas, c'est un goupil ou un blaireau. – C'est un goupil », dit l'autre, « descendons, emparons-nous-en, et surtout qu'il ne nous échappe. » Alors ils arrêtent le cheval, vont à Renart, le poussent du pied, le pincent et le tirent ; et comme ils le voient immobile, ils ne doutent pas qu'il ne soit mort. « Nous n'avions pas besoin d'user de grande adresse ; mais que peut valoir sa pelisse ? – Quatre livres, » dit l'un. « Dites cinq », reprend l'autre, « et pour le moins ; voyez sa gorge, comme elle est blanche et fournie ! C'est la bonne saison. Jetons-le sur la charrette. »
Ainsi dit, ainsi fait. On le saisit par les pieds, on le lance entre les paniers, et la voiture se remet en mouvement. Pendant qu'ils se félicitent de l'aventure et qu'ils se promettent de découdre, en arrivant, la robe de Renart, celui-ci ne s'en inquiète guère ; il sait qu'entre faire et dire il y a souvent un long trajet. Sans perdre de temps, il étend la patte sur le bord d'un panier, se dresse doucement, dérange la couverture, et tire à lui deux douzaines des plus beaux harengs. Ce fut pour aviser avant tout à la grosse faim qui le travaillait.

Le fabliau, genre bref

En quelques phrases, le fabliau doit faire rire et réfléchir le public massé sur la place publique ou dans une auberge. Certains récits ont une portée morale. Au Moyen Âge on se défoule, mais on n'oublie pas les valeurs chrétiennes ! Extrait...

Zoom

Femmes faciles, maris idiots et moines paillards : les fabliaux
Triste le Moyen Âge ? Non, disais-je. La preuve par le fabliau, qui, pour dénoncer l'injustice, les abus du pouvoir politique, rapporte des histoires de coucheries et de tromperies : le moine et le seigneur qui courtisent la paysanne, volontiers sournoise ; le riche mari un peu idiot qui ne voit pas les amours de sa femme délurée avec un rival... Mais il n'y a pas que cela, dans les fabliaux : voyez, page 28, l'histoire de cette paysanne qui, ne comprenant pas le sens de l'expression « graisser la paume » (donner un gros pourboire), graisse la main d'un chevalier avec du saindoux pour récupérer sa vache !

La vieille qui graissa la patte au chevalier (anonyme)

Une vieille paysanne possédait pour toute richesse deux vaches. Ce n'était certes pas beaucoup, mais c'était là tout son bien. Elle vendait leur lait pour trouver de quoi survivre.
Un matin, les deux bêtes, sans doute mal gardées, fuirent leur enclos et se trouvèrent à vagabonder sur la route. Le prévôt, passant par là, les vit toutes deux et, les jugeant égarées, il les emmena avec lui.
La malheureuse femme découvrit bientôt que ses deux bêtes avaient disparu. Ses voisins la renseignèrent : le prévôt les avait recueillies, mais il ne voulait pas les rendre. La malheureuse s'en alla trouver l'homme, elle le supplia de lui restituer son unique bien, elle accepta même de payer une amende pour prix de sa coupable négligence. Mais elle ne pouvait prouver que les vaches lui appartenaient ; le prévôt fit la sourde oreille.
La paysanne s'en revint chez elle, désemparée. La voyant en grande peine, sa voisine lui dit :
– Le prévôt est un homme cupide. Si tu pouvais graisser la patte au chevalier, il interviendrait sûrement auprès de ce coquin et le convaincrait de te rendre tes deux vaches.
Voilà la vieille toute rassurée. Elle décrocha un épais morceau de lard suspendu aux poutres de sa cuisine et s'en alla attendre le chevalier. Quand celui-ci parut au loin, elle courut à sa rencontre : elle s'empara de ses paumes et y appliqua plusieurs fois le morceau de gras. L'homme ne dissimula pas sa surprise :
– Que fais-tu donc là ?
La pauvre femme lui répondit :
– Beau sire, je graisse votre patte car je ne souhaite rien de plus au monde que de récupérer les deux vaches que votre prévôt m'a injustement prises.
Le noble personnage éclata de rire et prit les courtisans de sa suite à témoin.
– Tu n'as pas compris, brave femme. Mais cela est égal, je te rendrai sur-le-champ tes bêtes !

Aucassin et Nicolette (XIIIe siècle), chantefable

Il s'agit d'un des fabliaux les plus célèbres, qui rapporte les amours d'un prince chrétien et d'une esclave sarrasine. Pourquoi chantefable ? Parce les auteurs alternent les passages en vers et ceux en prose, les premiers étant chantés : « chantefable ».

Le mot savant

*Un **prévôt** est un magistrat royal ou seigneurial.*

De la foire à la scène : naissance du théâtre comique

D'abord religieux, le théâtre se fait profane. Jeux, soties et surtout farces font appel à un comique populaire, mettent en scène des personnages types qui parodient la vie quotidienne.

Un détour par le théâtre religieux

Difficile d'imaginer le Moyen Âge sans le christianisme, qui modèle la société de haut en bas. Romans courtois et poésie sont imprégnés de culture religieuse. C'est le cas pour le théâtre, qui connaît trois formes principales : le jeu, ou dramatisation des épisodes de la Bible ; le miracle, qui célèbre la vie des saints ; le mystère, qui évoque la vie et la Passion de Jésus (voir la rubrique « Pour en savoir plus » ci-contre).

Le théâtre comique : jeux, farces et soties

À côté du théâtre sacré va naître un théâtre profane. La première pièce connue est *Le Jeu de la feuillée*, d'Adam de la Halle (vers 1276). Sont moqués ici les notables d'Arras, désignés par leur nom. Les deux genres comiques les plus en vogue sont cependant la farce et la sotie.

La farce ou le trompeur trompé

Les personnages sont des types (valets stupides, maris trompés), à travers lesquels on parodie la vie quotidienne. Les retournements de situation cocasses sont la règle. La farce la plus connue ? *La Farce de Maître Pathelin* (vers 1465, anonyme), qui rapporte les malheurs de Pathelin, avocat, et de Guillaume, drapier. Guillaume est berné successivement par Pathelin et par Thibaud, qui est berger, mais ce dernier finit par tromper Pathelin !

La Farce de Maître Pathelin, scène X (extrait) : « Bêê ! »

Le drapier Guillaume accuse Thibault Aignelet de lui voler ses moutons et le traîne au tribunal. Thibault prend Pathelin pour avocat, qui lui indique un moyen sûr de ne pas se faire condamner : à toutes les questions du juge il répondra « Bêê ! ». Le juge croit le drapier fou et absout Thibault. Pathelin a donc gagné le procès, mais au moment de se faire payer par son client...

LE BERGER : Bêê !

PATHELIN : Ton adversaire s'est retiré. Ne dis plus « Bêê ! » Ce n'est plus la peine ! L'ai-je entortillé ? Mes conseils n'étaient-ils pas opportuns ?

Pour en savoir plus

Le théâtre religieux en quelques titres...

- *Le jeu*

Le Jeu d'Adam *(anonyme, vers 1160) : le péché originel, la chute d'Adam et d'Ève, le meurtre d'Abel par Caïn, les prophéties sur la venue du Messie.*
Le Jeu de saint Nicolas *(1200), de Jean Bodel : la vie du patron des naïfs, des étourdis et des écoliers, en Orient.*

- *Le miracle*

Le Miracle de Théophile *(1262), de Rutebeuf : passé de la richesse à la pauvreté, Théophile veut, pour se venger, vendre son âme au diable. Mais il vénère la Vierge Marie et ne peut la renier.*

- *Le mystère*

Le Mystère de la Passion *(vers 1450), d'Arnoul Gréban.*

Le berger : Bêê !
Pathelin : Eh ! Diable ! On ne t'entendra pas : parle hardiment ! Ne t'inquiète pas !
Le berger : Bêê !
Pathelin : Il est temps que je m'en aille. Paie-moi.
Le berger : Bêê !

Une autre farce à lire : *La Farce du cuvier* (vers 1450, anonyme), qui raconte les déboires conjugaux de Jacquinot, entre une femme acariâtre et une belle-mère tyrannique.

La Farce du cuvier **: un mari maté !**

Pauvre Jaquinot ! Son épouse et sa belle-mère lui font écrire un « rôlet », liste des tâches domestiques qui lui sont assignées : gare, s'il en oublie une !
Jaquinot : Par ma conscience, mon rôlet est tout rempli jusqu'à la marge ! Mais que voulez-vous que j'écrive ?
La femme : Marquez, ou vous serez frotté !
Jaquinot : Ce sera pour l'autre côté.
La mère : Ensuite, Jaquinot, il vous faut pétrir et faire cuire le pain, faire la lessive...
La femme : Passer la farine par le bluteau [tamis], laver le linge et le décrasser à grande eau...
La mère : Aller, venir, trotter, courir, se donner de la peine comme Lucifer...
La femme : Faire le pain, chauffer le four...
La mère : Mener la mouture au moulin.
La femme : Faire le lit, de très bonne heure le matin, sous peine d'être bien battu...
La mère : Et puis mettre le pot au feu et tenir la cuisine propre.
Jaquinot : S'il faut que je mette tout cela, il faudra le dire mot après mot.
La mère : Eh bien ! écrivez donc, Jaquinot : pétrir le pain...
La femme : Le faire cuire...
La mère : Faire la lessive...
La femme : Passer la farine par le bluteau.
La mère : Laver...
La femme : Et cuire...
Jaquinot : Laver quoi ?
La mère : Les pots et les plats.
Jaquinot : Attendez, n'allez pas trop vite... (écrivant) Les pots, les plats...

Pour en savoir plus

Du grand spectacle pour faire rire ou pour faire peur !

Le théâtre, au Moyen Âge, est sorti des abbayes pour gagner l'espace public, la place, afin de faire rire, de dénoncer les travers de la société et d'édifier : enseigner au peuple les vérités de la Bible. Il faut le faire rire, mais aussi lui faire peur, lui faire redouter l'au-delà. Et parfois, on ne lésine pas sur les moyens ! Un exemple ? Le Mystère de la Passion, *d'Arnoul Gréban : 1455, Abbeville, 35 000 vers, 250 personnages, cinq jours de représentation ! Du grand spectacle !*

LA FEMME : Et les assiettes.
JAQUINOT : Eh ! par le sang bleu, moi qui n'ai pas de mémoire, je ne saurais retenir tout cela.
LA FEMME : Écrivez-le pour vous en souvenir, comprenez-vous ? Car je le veux.
JAQUINOT : Bien laver les...
LA FEMME : Les langes bréneux de notre enfant à la rivière.
JAQUINOT : Je renie Dieu ! La matière ni les mots ne sont honnêtes.
LA FEMME : Écrivez-le, allez, sotte bête ! Avez-vous honte de cela ? [...]. Et puis faire aussi... la chose par-ci par-là.
JAQUINOT : Vous en aurez une poignée en quinze jours ou un mois.
LA FEMME : Non, mais cinq ou six fois tous les jours. C'est le minimum d'après moi.

Les choses semblent vraiment mal tourner pour Jacquinot. Seulement voilà, sa femme, par mégarde, tombe dans le cuvier (une cuve pour faire la lessive). Jacquinot ne vient pas l'aider : cela n'est pas prévu par son « rôlet ». L'épouse finira par comprendre qu'elle a fait fausse route avec son mari et Jacquinot va reprendre sa place de chef de famille.

La sotie ou le monde à l'envers

Dans la confrérie des Sots (les fous), le Prince des Sots et la Mère Sotte portent des habits à grelots. Le thème de la folie, récurrent au Moyen Âge, permet, en renversant l'ordre social, de mettre en scène des vérités qui dérangent.

Zoom

Les jurons au Moyen Âge

Au Moyen Âge, on jure couramment sur le nom de Dieu. Les siècles suivants ne sont pas en reste : Tudieu (par la vertu de Dieu), palsambleu (par le sang de Dieu) et morbleu (mort de Dieu) sont d'usage courant aux XVIe et XVIIe siècles.

4 Villon, Rutebeuf, Charles d'Orléans et l'essor de la poésie lyrique

Tout n'est que poésie, ou presque, au Moyen Âge, où même les romans sont écrits en vers ! Au XIIIe siècle, la poésie des troubadours et des trouvères s'essouffle.
Qu'à cela ne tienne, voici d'autres auteurs qui vont se consacrer à la poésie lyrique.

Villon et Rutebeuf : poètes, misérables et proscrits

Délaissant la *fin'amor* courtoise, Villon et Rutebeuf chantent leur malheur ou leur colère et s'engagent dans une poésie lyrique et personnelle.

Rutebeuf : « Un gueux aux pieds nus en chemise » (Paul Eluard)

De l'homme qui se cache sous le pseudonyme de Rutebeuf, on ne sait pas grand-chose. Il a dû naître vers 1230, en Champagne, et vivre une grande partie de son existence à Paris. On pense qu'il a mené une vie errante et misérable, ce dont témoignent ses poèmes les plus connus.

Le plus grand poète du siècle ?

Mais cet inconnu joue un rôle décisif dans la poésie du XIIIe siècle : Rutebeuf participe à la naissance d'une nouvelle esthétique, non plus tournée vers la *fin'amor*, mais vers les élans d'un « je » plus authentique, un « je » qui veut exprimer sa colère et sa détresse, s'adresse à son lecteur et cherche à l'émouvoir.

Le mot savant

*Un **gueux** est un mendiant, un clochard.*

Une œuvre variée et engagée dans le siècle

Composée entre 1248 et 1272, l'œuvre de notre poète est d'une grande diversité : hagiographie (*La Belle Vie de sainte Marie l'Égyptienne*), théâtre (*Miracle de Théophile*, vers 1260, le plus ancien exemple de miracle par personnages), poèmes polémiques, par exemple pour défendre les maîtres séculiers contre les frères prêcheurs (*La Descorde de l'université*), appel à la croisade (*Nouvelle complainte d'outremer*), œuvres satiriques (*Renart le Bestourné* ou *Dit de l'Herberie*, un monologue imitant celui du charlatan qui vend ses herbes).

Les *Poèmes de l'infortune*

Mais les vers les plus connus de Rutebeuf restent les *Poèmes de l'infortune*, qui peignent la pauvreté, le froid, le jeu, la débauche, la vie et la mort pitoyable de ses compagnons de misère.

***La Pauvreté Rutebeuf* (extrait)**

Que sont mes amis devenus
Que j'avais de si près tenus
Et tant aimés
Ils ont été trop clairsemés
Je crois le vent les a ôtés
L'amour est morte
Ce sont amis que vent me porte
Et il ventait devant ma porte
Les emporta
Que sont devenus mes amis,
Avec qui j'étais si intime
Et que j'avais tant aimés ?
Je crois qu'ils sont trop clairsemés :
Ils ne furent pas bien fumés,
Alors ils m'ont fait défaut.
Ces amis-là m'ont mal traité,
Car jamais, tant que Dieu m'affligea
En mainte manière,
Je n'en vis un seul en ma demeure.
Je crois que le vent me les a enlevés.
L'amitié est morte :
Ce sont amis que vent emporte,
Et il ventait devant ma porte :
Aussi (le vent) les emporta.

La petite histoire

Rutebeuf ou Rudebœuf ?
Pourquoi ce surnom donné à notre poète ? « Il est rude, c'est pourquoi il s'appelle Rudebœuf », voilà ce qu'on écrivait. Rutebeuf est une variante du même nom.

François Villon (vers 1431 – après 1463), assassin et poète

Comme pour Rutebeuf, il est peu de dates dont on soit certain dans la vie de Villon, le grand poète du XVe siècle. Est-il né en 1431, comme on le suppose ? Et quel était son patronyme véritable ? On ne sait. François de Montcorbier ? des Loges ? Il prend le nom du chanoine auquel il fut confié par sa mère, Guillaume de Villon.

Ce dont on est certain, en revanche, c'est que le poète tua, dans une bagarre, le prêtre Philippe Sermoise en 1455, qu'il faillit être « pendu et étranglé » après d'autres épisodes de violence (bagarres et vols) ; qu'il composa environ trois mille vers, des poèmes lyriques où se lit la piété et la compassion pour les plus démunis.

L'œuvre de Villon, les *Lais* et *Le Grand Testament*, est bien loin de la *fin'amor* : elle est obsédée par la mort, la détresse humaine. Mais c'est aussi une œuvre pleine d'humour et d'ironie envers lui-même : « Item, je laisse à mon barbier / Les rognures de mes cheveux [...] / Item, mon corps j'ordonne et laisse / À notre grand-mère la terre ; / Les vers n'y trouveront grand graisse : / Trop lui a fait faim dure guerre ! »

Le Grand Testament de Villon, composé d'une suite de strophes de huit vers octosyllabes, est coupé de ballades. Toutes sont belles, deux sont demeurées justement célèbres : *La Ballade des dames du temps jadis* et *La Ballade des pendus.*

La Ballade des dames du temps jadis
(extrait)

Dites-moi où, n'en quel pays,
Est Flora la belle Romaine,
Archipiades, ne Thaïs,
Qui fut sa cousine germaine,
Echo, parlant quand bruit on mène
Dessus rivière ou sur étang,
Qui beauté eut trop plus qu'humaine ?
Mais où sont les neiges d'antan ?
Où est la très sage Héloïs,
Pour qui fut châtré et puis moine
Pierre Abelard à Saint-Denis ?
Pour son amour eut cette essoine.
Semblablement, où est la roine
Qui commanda que Buridan
Fût jeté en un sac en Seine ?
Mais où sont les neiges d'antan ?

Zoom

Brassens chante Villon

« La ballade des dames du temps jadis » fut chantée par Georges Brassens lui-même.

L'Épitaphe de Villon, ou *La Ballade des pendus* (extrait)

Frères humains, qui après nous vivez,
N'ayez les cœurs contre nous endurcis,
Car, si pitié de nous pauvres avez,
Dieu en aura plus tôt de vous mercis.
Vous nous voyez ci attachés, cinq, six :
Quant à la chair, que trop avons nourrie,
Elle est piéça dévorée et pourrie,
Et nous, les os, devenons cendre et poudre.
De notre mal personne ne s'en rie ;
Mais priez Dieu que tous nous veuille absoudre !

Charles d'Orléans (1394-1465), mélancolique et élégant

Rescapé d'Azincourt, de luttes politiques âpres, Charles d'Orléans, « prince poète », termine sa vie en poésie. Il en renouvelle le lyrisme amoureux dans ses 123 ballades et ses 435 rondeaux. À cela s'ajoutent des chansons et des complaintes du temps où il était prisonnier en Angleterre. La poésie de cet ancien guerrier est faite de mélancolie et d'élégance.

Rondeau (1450)

Le temps a laissié son manteau
De vent, de froidure et de pluye,
Et s'est vestu de brouderie,
De soleil luyant, cler et beau.
Il n'y a beste ne oyseau,
Qu'en son jargon ne chante ou crie ;
Le temps a laissié son manteau
De vent, de froidure et de pluye.
Rivière, fontaine et ruisseau
Portent, en livree jolie,
Gouttes d'argent d'orfaverie,
Chascun s'abille de nouveau :
Le temps a laissié son manteau.

Pour en savoir plus

Des poèmes lyriques à forme fixe

Lais et virelais, rondeaux, ballades : la naissance de la poésie lyrique, c'est aussi celle des poèmes à forme fixe, définis par Guillaume de Machaut au XIVe siècle.

- *Le lai (legs) : deux parties de huit vers, chaque huitain se divisant lui-même en deux parties qui forment un quart de la strophe.*
- *Le rondeau : treize vers composés sur deux rimes et comportant un refrain.*
- *La ballade : trois strophes de huitains et un envoi de quatre vers ; un refrain termine chaque strophe.*

Guillaume de Machaut (vers 1300-1377) : paroles et musique

Ballades, motets, rondeaux, virelais : avec quatre cents poèmes d'inspiration courtoise, Guillaume de Machaut est tout simplement le poète le plus important de son siècle ! Mais savez-vous qu'il fut un immense compositeur, un des maîtres de la polyphonie naissante ? Ses rondeaux, il les mettait en musique, pour plusieurs voix. Le chef-d'œuvre musical de Machaut ? Sans conteste sa *Messe de Notre-Dame*, la première messe polyphonique élaborée par un seul compositeur ! En poésie ? Sans doute *Le Voir-Dit* (1364), ou Dit « véridique », qui raconte l'histoire d'amour entre le poète et sa dame. Le récit est en vers octosyllabes, où sont insérées soixante-trois pièces lyriques, la plupart de formes fixes, et quarante-six lettres en prose, attribuées tantôt au poète, tantôt à sa « dame ».

Ballade

Dame, de qui toute ma joie vient,
Je ne vous puis trop aimer ni chérir,
N'assez louer, si com il apartient,
Servir, douter, honorer n'obéir ;
Car le gracieux espoir,
Douce Dame, que j'ai de vous voir
Me fait cent fois plus de bien et de joie
Qu'en cent mille ans desservir [mériter] ne pourrais.

Croisades et guerre de Cent Ans : les chroniqueurs

Comment parler du Moyen Âge sans penser aux croisades, ces pèlerinages armés prêchés par le pape, financés et exécutés par la noblesse d'Occident ? Du XIe au XIIIe siècle, on n'en compte pas moins de neuf ! Leur objectif ? Libérer Jérusalem des Turcs, qui, à la différence des Arabes, avaient interdit aux pèlerins l'accès aux lieux saints. Plus largement, certaines de ces croisades ont opposé chrétiens et musulmans, jugés infidèles, et parfois chrétiens entre eux : la IVe croisade se tourne ainsi contre l'Empire byzantin et Constantinople.

Du sang, beaucoup de sang ! Et ce n'est pas fini : voici venir la guerre de Cent Ans, qui couvre une période de cent seize ans (de 1337 à 1453) pendant laquelle s'affrontent la France et l'Angleterre lors de nombreux conflits entrecoupés de trêves.

Les croisades et la guerre de Cent Ans ont leurs témoins littéraires : les chroniqueurs.

La petite histoire

On raconte que Le Voir-Dit *est un recueil autobiographique : le poète, âgé de 60 ans, serait tombé amoureux d'une jeune admiratrice, Péronne d'Armentières. Son âge ? 19 ans !*

Les chroniqueurs des croisades

• Villehardouin (1150-1212)

Partis pour libérer Jérusalem, les croisés s'arrêtent à Constantinople, qu'ils détruisent ! Villehardouin écrit l'histoire de cette conquête qu'il veut justifier.

• Joinville (1222-1317), l'ami de Saint Louis

Il raconte la vie de Louis IX, qu'il accompagne lors de la VIIe croisade, pendant laquelle il sera fait prisonnier puis libéré.

Les chroniqueurs de la guerre de Cent Ans

• Froissart (vers 1337-après 1404), reporter partial

Froissart est chroniqueur de profession. Il voyage à la manière d'un reporter, interroge les princes ! Mais qu'il est partial, Froissart ! Il ne parvient que rarement à prendre le recul nécessaire pour dégager les causes et les conséquences de l'histoire.

• Commynes (1445-1511), le grand historien du Moyen Âge

Commynes est un proche conseiller de Charles le Téméraire, qu'il trahira pour se mettre au service de Louis XI. Dans ses *Mémoires*, il sait se montrer profond, trier les faits, faire un véritable travail d'historien.

En résumé

Petite chronologie littéraire du Moyen Âge

842	*Les Serments de Strasbourg*
880-881	*La Cantilène de sainte Eulalie*
1100	*La Chanson de Roland*
1120	La *fin'amor* des troubadours
1150	*Le Roman de Renart*
1155	*Le Roman de Brut*
1170	*Tristan et Iseult*
1165	*Lais* de Marie de France
1165-1180	Chrétien de Troyes
1175	Bernart de Ventadour
1200-1350	Les fabliaux
1208	Chroniques de Villehardouin
1250-1275	Le *Roman de la Rose*
1270	Rutebeuf
1309	Chroniques de Joinville
1364	*Le Voir-Dit*, de Machaut
1380	Chroniques de Froissart
1415-1450	Poésies de Charles d'Orléans
1461	*Le Grand Testament*, de François Villon
1465	*La Farce de Maître Pathelin*
1495	Chroniques de Commynes

INTRODUCTION

Le siècle en un clin d'œil

Que de changements, en ce XVIe siècle ! Époque charnière entre le Moyen Âge et les temps modernes, le siècle de Montaigne est marqué par d'importantes découvertes géographiques (Christophe Colomb, Vasco de Gama ou encore Magellan) et scientifiques : Gutenberg invente l'imprimerie, Ambroise Paré devient le père de la chirurgie moderne, Copernic affirme que les planètes tournent autour du Soleil. Dans le domaine littéraire, les choses bougent beaucoup : les formes poétiques reines du Moyen Âge (lais, rondeaux, ballades) tombent peu à peu en désuétude, et voici que le sonnet italien fait son entrée triomphale ! Sa gloire sera longue : jusqu'au XIXe siècle ! Le roman, qui alors n'était encore composé qu'en vers, va naître véritablement, sous la plume de Rabelais, un des géants du siècle. L'autre géant, c'est Montaigne, qui invente ses *Essais* et, deux siècles avant Rousseau, devient le père de l'autobiographie française.

Oui, il s'en passe des choses, en ce XVIe siècle ! La langue française s'affirme davantage, grâce à Du Bellay et aux poètes de la Pléiade, grâce à un François Ier qui se fait protecteur des arts et lettres.

S'il fallait résumer le XVIe siècle d'une formule, nous dirions qu'il marque la découverte d'un nouveau monde : l'homme ! Pour la première fois, l'homme commence à être perçu dans sa totalité, entre Ancien Monde et Nouveau Monde. Première véritable mondialisation ! Mais cet homme, c'est aussi l'homme intérieur : siècle de la Renaissance, que le XIXe nommera « humanisme », le XVIe cherche à rendre à l'homme sa place, sa liberté. Contre l'Église et la Sorbonne, les humanistes prônent un retour personnel aux textes – la Bible et les Anciens –, se font linguistes et érudits pour les traduire, bref, ils sonnent l'envol de l'esprit critique !

Quoi encore ? Impossible de comprendre les débats du siècle sans faire référence aux guerres de Religion, qui ensanglantent la France.

2

➔ Le XVIe siècle : un nouveau monde, l'homme

1 Le siècle des extrêmes : guerres de Religion contre humanisme

La naissance des Églises protestantes va donner lieu à des conflits sanglants avec la religion catholique, dominante. Mais le XVIe siècle voit apparaître également le mouvement humaniste, qui touche toute l'Europe et prétend replacer l'homme au centre du monde.

Le meilleur avant le pire : naissance de l'humanisme européen

• En Italie, Pic de la Mirandole (1463-1494), qui lit les manuscrits grecs et latins mis à la disposition du pays après la chute de Constantinople, rassemble ses conclusions en neuf cents points, qu'il propose aux philosophes et aux théologiens du monde entier de venir réfuter. Accusé d'hérésie, il se réfugie en France, est emprisonné, puis il retourne à Florence, où il mourra prématurément.
• En Angleterre, Thomas More (1478-1535) imagine un monde idéal, situé sur l'île d'Utopie, où les hommes méprisent l'argent, partagent leur temps entre travail, sommeil et loisirs, un monde sans guerres où chacun peut trouver sa place. Mais, déplaisant à Henri VIII, qui s'est déclaré chef de l'Église d'Angleterre parce que le pape contestait son divorce, Thomas est condamné à mort : il refusait de se séparer du souverain pontife.
• En Hollande naît Didier Érasme (1469-1536), l'auteur de l'*Éloge de la folie* (1511), ouvrage qu'il compose en une semaine sur le chemin qui le mène d'Italie en Angleterre, où il va voir son ami Thomas More. Érasme meurt à Bâle après avoir longtemps vécu en France, où il exerça une grande influence. Critique des institutions médiévales, le philosophe demande un retour aux textes et une libre interprétation de la Bible et de la sagesse antique.

Le mot savant

Humanisme : *le mot* humanitas, *en latin, désigne la « culture ». Les maîtres appellent ainsi leur enseignement « lettres d'humanité ». Les humanistes, au XVIe siècle, étudient donc et enseignent la littérature antique. Le terme « humanisme » au sens actuel n'apparaît qu'au XIXe siècle.*

• En France, des maîtres, réagissant à l'enseignement figé des universités, reviennent aux textes de l'Antiquité, apprennent le grec, renouvellent l'enseignement du latin et se font érudits. Les premiers humanistes français, tels Jacques Lefèvre d'Étaples (vers 1450-1537) et Guillaume Budé (1467-1540), sont des linguistes savants.

La préparation du pire : naissance de la Réforme et guerres de Religion

L'esprit de l'humanisme – retour aux textes originels et réflexion critique – est aussi celui qui va inspirer la Réforme.

• Le moine allemand Martin Luther (1483-1546), en voulant réformer le christianisme et retrouver l'esprit de l'Église des premiers temps, aboutit en fait à une scission avec l'Église catholique, entraînant avec lui l'Allemagne du Nord et bientôt l'Angleterre.

• En France, cet esprit réformé donne d'abord naissance au mouvement évangélique : seuls l'Évangile et l'Écriture sainte font autorité, débarrassés des commentaires de la Tradition. Les humanistes suivent cette tendance, protégés d'abord par François Ier, qui change cependant d'attitude et les condamne.

• Calvin (1509-1564), qui s'établit bientôt à Genève pour fuir les persécutions, suit les idées des évangélistes. Il publie *L'Institution de la religion chrétienne* (1541), ouvrage dans lequel il expose sa conception de la Réforme, pessimiste et austère : la nature humaine est totalement corrompue par le péché originel, et seuls les hommes que Dieu a choisis sont prédestinés à la vie éternelle. Le calvinisme aboutit à une scission de l'Église chrétienne en France. Il prépare, sans le savoir, les guerres de Religion entre catholiques et protestants.

Pour en savoir plus

Les guerres de Religion en quelques dates...

• De 1562 à 1593, huit guerres se succèdent, coupées de trêves.

• 24 août 1572 : massacre de la Saint-Barthélemy.

• 1593 : Henri IV conquiert Paris.

• 1598 : le roi promulgue l'édit de Nantes, qui met fin aux conflits.

Agrippa d'Aubigné (1552-1630), la voix du protestantisme

La vie d'Agrippa d'Aubigné se confond avec les tumultes de la seconde partie du siècle et les persécutions dont furent victimes les protestants. Génie précoce, d'Aubigné maîtrise dès ses premières années le latin, l'hébreu et le grec. À 7 ans, il traduit du grec un dialogue de Platon, *Criton* !

Un enfant précoce

À l'âge de 8 ans, il est à Amboise, où l'on vient de pendre des conjurés calvinistes : son père lui fait jurer vengeance ! Ainsi commence un destin de soldat et de poète : Agrippa se vengera par les armes et par la plume.

La mort vue de près, maintes fois

1562 : Agrippa a 10 ans. Il est à Paris et doit fuir une première fois les persécutions contre les protestants. À Coutances, il est en prison. Il s'en évade. Montargis, Gien, Orléans. Il manque de mourir de la peste, et son père périt sous ses yeux dans les combats. Le voici à Genève, terre calviniste, puis à Lyon. Au château de Talcy, il tombe amoureux de Diane Salviati, la nièce de Cassandre Salviati, célébrée par Ronsard.

1572 : en août, à Paris, il blesse un catholique dans un duel. Le voici à nouveau sur les routes. Il échappe ainsi au massacre de la Saint-Barthélemy. Agressé, il est gravement blessé. Diane le soigne à Talcy. Agrippa va-t-il épouser sa belle ? Impossible : elle est catholique !

Le mariage impossible de l'écuyer d'Henri de Navarre

1573 : D'Aubigné devient écuyer du futur Henri IV. On le retrouve dans toutes les batailles, pendant vingt ans, jusqu'à la prise de Paris par le nouveau roi.

Le refus de l'abjuration et la poursuite des combats

Henri IV a abjuré sa foi protestante, et l'édit de Nantes ne fait que tolérer le protestantisme : outré, Agrippa se retire à Maillezais, en Vendée, mais son combat n'est pas terminé ; il reprend les armes sous Louis XIII. Il finit par se réfugier à Genève, où il meurt en 1630.

Les Tragiques (1577), la vengeance par la plume

La vie mouvementée du soldat huguenot lui a laissé le temps de composer de nombreuses œuvres, en prose ou en vers, mais c'est un long poème qui assure sa postérité : *Les Tragiques.*

L'œuvre

Sept livres, 9 302 alexandrins, trente ans de labeur, une publication tardive (1616) : voici *Les Tragiques*, l'épopée grandiose d'Agrippa d'Aubigné, sa vengeance furieuse contre les catholiques et leurs massacres.

Livre I, « Misères » : révolte et pitié du soldat poète contre le scandale de la guerre civile.

Livre II, « Princes » : les vices des rois et les mensonges des courtisans sont responsables de cette horreur.

Livre III, « Chambre dorée » : les juges aussi sont coupables.

Zoom

Œuvre difficile, quasiment illisible par un lecteur qui ne connaît rien à la Bible, Les Tragiques *furent oubliés pendant longtemps... jusqu'à ce que les romantiques les redécouvrent ! Sainte-Beuve et Victor Hugo* les *appréciaient beaucoup. Pourquoi cet échec en 1616 ? À cette époque, Malherbe et la « pureté » classique étaient déjà passés par là : on n'appréciait plus le style baroque d'Agrippa.*

Livre IV, « Feux » : la peinture des martyrs protestants.
Livre V, « Fers » : combats et massacres des guerres de Religion.
Livre VI, « Vengeances » : Dieu connaît les coupables ; les bourreaux vont être frappés !
Livre VII, « Jugement » : aux damnés, l'enfer, aux justes, le paradis.

Les Tragiques, livre VII, vers 887 à 892
Le Jugement dernier approche. Suivant l'Évangile selon saint Matthieu, D'Aubigné promet aux justes la droite de Dieu, tandis que les damnés seront à sa gauche.

> Vous qui avez laissé mes membres aux froidures,
> Qui leur avez versé injures sur injures,
> Qui à ma sèche soif et à mon âpre faim
> Donnâtes fiel pour eau et pierre au lieu de pain,
> Allez, maudits, allez grincer vos dents rebelles
> Au gouffre ténébreux des peines éternelles !

De *La Semaine* à l'*Heptaméron* : Marguerite de Navarre (1492-1549)

Marguerite naît deux ans avant son frère François, le Premier. Elle épouse à 17 ans Charles d'Alençon, qui meurt à la bataille de Pavie en 1525. Deux ans plus tard, nouveau mariage : Marguerite, épouse d'Henri d'Albret, devient reine de Navarre. Sa fille Jeanne enfantera le futur Henri IV.

Marguerite, protectrice des humanistes et des réformés

Reine, auteur d'un grand livre que l'on évoquera plus loin, Marguerite est restée fameuse pour avoir assuré la protection des humanistes et des réformés. Marot, Dolet, Pelletier du Mans et bien d'autres trouvent refuge auprès d'elle lorsqu'ils subissent les persécutions.

L'*Heptaméron* (1559), contes cocasses inspirés de Boccace

L'Italien Boccace (1313-1375), père de la prose italienne, avait, en dix journées de narration, rassemblé cent nouvelles. Ce *Décaméron* inspire à Marguerite un projet identique mais, des cent nouvelles prévues,

Le mot savant

Baroque : *le terme est emprunté au portugais* barroco. *À l'origine, il désigne des pierres précieuses qui sont imparfaitement taillées. En art (architecture, littérature), il est appliqué à des œuvres dont le style apparaît chargé, par opposition à la sobriété classique. Le baroque est l'art du mouvement, de la variation, de l'émotion, du tourment. Sa grande période ? Entre la Renaissance et le triomphe de l'âge classique, vers 1660.*

Pour en savoir plus

Guillaume Salluste du Bartas (1544-1590) et sa* Semaine *: un best-seller oublié
Guillaume Salustre devient Guillaume Salluste lorsque son père modifie son nom pour en faire celui d'un historien romain célèbre, puis du Bartas quand il achète la terre du même nom. À la cour de Nérac, en Navarre, Guillaume aime à versifier. En 1578, il publie La Semaine ou la Création du monde, *son œuvre majeure. Succès énorme, à l'époque, et dans toute l'Europe ! Soixante-dix éditions en une vingtaine d'années !*
La Semaine *est une réécriture en sept mille alexandrins de la Genèse, le premier livre de la Bible.*

soixante-douze seulement sont publiées. Ce sera l'*Heptaméron*, des nouvelles cocasses où des moines cherchent à abuser d'une paysanne, où des seigneurs trompés par leur dame parviennent à leur tour à les tromper. Simple gauloiserie ? Non, mais une satire amusée des mœurs d'une époque, d'un monde où dominent l'hypocrisie et le mensonge. Pourquoi ce titre d'*Heptaméron* ? C'est l'éditeur de Marguerite qui donne au recueil son titre, *Heptaméron*, car il nous reste sept journées de narration sur les dix prévues.

Rabelais (vers 1494-1553) : le rire du roman contre les idées

« Mieux est de ris que de larmes écrire / Pour ce que rire est le propre de l'homme. » Dans un siècle austère, guerrier, où les combats religieux font couler le sang, voici que s'élève la voix gigantesque de Rabelais, moine, médecin et inventeur du roman moderne. Les armes de Rabelais ? Le rire, le burlesque, la fantaisie, aux antipodes du sérieux tragique de D'Aubigné.

L'inconnu le plus illustre de la littérature française

De la personnalité de Rabelais, on ne sait pas grand-chose. Sa date de naissance même (à Chinon) est incertaine. On sait qu'il eut deux enfants, Junie et François, mais on ne connaît rien de sa femme. C'est qu'il fut moine, aussi, franciscain, puis bénédictin. Un moine qui fait des enfants, mauvais ménage ! Pire : il écrit des romans ! Le moine passera plus tard dans le clergé séculier et deviendra curé.

Savant, médecin, écrivain

Du temps qu'il est moine, François, en bon savant humaniste, apprend le grec, le latin et l'hébreu. Il traduit des manuscrits grecs en français, ce qui n'est pas du goût de ses supérieurs. Le voici bientôt en route pour Montpellier, où il va apprendre la médecine, mais c'est à Lyon, en 1532, qu'il exerce son métier. Nouvelle provocation à l'encontre de l'esprit du temps : Rabelais dissèque un pendu ! Un an plus tard, en 1533, puis en 1536, on le retrouve à Rome, en compagnie du cardinal Jean du Bellay, parent du fameux poète. Entre-temps, ses livres ont commencé à paraître et ils plaisent à beaucoup, mais pas aux gens austères. Le rire de Rabelais est condamné par la Sorbonne. En 1546, il trouve refuge à Metz, avant de retourner à Rome. Il passe la fin

La petite histoire

On dit que Rabelais rapporta de Rome la salade dite « romaine », le melon mais aussi l'artichaut et l'œillet. Il en aurait subtilisé des graines dans les jardins du pape.

de sa vie à Paris et dans sa région, où il doit se montrer prudent : ses romans rencontrent toujours la même hostilité. Mais ils sont passés à la postérité.

Pantagruel, Gargantua et Alcofribas Nasier, géants littéraires

C'est sous le pseudonyme d'Alcofribas Nasier, anagramme de son nom, que François Rabelais publie, en 1532 à Lyon, l'énorme *Pantagruel*. En 1534, paraît *Gargantua*. Le rire, la bouffonnerie s'en prennent aux Églises, critiquent les guerres injustes, attaquent l'Université et les magistrats. En 1542, l'écrivain finit par réunir, sous son vrai nom, les deux romans. Les événements sont rétablis dans leur bon ordre, vu que Gargantua est le père de Pantagruel.

Gargantua, fils de Grandgousier et de Gargamelle

Il tarde à venir, Gargantua : sa mère le porte onze mois ! Sa naissance est placée d'emblée sous le signe du rire : le premier mot du géant ? « À boire ! » Son éducation est d'abord calamiteuse, puisqu'elle est faite par les sorbonagres (la Sorbonne), mais un précepteur vient corriger le tir : Ponocrates (le travailleur). La méthode de Ponocrates ? Une éducation humaniste : diversité des disciplines enseignées, éveil de la curiosité, appel à l'observation et à l'expérience. Gargantua sera à la fois un savant, connaissant les langues anciennes, la philosophie, mais aussi un homme de guerre accompli, maîtrisant toutes les disciplines corporelles.

La Vie très horrifique du grand Gargantua

• La naissance de Gargantua (chapitre VI)

Fameuse naissance ! Voici le texte dans sa version originale, difficile, mais ô combien savoureuse !

> Par cest inconvenient feurent au dessus relaschez les cotyledons de la matrice, par lesquelz sursaulta l'enfant, et entra en la vene creuse, et, gravant (montant) par le diaphragme jusques au dessus des espaules (où ladicte vene se part en deux), print son chemin à gauche, et sortit par l'aureille senestre (gauche).
> Soubdain qu'il fut né, ne cria comme les aultres enfans : « Mies ! mies ! », mais à haulte voix s'escrioit : « À boire ! à boire ! à boire ! », comme invitant tout le monde à boire, si bien qu'il fut ouy (entendu) de tout le pays de Beusse et de Bibaroys.

• L'enfance d'un géant (chapitre XI)

Le géant grandit, mais sa petite enfance révèle un être bien négligé ! Voyez plutôt (en français moderne, cette fois)...

> Il pissait sur ses souliers, il chiait dans sa chemise, se mouchait sur ses manches, reniflait dans sa soupe, pataugeait partout, buvait dans

Zoom

Gargantua, un nom et quelques chiffres...

Après avoir crié « À boire, à boire, à boire ! », Gargantua est nourri par le lait de... 17 913 vaches ! Il grandit bien ; on lui trouve dix-huit mentons !
Mais pourquoi ce nom de Gargantua ? « Que grand tu as ! (... le gosier) », tels sont les premiers mots de son père, à la naissance du géant. Ainsi naît Gargantua.

> sa pantoufle et se frottait habituellement le ventre d'un panier. Il aiguisait ses dents sur un sabot, se lavait les mains dans le potage, se peignait avec un gobelet, s'asseyait le cul entre deux chaises, se couvrait d'un sac mouillé, buvait en mangeant sa soupe, mangeait sa fouace sans pain, mordait en riant, riait en mordant, crachait souvent dans le plateau, pétait de graisse, pissait contre le soleil, se cachait de la pluie dans l'eau, battait froid, songeait creux, faisait le sucré, écorchait le renard, disait le patenôtre du singe, retournait à ses moutons...

• Repris en main par Ponocrates (chapitre XXIII)
Le précepteur va remettre bon ordre dans toute cette négligence. Gargantua est destiné à devenir un géant du savoir ! Voyez...

> Gargantua s'éveillait donc vers quatre heures du matin. Tandis qu'on le frictionnait, on lui lisait quelques pages des saintes Écritures, à voix haute et claire, avec la prononciation convenable [...]. Puis il allait aux lieux secrets excréter le produit des digestions naturelles. Là, son précepteur répétait ce qu'on avait lu et lui expliquait les points les plus obscurs et les plus difficiles. [...] Cela fait, on l'habillait, on le peignait, on le coiffait, on l'apprêtait, on le parfumait et pendant ce temps, on lui répétait les leçons du jour précédent.

Picrochole, la satire du guerrier

Dans la seconde partie de *Gargantua,* le roi Picrochole attaque Grandgousier. Les guerres picrocholines seront gagnées par le héros. Lorsque les combats sont finis, Jean des Entommeures, compagnon de Gargantua, lui propose de créer une abbaye. Ce sera la fameuse abbaye de Thélème, dont la devise est non moins célèbre : « Fais ce que voudras. »

> ***Comment estoient reiglez les Thelemites à leur maniere de vivre* (retour au texte original !)**
>
> Toute leur vie estoit employée non par loix, statuz ou reigles, mais selon leur vouloir et franc arbitre. Se levoient du lict quand bon leur sembloit, beuvoient, mangeoient, travailloient, dormoient quand le desir leur venoit ; nul ne les esveilloit, nul ne les parforceoit ny à boyre, ny à manger, ny à faire chose aultre quelconques. Ainsi l'avoit estably Gargantua. En leur reigle n'estoit que ceste clause : FAY CE QUE VOULDRAS...
> *La Vie très horrifique du grand Gargantua* (chapitre 57).

Pour en savoir plus

Rabelais, créateur du géant Gargantua ?
Rabelais n'a pas créé le fameux géant, mais il s'est inspiré de traditions populaires en vogue dans toute la France à son époque. En 1534 ont paru à Lyon Les Grandes et Inévitables Chroniques de l'énorme géant Gargantua, *un recueil anonyme de contes populaires. Rabelais a cependant réécrit à sa façon la vie du géant, en marquant le texte du sceau de l'humanisme.*

Zoom

Lecteur de Thomas More, Rabelais fait de Badebec la fille du roi des Amaurotes, vivant dans l'île d'Utopie.

La naissance de Pantagruel

Badebec, la femme de Gargantua, meurt en donnant naissance à Pantagruel. Tristesse ? Oui, mais le père est partagé entre la joie et les larmes, dans un épisode grandiose et célèbre.

> **Du dueil que mena Gargantua de la mort de sa femme Badebec**
>
> Pleureray je ? disoit il. Ouy, car pourquoy ? Ma tant bonne femme est morte, qui estoit la plus cecy, la plus cela, qui feust au monde. Jamais je ne la verray, jamais je n'en recouvreray une telle ; ce m'est une perte inestimable ! O mon Dieu, que te avoys je faict pour ainsi me punir ? Que ne envoyas tu la mort à moy premier que à elle, car vivre sans elle ne m'est que languir ? Ha, Badebec, ma mignonne, m'amye, mon petit con (toutesfois elle en avait bien troys arpens et deux sexterées), ma tendrette, ma braguette, ma savate, ma pantofle, jamais je ne te verray ! Ha, pauvre Pantagruel, tu as perdu ta bonne mere, ta doulce nourrisse, ta dame très aymée ! Ha, faulce mort, tant tu me es malivole, tant tu me es oultrageuse, de me tollir celle à laquelle immortalité appartenoit de droict !
>
> Et ce disant pleuroit comme une vache. Mais tout soubdain rioit comme un veau quand Pantagruel luy venoit en memoire. « Ho, mon petit filz (disoit il), mon coillon, mon peton, que tu es joly ! et tant je suis tenu à Dieu de ce qu'il m'a donné un si beau filz, tant joyeux, tant riant, tant joly ! Ho, ho, ho, ho, que suis aise ! Beuvons, ho ! laissons toute melancholie ! »

Le *Tiers Livre* et le *Quart Livre*, suites bouffonnes

En 1546, Rabelais fait paraître le *Tiers Livre,* dans lequel il se montre moins féroce et renonce à la satire religieuse. À Paris où il est étudiant, Pantagruel rencontre celui qui deviendra son ami fidèle, Panurge (« le rusé », en grec). Entre 1548 et 1552 paraît le *Quart Livre.* Rabelais exploite la vogue des récits de voyage, et notamment celui de Jacques Cartier. Panurge est en route vers l'oracle de la Dive Bouteille. Mais la satire reprend ses droits : Panurge et Pantagruel descendent chez les Papefigues (protestants) et les Papimanes (catholiques).

Rabelais en quelques mots

« La substantifique moelle »

L'art de Rabelais ? La recherche constante de l'invention verbale. Lire Rabelais, c'est lire un écrivain préoccupé en permanence de procurer à son lecteur des jouissances verbales infinies : trente mille mots, le lexique

Le mot savant

Les moutons de Panurge : *les ruses de Panurge sont fameuses. La plus connue d'entre elles a donné naissance à une expression célèbre : « les moutons de Panurge » ! Pour se venger du marchand Dindenault, avec qui il s'est querellé, Panurge lui achète un mouton et le précipite dans la mer : tous les autres suivent ! Malheur à celui qui suit bêtement le troupeau !*

Pour en savoir plus

Le* Cinquième Livre *est-il de Rabelais ?

En 1564, on voit paraître un Cinquième Livre *des aventures de nos géants, mais les spécialistes doutent que cet ouvrage puisse être attribué à Rabelais. Le roman continue la satire de la papauté, du clergé, des magistrats. Authentique ou pas, ce livre continue à proclamer la supériorité du roman, seul capable d'éviter la sclérose des idées.*

le plus important de toute la littérature française ! Il y a les mots que le romancier emprunte à la langue déjà existante, et il y a ceux, par centaines, qu'il invente.

L'inventeur du roman moderne

Deux noms planent au-dessus des autres lorsqu'il s'agit d'assurer au roman une paternité : celui de Cervantès, le créateur de *Don Quichotte*, en Espagne, et celui de Rabelais en France. L'auteur de *Gargantua* donne la preuve de l'intérêt du roman, qui consiste à éviter de tomber dans les pièges tendus par la pensée figée, austère et tyrannique. Une œuvre littéraire peut être salutaire si elle échappe à la rigidité des thèses, au manichéisme réducteur auquel chacun de nous est sujet.

Pour terminer

Voici, pour terminer ce portrait un petit florilège des bons mots de Rabelais qui demeurent encore aujourd'hui très célèbres...

- Mais parce que, selon le sage Salomon, sapience n'entre point en âme malivole, et science sans conscience n'est que ruine de l'âme, il te convient servir, aimer et craindre Dieu.
- Vous convient être sages, pour fleurer sentir et estimer ces beaux livres de haute graisse, légers au pourchas et hardis à la rencontre. Puis, par curieuse leçon et méditation fréquente, rompre l'os et sucer la substantifique moelle.
- Par le monde, il y a beaucoup plus de couillons que d'hommes.

Montaigne (1533-1592), une œuvre à la taille de l'homme

Le géant véritable, c'est moins Gargantua que son créateur, Rabelais. Mais il en est un autre, dans ce siècle humaniste et guerrier, Michel Eyquem, du château de Montaigne, la terre acquise par son père.

Une vie au-dessus de la mêlée

Engagé dans le siècle, Montaigne se retire finalement sur ses terres et compose une œuvre en mouvement : *Les Essais.*

Le latin pour langue maternelle

Pierre Eyquem, le père, est un humaniste. Pour son fils, il rapporte d'Italie une éducation nouvelle, libre et savante. Horstanus, le précepteur allemand qu'il a engagé pour Michel, se voit confier une curieuse mission :

La petite histoire

Voici ce qu'écrivit Nietzsche de Montaigne : « Qu'un tel homme ait écrit, vraiment le plaisir de vivre sur cette terre en a été augmenté ».

du matin au soir, il doit parler à son élève en latin ! Et toute la maisonnée s'y met, des parents jusqu'aux domestiques ! Ainsi grandit Montaigne, avec la langue des Romains pour langue maternelle.

De la bonne éducation : assouplir l'esprit, endurcir le corps

Mais le latin n'est qu'un commencement. Devenu adulte, Montaigne se souvient de l'éducation qu'il reçut et donne à ses lecteurs ses propres préceptes.

Ce qu'il faut, c'est former le jugement d'un enfant, lui apprendre à penser par lui-même, sans contrainte, et non le gaver de savoir, encombrer sa mémoire. Le bon maître est plus un sage qu'un savant, il s'adapte au rythme de son élève, le suit pas à pas.

Cependant, suivre le rythme de l'élève, lui apprendre à penser par lui-même n'exclut pas une sévère discipline du corps, qu'il s'agit d'endurcir, d'entraîner à supporter la douleur. C'est que Montaigne écrit en des temps difficiles, où la douleur est chose commune ; temps des guerres de Religion aussi... Chacun doit être exercé à supporter les épreuves physiques.

> ***Les Essais*** **(I, 26)**
>
> Qu'il ne lui demande pas seulement compte des mots de sa leçon, mais du sens et de la substance ; et qu'il juge du profit qu'il aura fait, non par le témoignage de sa mémoire, mais de sa vie. Que ce qu'il viendra d'apprendre, il le lui fasse mettre en cent visages et accommoder à autant de divers sujets, pour voir s'il l'a encore bien pris et bien fait sien, prenant l'instruction de son progrès des pédagogismes de Platon. [...]
>
> Ce n'est pas assez de lui raidir l'âme ; il lui faut aussi raidir les muscles ; elle est trop pressée (l'âme est débordée), si elle n'est secondée, et a trop à faire de fournir seule à deux offices. Je sais combien ahane la mienne en compagnie d'un corps si tendre, si sensible, qui se laisse si fort aller sur elle [...]. J'ai vu des hommes, des femmes et des enfants ainsi nés, qu'une bastonnade leur est moins qu'à moi une chiquenaude ; qui ne remuent ni langue ni sourcil aux coups qu'on leur donne.

Montaigne, faux mou, faux indécis

L'homme tel que le veut Montaigne n'est pas un mollasson ! Voici justement l'occasion d'aller à l'encontre d'une idée reçue à propos de notre auteur : on le peint souvent comme un homme au tempérament oisif, un tantinet mou, indécis, incapable de trancher entre des avis contraires. Non, il y a une sagesse chez Montaigne, acquise à force d'expérience, de travail et de lecture.

Zoom

Nous choisissons souvent pour les citations une orthographe moderne : la langue de Montaigne, dans le texte originel, est aussi difficile que celle de Rabelais. À l'époque, l'orthographe n'a pas encore été fixée.

Le temps de la magistrature

À Bordeaux, après des études au collège de Guyenne, Montaigne aurait étudié la philosophie. À Toulouse, il fait son droit. En 1554, on le retrouve conseiller à la Cour des aides de Périgueux, puis au Parlement de Bordeaux. Son passage par Paris laisse peu de traces. Le mariage vient, en 1565. Quelques années plus tard, en 1570, Michel résilie sa charge de magistrat. Sa vie n'est pas là. Mais le Parlement lui a donné la chance de rencontrer celui qui fut son grand ami : Étienne de La Boétie.

« Parce que c'était lui, parce que c'était moi »

1558 : naissance de l'amitié entre Montaigne et La Boétie, une amitié mythique, l'archétype même de l'amitié indéfectible, soudaine, une sorte de coup de foudre. Étienne est plus vieux de trois ans. Et il mourra jeune, à 33 ans.

Le grand chagrin de la vie de Montaigne, c'est la perte d'un homme qui fut son seul véritable ami et un modèle : la mort stoïque et sublime d'Étienne fut pour Michel un enseignement.

> *Les Essais* (I, 27)
>
> Au demeurant, ce que nous appelons ordinairement amis et amitiés, ce ne sont qu'accointances et familiarités nouées par quelque occasion ou commodité, par le moyen de laquelle nos âmes s'entretiennent. En l'amitié de quoi je parle, elles se mêlent et confondent l'une en l'autre, d'un mélange si universel, qu'elles effacent, et ne retrouvent plus la couture qui les a jointes. Si on me presse de dire pourquoi je l'aimais, je sens que cela ne se peut exprimer, qu'en répondant : Parce que c'était lui, parce que c'était moi.

Sur les terres de Montaigne

Mais voici la grande affaire de la vie de Michel : sa retraite à Montaigne, en 1571. Désormais, notre auteur se consacrera à l'étude et à la lecture. Il commence à rédiger son livre, son seul vrai livre – mais qu'il est grand ! –, *Les Essais.* Pourtant, cette retraite demeure active. La quatrième guerre de Religion arrive, et Montaigne est chargé par le duc de Montpensier, dont il a rejoint l'armée royale, d'une mission auprès du Parlement de Bordeaux (1574). Rentré chez lui, il reprend la rédaction de son ouvrage.

La maladie de la pierre

Ce faux indolent souffre beaucoup : il est atteint de la maladie de la pierre (voir la rubrique « Le mot savant » ci-contre). Il décide de partir en cure thermale et voyage à travers l'Europe : Paris, Baden, Munich, Rome, Lucques. C'est là qu'il apprend qu'il vient d'être élu maire de Bordeaux (1581).

Le mot savant

*La **maladie de la pierre** porte aujourd'hui le nom, moins évocateur, de calculs.*

Bordeaux malade de la peste

Du passage de Montaigne à la mairie de Bordeaux, on retient souvent qu'il fut absent lorsque la peste se déclara dans la ville, en 1585. Lâcheté ? Rien n'est moins sûr, puisque l'homme prend à cœur sa tâche, dans une période très troublée où, pris entre des partis opposés, il risque sa vie en jouant les diplomates. On voit passer chez lui Henri de Navarre et le maréchal de Matignon, gouverneur de Guyenne.

Une vie à l'essai

La fin de sa vie oscille entre une nouvelle édition de ses *Essais* et les troubles du temps, qu'il ne peut éviter. En 1588, il rencontre sa « fille d'alliance », Melle de Gournay, qui se chargera, trois ans après sa mort, de la dernière édition de son œuvre.

Montaigne défenseur de l'homme du Nouveau Monde

Au temps de Montaigne, la découverte du Nouveau Monde est encore toute fraîche. À Rouen, l'écrivain a vu trois Indiens du Brésil. Loin de les considérer comme des êtres inférieurs (on se souvient d'une controverse fameuse du siècle : les Indiens ont-ils une âme ? Voir la rubrique « Pour en savoir plus » ci-contre), il en fait l'éloge et profite de l'occasion pour stigmatiser notre société française, où règne l'inégalité sociale et qui est soumise à un roi encore enfant. Qui sont les véritables sauvages ? Les Indiens du Nouveau Monde, ou bien ces Européens qui pratiquent la torture et s'entretuent ? Telles sont les questions posées dans ce chapitre.

« Des cannibales » (I, 31)

... le Roy parla à eux long temps, on leur fit voir nostre façon, nostre pompe, la forme d'une belle ville : apres cela, quelqu'un en demanda leur advis, et voulut sçavoir d'eux, ce qu'ils y avoient trouvé de plus admirable : ils respondirent trois choses, dont j'ay perdu la troisiesme, et en suis bien marry ; mais j'en ay encore deux en memoire. Ils dirent qu'ils trouvoient en premier lieu fort estrange, que tant de grands hommes portans barbe, forts et armez, qui estoient autour du Roy (il est vray-semblable qu'ils parloient des Suisses de sa garde) se soubmissent à obeir à un enfant, et qu'on ne choisissoit plus-tost quelqu'un d'entre eux pour commander : Secondement (ils ont une façon de leur langage telle qu'ils nomment les hommes, moitié les uns des autres) qu'ils avoyent apperceu qu'il y avoit parmy nous des hommes pleins et gorgez de toutes sortes de commoditez, et

Pour en savoir plus

Le dominicain Bartolomé de Las Casas (1474-1566) fut, en Espagne, le grand défenseur des Indiens. La controverse de Valladolid l'opposa au philosophe Sepulveda, en 1550. La Casas était évêque de Chiapas, au Mexique.

Zoom

L'orthographe, ici, est celle de l'époque : un petit effort !

que leurs moitiez estoient mendians à leurs portes, décharnez de faim et de pauvreté ; et trouvoient estrange comme ces moitiez icy necessiteuses, pouvoient souffrir une telle injustice, qu'ils ne prinsent les autres à la gorge, ou missent le feu à leurs maisons.

Les Essais, sa « fricassée », ou le journal d'un homme en quête de sagesse

« Toute cette fricassée que je barbouille ici n'est qu'un registre des essais [expériences] de ma vie » (III, 13).
Entrer dans *Les Essais*, c'est :
• faire l'expérience d'une pensée libre, mouvante, à cent lieux des polémiques guerrières du siècle ;
• lire la première véritable autobiographie française ;
• découvrir un livre unique, jamais égalé, dont la composition évolue au fil des publications ;
• parcourir un formidable recueil de citations d'auteurs grecs ou romains.

La composition de l'œuvre : une pensée en évolution

La rédaction des *Essais* a été le fruit d'un long mûrissement. Différentes étapes ont été nécessaires.
• Première étape : Montaigne est parti de réflexions suscitées par ses lectures des auteurs anciens, grecs et romains.
• Deuxième étape : ses idées personnelles prennent la première place et l'opinion des Anciens, qui leur sert d'appui, vient confirmer leur justesse.
• Troisième étape : à mesure que sa pensée évolue, l'auteur complète les chapitres déjà rédigés, additions et modifications se succèdent à travers les différentes éditions.

Les Essais, trois éditions

1580 : livres I et II (livre I, 57 chapitres ; livre II, 37 chapitres).
1588 : ajout d'un livre III (13 chapitres) et nombreuses additions aux deux premiers.
1595 : édition posthume de Melle de Gournay.
De 1906 à 1920 paraît une nouvelle édition, à partir du manuscrit de la bibliothèque de Bordeaux.

Je ne peins pas l'être, je peins le passage

Pourquoi cette composition en évolution, en mouvement ? Un dernier extrait le dit parfaitement : le monde est en mouvement, l'être évolue sans cesse. Se peindre, c'est donc faire un portrait de soi toujours provisoire, toujours à refaire. Et se peindre soi, c'est peindre chaque homme, car « chaque homme porte la forme entière de l'humaine condition ».

La petite histoire

La « librairie » de Montaigne
Retiré à Montaigne, Michel Eyquem passe volontiers son temps dans sa « librairie », c'est-à-dire sa bibliothèque, qui est demeuré célèbre – « Elle est au troisième étage d'une tour, nous dit-il, où les livres sont rangés sur cinq rangs, dans une pièce ronde. » Montaigne y rêve, lit, écrit, tout en marchant : « Mes pensées dorment si je les assois. »
Sur les poutres, Montaigne a fait graver de nombreuses sentences grecques et latines.

Les Essais (III, 2)

Le monde n'est qu'une branloire perenne : Toutes choses y branlent sans cesse, la terre, les rochers du Caucase, les pyramides d'Égypte : et du branle public, et du leur. La constance mesme n'est autre chose qu'un branle plus languissant. Je ne puis asseurer mon object : il va trouble et chancelant, d'une yvresse naturelle. Je le prens en ce poinct, comme il est, en l'instant que je m'amuse à luy. Je ne peinds pas l'estre, je peinds le passage : non un passage d'aage en autre, ou comme dict le peuple, de sept en sept ans, mais de jour en jour, de minute en minute.

Montaigne en sentences

Sur le projet du livre

- C'est ici un livre de bonne foi, lecteur (« Au lecteur »).
- Je veux qu'on m'y voie en ma façon simple, naturelle et ordinaire, sans contention et artifice : car c'est moi que je peins (« Au lecteur »).
- Je suis moi-même la matière de mon livre (« Au lecteur »).
- Chaque homme porte la forme entière de l'humaine condition (III, 2).

Sur la mort

- Le but de notre carrière, c'est la mort : c'est l'objet nécessaire de notre visée (I, 20).
- Le remède du vulgaire, c'est de n'y penser pas (I, 20).
- Philosopher, c'est apprendre à mourir (I, 19).

Sur la coutume

- Chacun appelle barbarie ce qui n'est pas de son usage (I, 31).
- Quelle vérité que ces montagnes bornent, qui est mensonge au monde qui se tient au delà ? (II, 12).

Sur la sagesse

- J'ai vu en mon temps cent artisans, cent laboureurs, plus sages et plus heureux que des recteurs de l'Université (II, 12).

Étienne de La Boétie (1530-1563)

Il a à peine 18 ans et il vient de signer un chef-d'œuvre : *Le Discours de la servitude volontaire ou le Contr'un*. Le livre est si brillant que Montaigne demande à rencontrer son auteur. La suite, nous la connaissons : Étienne et Michel entament une amitié d'une vie.

Pour en savoir plus

Pascal, lecteur de Montaigne

Le passage suivant est inspiré de Montaigne : « Plaisante justice qu'une rivière borne ! Vérité au-deçà des Pyrénées, erreur au-delà. »

Le Discours de La Boétie est un ouvrage majeur de la philosophie politique. « Pourquoi obéit-on ? », se demande l'auteur. La violence n'explique pas tout, car le peuple se soumet volontairement à l'autorité d'un État ou d'un tyran. Alors, pourquoi cette servitude ? La Boétie donne trois raisons : l'habitude (le peuple n'a jamais connu la liberté) ; la lâcheté qui en découle, servie par le tyran qui donne à ce peuple « du pain et des jeux » ; le relais assuré au tyran par quelques fidèles qui soumettent tout le pays.

Le Discours de la servitude volontaire en quelques citations fameuses

• Il y a trois sortes de tyrans. Les uns règnent par l'élection du peuple, les autres par la force des armes, les derniers par succession de race.
• Soyez donc résolus à ne plus servir et vous serez libres.
• Ils ne sont grands que parce que nous sommes à genoux.
• La première raison de la servitude volontaire, c'est l'habitude.
• Quand je pense à ces gens qui flattent le tyran pour exploiter sa tyrannie et la servitude du peuple, je suis presque aussi souvent ébahi de leur méchanceté qu'apitoyé de leur sottise.

En résumé

• À travers toute l'Europe, les humanistes cherchent à rendre à l'homme sa place et, traduisant les textes antiques, veulent donner à chacun un libre accès au savoir.
• Les guerres de Religion ensanglantent la France. D'Aubigné prend part à la mêlée et se fait la voix du camp protestant.
• La Boétie critique toute tyrannie.
• Rabelais invente le roman et fait rire aux dépens des savants austères.
• Montaigne compose *Les Essais,* une œuvre en mouvement, qui épouse l'évolution de sa pensée.

Le temps des poètes : sus au rondeau, gloire au sonnet !

02

C'est auprès du roi, à Paris, que l'on trouve principalement les poètes au XVIe siècle, mais parfois aussi à Lyon, avec Scève et Labé. Poètes de cour, nos auteurs doivent célébrer le Prince, mais ils parviennent également à donner à la poésie ses formes impérissables, en mettant à l'honneur le sonnet.
Leur combat est aussi celui de la langue, le français, célébré contre le latin. Clément Marot, lui, assure la transition entre deux époques : le Moyen Âge et les temps modernes, qui commencent avec ce siècle de Ronsard.

Des Grands Rhétoriqueurs à l'école lyonnaise

Marot utilise aussi bien des formes poétiques héritées du Moyen Âge que le sonnet. À Lyon, Maurice Scève compose une poésie savante et inspirée de l'école italienne. Louise Labé, figure singulière, fait entendre la voix des femmes.

Clément Marot (1496-1544), pris entre deux âges

À l'école des rhétoriqueurs

Jean Marot, le père, est un rhétoriqueur : il compose sur commande des poèmes à la gloire de ses maîtres princiers, Anne de Bretagne et François Ier. Clément Marot, le fils, est à bonne école : il suit le chemin du père et adresse au roi une *Petite Épître*. Elle plaît. Clément est recommandé à Marguerite d'Alençon, future reine de Navarre.

➲ Mangeur de lard !

On ne plaisante pas avec le carême, au XVIe siècle : la seconde moitié du siècle le prouvera, pour le plus grand malheur des protestants. En 1526, Marot, gagné sans doute par les idées de Marguerite, se vante d'avoir mangé du lard en carême. C'est la prison, au Châtelet, d'où il sortira par grâce royale.

➲ Complice d'une évasion

Un an plus tard, Clément est devenu valet de chambre du roi à la suite de son père, mort. Mais il recommence son manège. Cette fois, il aide un prisonnier à s'évader : quinze jours d'enfermement à la Conciergerie ! C'est encore le roi qui le fait libérer.

➲ Au placard !

Jusqu'en 1534, notre poète est bien en cour. Ses œuvres sont appréciées. Mais voici l'affaire des Placards : on a retrouvé sur la porte de la chambre du roi des affiches ridiculisant la messe à Amboise ! On pourchasse les hérétiques ; certains sont brûlés. Clément fait partie des suspects : il doit s'exiler à Blois, puis en Italie, à Ferrare.
Un peu plus tard, il rejoint Venise : le duc de Ferrare n'aime pas les réformés, auxquels Marot voue sa sympathie.

➲ Retour en grâce et dernier exil

1537 : Clément, qui a abjuré ses convictions protestantes, peut retourner en France. On le voit adapter en français des psaumes à partir d'une traduction de l'hébreu, mais on lui prête de nouveaux écrits en faveur des protestants. Il doit fuir à nouveau et se retrouve à Genève, auprès de Calvin. Les deux hommes ne s'entendent pas. Nouveau départ, pour Chambéry, puis Turin, où Marot meurt en 1544.

➲ Marot en ses œuvres

Transition entre le Moyen Âge et la Renaissance, l'œuvre de Marot offre au lecteur toutes les formes poétiques possibles : rondeaux, ballades, mais aussi blasons, épigrammes, épîtres. Des sonnets, aussi, qu'il est le premier à introduire en France.

➲ Épigramme, épître, blason

Qu'est-ce qu'une épigramme ? Une courte pièce en vers, souvent satirique. Une épître ? Une lettre en vers, que Marot adresse au roi ou à ses protecteurs. Un blason ? Un poème dans lequel on décrit une partie du corps... féminin, cela s'entend ! Un blason de Marot est resté célèbre. En voici un extrait : il s'agit du blason du Beau Tétin.

La petite histoire

La conciergerie

Aujourd'hui monument national, la Conciergerie est un vestige du plus ancien palais royal parisien. Elle devint une prison au XVe siècle, et ce jusqu'en 1914.

Le blason du Beau Tétin *(Épigrammes,* 1535)

Tétin refait, plus blanc qu'un œuf,
Tétin de satin blanc tout neuf,
Toi qui fait honte à la rose
Tétin plus beau que nulle chose,
Tétin dur, non pas tétin voire
Mais petite boule d'ivoire
Au milieu duquel est assise
Une fraise ou une cerise
Que nul ne voit, ne touche aussi,
Mais je gage qu'il en est ainsi.

Lyon compose ses poèmes

Au XVIe siècle, Lyon est influencé par la poésie italienne de Pétrarque (voir la rubrique « Zoom » ci-contre), maître du sonnet amoureux, et par le néoplatonisme, qui célèbre l'amour idéal désincarné. Maurice Scève (1510-1564) se présente comme chef de file de cette école lyonnaise de poésie. Dans sa *Délie* (1544), composée en dizains décasyllabes (dix vers de dix syllabes chacun), il exprime son amour pour Pernette, rencontrée en 1536. La jeune fille, âgée de 16 ans, épousera deux ans plus tard un certain Du Guillet. Délie, c'est donc Pernette, mais c'est aussi « l'idée », en anagramme ! L'idée platonicienne ! Amour platonique, désincarné...

Louise Labé (1516-1566), la Belle Cordière

Son surnom de « Belle Cordière » lui vient de sa beauté, bien sûr, mais aussi de ce qu'elle épousa un cordier, Ennemond Perrin. Ses œuvres regroupent un *Débat de folie et d'amour* (1555) inspiré de l'*Éloge de la folie d'Érasme*, trois *Élégies* et vingt-quatre *Sonnets*. Louise est un personnage, dans ce siècle où l'on entend peu les voix féminines : on lui prête de nombreux amants, et sa poésie a le courage de dire la passion débarrassée des codes de l'amour courtois. C'est la poésie du trouble et du désir.

Joachim du Bellay (1522-1560), défenseur de la langue française

Enfance triste et solitaire

Château de La Turmelière, en Anjou : c'est là que naît Joachim du Bellay, en 1522, dans une famille de cardinaux, de gouverneurs et de diplomates.

Zoom

Francesco Petrarca (1304-1374) fut un érudit et un poète toscan. Avec Dante, il est considéré comme le père de la Renaissance italienne.

Le garçon est orphelin de père et de mère avant d'avoir atteint sa dixième année et il est confié à la tutelle de René, son frère aîné, qui s'en occupe peu. C'est lui qui l'affirme : enfance triste et solitaire pour notre futur poète. Devenu adolescent, il aime à se recueillir dans la solitude des forêts et à rêver près de la Loire.

Dialogue de sourds

Mais les choses vont changer ! Dans une auberge sur les bords de la Loire, Joachim avise un autre jeune homme, fin, élégant, parlant avec aisance : Pierre de Ronsard. Qu'ont-ils en commun ? Des amis, des parents, mais surtout la prétention d'écrire des vers et de devenir poètes ! Autre chose encore : tous deux ont dû renoncer à la carrière militaire pour cause de surdité précoce.

En route pour Coqueret !

Pierre vient de convaincre Joachim de le suivre à Paris. Les voici au collège Coqueret. L'un de leurs professeurs se nomme Jean Dorat. Que leur enseigne le brillant helléniste ? La Grèce ! Toujours la Grèce ! Il faut quitter le Moyen Âge, revenir aux Anciens – les Grecs toujours, mais aussi bien sûr les Latins – et prendre exemple sur les Italiens, qui ont parfaitement réussi à adapter à leur goût national les formes anciennes des poésies antiques.

De la Brigade des tigres à la Pléiade

Du Bellay et Ronsard mordent à belles dents dans ce savoir ancien ! En compagnie d'un de leurs condisciples, Jean-Antoine de Baïf, ils vont créer en 1549 la Brigade, groupe d'amis et de poètes. En 1553, ce groupe deviendra la Pléiade (voir la rubrique « Pour en savoir plus » page ci-contre).
Il est en colère, Joachim : Thomas Sébillet vient de publier son *Art poétique français pour l'instruction des jeunes étudiants* (1549), dans lequel il réaffirme la nécessité de composer des poèmes à la manière du Moyen Âge, des ballades, des rondeaux, des lais et des virelais à la manière de Villon et de Machaut ! Ce n'est pas du goût de Du Bellay !

Défense et illustration de la langue française : premier manifeste littéraire français

Le groupe d'amis souhaite définir de nouvelles règles poétiques. Ils décident de publier un manifeste, que Du Bellay est chargé d'écrire : ce sera *Défense et illustration de la langue française*. Le français, lancent ces jeunes gens, n'est pas une langue barbare (beaucoup le croyaient, à l'époque !) ; elle est capable d'accueillir des chefs-d'œuvre qui égaleraient

La petite histoire

Qui est cette Olive ?
Joachim ne l'a jamais avoué : mademoiselle de Viole ? Olive de Sévigné, la cousine du poète ? Le mystère reste entier.

ceux des Anciens, qu'il s'agit d'imiter. Tournons le dos à la poésie de Marot et des Grands Rhétoriqueurs, et enrichissons notre propre langue. La *Défense* en quelques mots...

Un manifeste littéraire

- Remplacer le rondeau par le sonnet, importé d'Italie.
- Évincer la ballade au profit de l'ode et de l'épopée.
- Lai ou virelai ? Non ! L'élégie, forme poétique mieux à même de traduire les sentiments !
- La versification doit faire alterner rimes masculines et rimes féminines (terminées par un « e » muet).
- Utilisation de l'alexandrin (vers de douze pieds ou syllabes).
- Au théâtre, remplaçons le mystère chrétien par la tragédie à la manière grecque, la farce par la comédie.

Défense du français contre le latin

- Observons la langue du peuple et empruntons-lui ses mots.
- Redécouvrons les mots employés par les vieux maîtres français, romanciers et poètes, « que nous avons perduz par notre négligence ».
- Créons des néologismes, des mots composés ; ces mots nouveaux peuvent dériver du grec ou du latin.

Un soutien de poids : le bon François

Dans sa défense du français, notre Joachim a un allié de marque, François Ier, qui s'est fait défenseur des arts et des lettres. Dix ans plus tôt, le roi avait fait paraître un document d'importance : l'ordonnance (ou, improprement, l'édit) de Villers-Cotterêts, signée entre le 10 et le 15 août 1539.

Cette ordonnance impose le français dans les documents relatifs à la vie publique. Le français, langue officielle du droit et de l'administration, en lieu et place du latin et des autres langues du pays ! Le terrain était déjà balisé pour nos poètes !

L'Olive : premier recueil en français de sonnets amoureux, après Marot

Au travail ! Du Bellay fait l'éloge du sonnet ? Écrivons donc des sonnets, à la manière de Pétrarque ! *L'Olive* en rassemble cinquante. Voici la première strophe de l'un d'eux : « Déjà la nuit en son parc amassait / Un grand troupeau d'étoiles vagabondes, / Et, pour entrer aux cavernes profondes, / Fuyant le jour, ses noirs chevaux chassait. »

Pour en savoir plus

La Pléiade, les étoiles montantes de la poésie française

En 1553, la Brigade devient, grâce à Ronsard, la Pléiade. Pourquoi « pléiade » ? Ronsard, en choisissant de former un groupe de sept poètes, a songé aux Pléiades de la mythologie, les sept filles d'Atlas changées en constellation, et surtout à la Pléiade des sept poètes alexandrins du IIIe siècle avant Jésus-Christ.

Qui sont ces poètes ? En 1556, outre Du Bellay et Ronsard, on compte Jean-Antoine de Baïf (1532-1589), Pontus de Tyard (1521-1605), Jean de La Péruse (1529-1554), Rémy Belleau (1528-1577) et Étienne Jodelle (1532-1573). Ce dernier, avec sa Cléopâtre captive *(1553), invente la tragédie française.*

1558 : *Les Regrets*

Joachim fait un beau voyage

La santé de notre poète est fragile ; malgré tout, Du Bellay accompagne son oncle le cardinal Jean du Bellay à Rome pour une mission diplomatique. Quatre ans d'exil, vécus d'abord dans l'enthousiasme. Rome ! Une des deux patries des Anciens ! Quand on voyage, au XVIe siècle, on va en Italie ! Mais quelle déception : Rome, patrie des arts, est aussi celle de la corruption, de la débauche. La France lui manque, ainsi que son petit Liré, le ruisseau qui coule près de chez lui, en Anjou.

Les Regrets, inspirés par la nostalgie

La nostalgie va inspirer à Du Bellay l'œuvre qui fera sa gloire. De retour à Paris, en 1558, il publie *Les Regrets*, un recueil de 191 sonnets écrits pour la plupart en Italie, pays qui lui inspire son deuxième recueil majeur de 32 sonnets : *Les Antiquités de Rome* (1558).

Mais sa santé se détériore rapidement. Sourd et malade, il meurt le 1er janvier 1560, à 37 ans.

Heureux qui, comme Ulysse...

En évoquant *Les Regrets*, on pense immédiatement à deux poèmes illustres, qui traduisent la nostalgie du poète, sa souffrance d'exilé : *Heureux qui, comme Ulysse...* et *France, mère des arts...* Voici le premier d'entre eux...

Heureux qui, comme Ulysse, a fait un beau voyage

Heureux qui, comme Ulysse, a fait un beau voyage,
Ou comme celui-là qui conquit la toison,
Et puis est retourné, plein d'usage et raison,
Vivre entre ses parents le reste de son âge !

Quand reverrai-je, hélas, de mon petit village
Fumer la cheminée, et en quelle saison
Reverrai-je le clos de ma pauvre maison,
Qui m'est une province, et beaucoup davantage ?

Plus me plaît le séjour qu'ont bâti mes aïeux,
Que des palais romains le front audacieux,
Plus que le marbre dur me plaît l'ardoise fine :

Plus mon Loir gaulois, que le Tibre latin,
Plus mon petit Liré, que le mont Palatin,
Et plus que l'air marin la douceur angevine.

Le mot savant

Un choix judicieux : l'alexandrin !
Dans leurs premières œuvres, nos poètes privilégient le vers décasyllabe (dix pieds) mais, très tôt, ils choisissent de mettre à l'honneur l'alexandrin, ou vers de douze syllabes (dodécasyllabe). Savez-vous d'où vient ce nom ? D'un poème en vers de douze syllabes qui a pour titre Le Roman d'Alexandre *(XIIe siècle). L'alexandrin classique se partage en deux hémistiches (parties) de six syllabes séparés par une césure (coupure).*
On connaît la fortune de ce vers, dans notre poésie, jusqu'au XIXe siècle ! Hugo a beau dire qu'il a « tordu le cou [et] disloqué [ce] grand niais d'alexandrin », il n'en continue pas moins à composer en utilisant le dodécasyllabe !

Zoom

Le sonnet, un air d'Italie !
Qui dit alexandrin dit – mais pas exclusivement – sonnet ! En ce XVIe siècle, l'Italie, son raffinement, sa culture sont à la mode. On lui emprunte sa forchetta *et ses assiettes plates pour adopter ses bonnes manières à table, ses artistes (Léonard de Vinci, à la cour de François Ier), et ses formes poétiques, aussi. Le sonnet apparaît dans la péninsule dès le XIIIe siècle, mais c'est Pétrarque, dans les poèmes qu'il dédie à sa Laure, qui lui donne ses lettres de noblesse. En France, Clément Marot ouvre la voie au sonnet.*

Pierre de Ronsard (1524-1585), prince des poètes

Chronique d'une otite

Né au manoir de la Possonnière, près du village de Couture-sur-Loir en Loir-et-Cher, Pierre, descendant d'une famille illustre – il est parent de la reine Élisabeth d'Angleterre et du chevalier Bayard, pas moins ! –, avait un avenir tout tracé : il serait diplomate ou officier !

Mais il devient sourd à l'âge de 17 ans, victime d'une otite chronique ! Il lui faut renoncer aux armes et à la diplomatie ! Ce sera l'étude qui fera sa vie. Collège de Coqueret, auprès de Dorat, avec son ami Du Bellay, et puis les poètes de la Brigade, qu'il transformera en Pléiade.

Dès la publication des quatre premiers livres des *Odes*, Pierre se place au premier rang des poètes de son temps. Prince des poètes ! Voilà le titre qu'il se donne. Sa popularité ne faiblira jamais, tout au long de son existence.

Cassandre, Marie, Hélène : notre poète et les femmes

La poésie la plus fameuse de Ronsard célèbre les femmes, qu'il invite à profiter de l'instant présent et à jouir de la vie.

Cassandre

« Mignonne, allons voir si la rose... » : ce vers vous dit peut être quelque chose. C'est le premier de la très célèbre *Ode à Cassandre* que Ronsard écrivit en l'honneur de Cassandre Salviati, la fille d'un banquier italien. En 1545, alors que Pierre a 20 ans, il y a bal à la cour de Blois. Cassandre danse un branle de Bourgogne, Pierre tombe sous le charme. Elle a 13 ans. Un an plus tard, elle en épouse un autre. Qu'importe, le jeune homme lui écrit des poèmes immortels : cette ode, et puis les *Amours de Cassandre*, sonnets à la manière de Pétrarque.

Ode à Cassandre

Mignonne, allons voir si la rose
Qui ce matin avoit desclose
Sa robe de pourpre au Soleil,
À point perdu ceste vesprée
Les plis de sa robe pourprée,
Et son teint au vostre pareil.

La petite histoire

Ronsard, poète érotique

Comme Marot et bien d'autres, Ronsard composa des poèmes érotiques. Certains sont très directs. Voyez, par exemple, ces deux vers extraits de Les poètes l'ont si bien dit : *« Je te salue, ô merveillette fente [...] ô petit trou, trou mignard, trou velu »...*

Las ! voyez comme en peu d'espace,
Mignonne, elle a dessus la place
Las ! las ses beautez laissé cheoir !
Ô vrayment marastre Nature,
Puis qu'une telle fleur ne dure
Que du matin jusques au soir !

Donc, si vous me croyez, mignonne,
Tandis que vostre âge fleuronne
En sa plus verte nouveauté,
Cueillez, cueillez vostre jeunesse :
Comme à ceste fleur la vieillesse
Fera ternir vostre beauté.

Les Odes (1550-1556), livre premier, ode XVII

Marie, mais quelle Marie ?

Dix ans ont passé. C'est Marie Dupin, une modeste paysanne de Bourgueil, qui cette fois séduit le poète. Il lui consacre la moitié des sonnets de la *Continuation des Amours* (1555) et l'intégralité de ceux de la *Nouvelle continuation des Amours* (1556). En 1574, Henri III perd sa maîtresse Marie de Clèves. L'autre Marie, Marie Dupin, vient elle aussi de mourir. Dans ses *Amours de Marie,* Ronsard chante les deux femmes.

***Amours de Marie* (II, 4 ; extrait)**

Comme on voit sur la branche au mois de may la rose,
En sa belle jeunesse, en sa premiere fleur,
Rendre le ciel jaloux de sa vive couleur,
Quand l'Aube de ses pleurs au poinct du jour l'arrose ;

La grace dans sa feuille, et l'amour se repose,
Embasmant les jardins et les arbres d'odeur ;
Mais batue ou de pluye, ou d'excessive ardeur,
Languissante elle meurt, fueille à fueille déclose.

En dessert, la belle Hélène

Et puis, en 1570, voici Hélène. Hélène de Surgères. Elle vient de perdre son fiancé pendant la guerre civile. Catherine de Médicis demande à Pierre de la consoler en vers, mais Ronsard commence à aimer la jeune fille. Il tente de la convaincre de lui céder, mais en vain !
Cet « amour d'automne » – Ronsard a déjà alors plus de 50 ans – a donné un recueil très célèbre, les *Sonnets pour Hélène* (1578) et un poème

Le mot savant

Carpe diem *signifie « cueille le jour ». Le thème est notamment inspiré du poète latin Horace.*

fameux où l'auteur, reprenant le thème antique du *carpe diem* invite la jeune fille à saisir l'instant présent et à profiter de l'amour qu'on lui offre. Le voici :

Sonnet pour Hélène

Quand vous serez bien vieille, au soir, à la chandelle,
Assise aupres du feu, devidant et filant,
Direz, chantant mes vers, en vous esmerveillant :
Ronsard me celebroit du temps que j'estois belle.

Lors, vous n'aurez servante oyant telle nouvelle,
Desja sous le labeur à demy sommeillant,
Qui au bruit de mon nom ne s'aille resveillant,
Benissant vostre nom de louange immortelle.

Je seray sous la terre et fantaume sans os :
Par les ombres myrteux je prendray mon repos :
Vous serez au fouyer une vieille accroupie,

Regrettant mon amour et vostre fier desdain.
Vivez, si m'en croyez, n'attendez à demain :
Cueillez dés aujourd'huy les roses de la vie.

Ronsard entre grandeur et désillusions

Poète des amours, Ronsard composa également une œuvre très variée (hymnes, épopées). Engagé dans les querelles religieuses de son époque, il prit le parti des catholiques.

Un autre poème qu'on continue de lire

Poète de l'amour, du *carpe diem,* Ronsard est aussi celui de la fuite du temps. Voici une pièce retranchée des *Amours*.

Je vous envoie un bouquet que ma main
Vient de trier de ces fleurs épanies ;
Qui ne les eût à ce vêpre cueillies,
Chutes à terre elles fussent demain.

Cela vous soit un exemple certain
Que vos beautés, bien qu'elles soient fleuries,
En peu de temps cherront toutes flétries,
Et, comme fleurs, périront tout soudain.

Le temps s'en va, le temps s'en va, ma dame ;
Las ! le temps, non, mais nous nous en allons,
Et tôt serons étendus sous la lame ;

Et des amours desquelles nous parlons,
Quand serons morts, n'en sera plus nouvelle.
Pour c'aimez-moi cependant qu'êtes belle.

Les œuvres qui ont vieilli

De Ronsard, on ne lit plus guère les *Hymnes* (1555-1556) et les *Discours*, dont le plus célèbre reste le *Discours sur les misères de ce temps* (1562). *La Franciade* (1572), son épopée, à laquelle il tenait beaucoup, reste inachevée. De son temps, l'œuvre fut un échec. Le poète prétendait donner à la France une nouvelle *Énéide*, à la manière de Virgile, ou une *Iliade*, imitant Homère.

Pris dans les guerres de Religion

Pendant les guerres de Religion, Ronsard prend fermement parti pour les catholiques et condamne les protestants, qu'il accuse de diviser le royaume. Prince des poètes, il fut aussi le poète des princes ! Ses appels à l'unité se brisent en 1572 : le 24 août a lieu le tristement célèbre massacre de la Saint-Barthélemy, Catherine de Médicis s'étant laissé persuader d'en finir avec les protestants de France. Des milliers de personnes sont massacrées en une nuit.

En résumé

• Humaniste, « renaissant », le siècle voit aussi s'affirmer avec force notre langue française, grâce à François Ier mais aussi aux poètes de la Pléiade, qui l'imposent face au latin. En poésie, les vieilles formes héritées du Moyen Âge laissent leur place au sonnet, importé d'Italie.

• L'école lyonnaise fait des merveilles, mais deux poètes s'imposent : Du Bellay et Ronsard. Poète des amours, ce dernier a toutefois du mal à échapper aux querelles religieuses du temps et prend parti pour les catholiques contre les protestants.

• Petite chronologie littéraire du XVIe siècle

1532	*Pantagruel*, de Rabelais
1535	*Gargantua*, de Rabelais
1538	*Blasons*, de Marot
1549	*Défense et illustration de la langue française*, de Du Bellay
1552	*Les Amours*, de Ronsard
1558	*Les Regrets*, de Du Bellay
1577	*Les Tragiques*, de d'Aubigné
1578	*Les Sonnets pour Hélène*, de Ronsard
1580	*Les Essais*, de Montaigne

INTRODUCTION

Le siècle en un clin d'œil

L'assassinat d'Henri IV, en 1610, ne présage rien de bon pour le siècle commençant ; toutefois, les affaires intérieures de la France semblent s'apaiser depuis l'édit de Nantes (1598), qui a mis fin aux guerres de Religion. Louis XIII règne vingt-cinq ans, avec Richelieu, et Anne d'Autriche, secondée par Mazarin, gouverne pendant dix-neuf ans. Mais le monarque du siècle est Louis XIV, le Roi-Soleil, à la tête du pays pendant cinquante-quatre ans de règne absolu. L'effort de guerre se porte à l'extérieur, avec la conquête de nouveaux territoires, et la noblesse est cantonnée à des fonctions militaires et ecclésiastiques. L'étiquette, quant à elle, domestique la cour. Louis le Grand s'entoure de bourgeois (Colbert, Le Tellier) et se veut le protecteur des arts et des lettres.

En littérature, le baroque porte encore de beaux fruits, tandis que le burlesque et la préciosité lui assurent une continuité plus comique ou plus savante. Bientôt pourtant, la réaction se fait sentir : contre le baroque et ses excès, voici l'ordre classique, annoncé par Malherbe ! Au théâtre, avec trois géants (Corneille, Molière et Racine), ce nouvel ordre va porter quelques-uns de ses plus beaux succès. Le XVIIe classique donne aussi de nombreux autres chefs-d'œuvre, qui trouvent leurs virtuoses : La Fontaine compose des petits bijoux en forme de fables, Perrault cultive l'art du conte, La Rochefoucauld et La Bruyère soignent leurs maximes. De grands mémorialistes voient aussi le jour (le cardinal de Retz et Saint-Simon), au moment où la pensée s'échauffe avec Pascal, Descartes, Fénelon ou Bossuet. Le roman, quant à lui, après avoir donné dans la démesure pendant la première moitié du siècle (D'Urfé), peine à entrer dans le classicisme ; il fournit néanmoins quelques merveilles (Mme de La Fayette).

3 Le XVIIe siècle : l'ordre classique

1 Baroques, burlesques et précieuses : excessifs et parfois ridicules

La première moitié du siècle est marquée par la survivance du baroque en poésie (les poètes baroques cultivent la fantaisie et défendent les droits de l'inspiration) et une vaque romanesque impressionnante, dominée par des romanciers prolixes tels Honoré d'Urfé et Madeleine de Scudéry. Les salons mettent à la mode la préciosité, art du beau langage et des beaux sentiments. En réaction contre cette vogue précieuse, romanciers et poètes burlesques parodient les grands genres et s'expriment avec une singulière liberté de ton.

Le baroque, entre Renaissance et classicisme

On a coutume de dire que le XVIIe siècle littéraire se partage en deux périodes : la période baroque et romanesque (1598-1661), et la période classique (1661-1715). Cette partition n'est pas fausse, mais elle est un peu rapide : si la période classique se confond avec le règne de Louis XIV, ce règne du Roi-Soleil n'est-il pas lui aussi baroque, marqué par la démesure et les excès ? Tout le siècle, en un sens, peut être défini comme baroque, tandis que le classicisme, annoncé par Malherbe, trouve déjà ses modèles littéraires avant 1661 avec le théâtre de Corneille, dont les pièces sont composées avant cette date fatidique, et *Les Provinciales*, de Pascal (1656-1657).

Il est certain, toutefois, que les cinquante premières années du siècle constituent une période intermédiaire où fleurissent poètes baroques et romanciers prolifiques. Voici quelques-uns d'entre eux : Régnier, Marbeuf, Viau (personnalités légères, attachantes, libres) et D'Urfé (romancier prolixe).

Mathurin Régnier (1573-1613) ou la résistance baroque

Contre Malherbe, que nous croiserons plus tard, Mathurin Régnier, poète bon vivant, qui fréquente les tavernes, aime à se montrer en compagnie de toutes sortes de gens et défend les droits de l'inspiration contre la rigueur et le travail, qui caractériseront le classicisme. Grand lecteur – Montaigne, Rabelais, mais aussi Horace, dont il imite les satires –, il cultive la fantaisie, libre et pittoresque : sa poésie peint les mœurs de son temps, les cabarets, les rues, les milieux libertins. Régnier se dit volontiers partisan du moindre effort, ce qui est faux, bien entendu, puisque ses vers sont très travaillés !

Notre poète a composé des *Satires* en alexandrins, des poèmes dont la longueur varie et qui s'en prennent systématiquement aux mœurs de ses contemporains.

Contre Malherbe et ses disciples

Dans la *Satire IX* (252 vers écrits en 1606), Régnier reproche à Malherbe et à ses élèves d'être arrogants, présomptueux. Il les accuse aussi de stérilité poétique.

> Cependant leur savoir ne s'étend seulement
> Qu'à regretter un mot douteux au jugement,
> Prendre garde qu'un *qui* ne heurte une diphtongue,
> Épier si des vers la rime est brève ou longue,
> Ou bien si la voyelle à l'autre s'unissant,
> Ne rend point à l'oreille un vers trop languissant,
> Et laissent sur le vert le noble de l'ouvrage.

Pour la fantaisie littéraire

Dans la *Satire XV* (1614), Régnier se montre au travail. J'écris rarement, dit-il ; c'est qu'il faut suivre l'inspiration, qui dicte le poème !

> Oui, j'écris rarement et me plais de le faire ;
> Non pas que la paresse en moi soit ordinaire,
> Mais sitôt que je prends la plume à ce dessein,
> Je crois prendre en galère une rame en la main ;
> Je sens au second vers que la Muse me dicte,
> Que contre sa fureur ma raison se dépite.
> Or, si parfois j'écris, suivant mon ascendant,
> Je vous jure, encor est-ce à mon corps défendant.

La petite histoire

Mathurin est le neveu de Desportes, le poète qui supplanta Ronsard à la cour d'Henri III, celui dont Malherbe dit tant de mal : invité par Desportes à dîner, Malherbe assura que son potage valait mieux que ses vers !

Le mot savant

L'expression « laisser sur le vert » *signifie « laisser de côté ».*

Théophile de Viau (1590-1626), le poète le plus lu du siècle

Ne pas lutter contre les passions

Quelque peu oublié aujourd'hui, Viau fut le poète le plus fréquenté du XVIIe : son œuvre est composée de satires et d'odes, de sonnets et d'épigrammes volontiers érotiques. Notre poète, qu'on le sache, est un libertin. En 1623, cette vie dissolue lui valut un procès où il faillit être exécuté ! Après deux ans d'emprisonnement, Viau meurt prématurément. La contrainte littéraire, on s'en doute, lui était insupportable. Il s'agit de suivre la nature, de ne pas lutter contre les passions. Cette poésie touche au pathétique, notamment dans les dernières pièces. Comme de nombreux baroques, Viau semble hanté par la question de la mort.

Viau en quelques beaux vers

Théophile nous a laissé quelques-uns des plus beaux poèmes de langue française. Voici une strophe d'une ode de 64 vers : *Le Matin* (1619-1621).

> L'aurore sur le front du jour
> Sème l'azur, l'or et l'ivoire,
> Et le Soleil, lassé de boire,
> Commence son oblique tour.

Pierre de Marbeuf (1596-1645) : plus qu'une rue, un poète

On connaît, à Paris, la rue Marbeuf. On sait moins que l'homme fut un poète associé au baroque. Un de ses sonnets, composé en 1628, est resté célèbre et en voici une strophe : il est basé sur le procédé de la paronomase, qui consiste à rapprocher des mots presque identiques, des paronymes.

> Et la mer et l'amour ont l'amer pour partage,
> Et la mer est amère, et l'amour est amer,
> L'on s'abîme en l'amour aussi bien qu'en la mer,
> Car la mer et l'amour ne sont point sans orage.

La préciosité : un brin ridicule

Passons au salon et distinguons-nous du commun... La vie littéraire, pendant la première moitié du XVIIe siècle, est avant tout une vie mondaine. Les grands centres mondains sont les salons. Le plus fameux, celui qui

Zoom

On peut se faire une idée de ces salons littéraires en allant voir le film La Fontaine, le défi, *réalisé par Daniel Vigne (2007).*

Le mot savant

Le Forez : *les bords du Lignon. L'action de* L'Astrée, *d'Honoré d'Urfé, se déroule dans l'actuel département de la Loire.*

Zoom

Cléopâtre, ***15 000 pages !***
Le romancier La Calprenède (1610-1663) détient le record de pages pour un roman précieux : 15 000, publiées de 1647 à 1658. Comme Clélie, Cléopâtre *est un roman d'aventures qui se déroule dans une Antiquité de fantaisie.*

fera la pluie et le beau temps sur le monde des lettres de 1620 à 1660, c'est l'hôtel de Rambouillet, fondé dès 1608 par Catherine de Vivonne, marquise de Rambouillet, assistée de ses deux filles, Julie et Angélique. De quoi s'agissait-il ? Il fallait réagir aux mœurs jugées grossières de la cour d'Henri IV et leur substituer des amusements plus fins, d'ordre artistique ou littéraire. Cet esprit portera le nom d'esprit « précieux ». Son mot d'ordre : se distinguer du commun.

Les salons, ou le règne des femmes

Tout le beau monde littéraire passe par les salons : Vaugelas, Corneille, Malherbe, Mme de Sévigné, La Fontaine... Tenus par des femmes, ces salons sont d'abord des foyers aristocratiques, puis bourgeois. Qu'y fait-on ? Dans certains, le centre des conversations est l'amour ; on exalte la galanterie, des femmes en viennent même à revendiquer la liberté de choisir leur mari ! Dans d'autres, les prétentions sont scientifiques, spirituelles. Lieux de rencontres, de discussions, de création, ils jouent un grand rôle dans la diffusion des œuvres. Certains iront jusqu'à protéger des auteurs attaqués : on songe à La Fontaine, dont la défense, à l'heure des *Fables*, fut notamment assurée par Mme de La Sablière.
Le salon de Rambouillet fut copié par des dizaines d'autres. Les plus fameux ? Le salon de Madeleine de Scudéry, où la préciosité devint vraiment une mode, de 1650 à 1660, et le salon de Mademoiselle, duchesse de Montpensier.

Le roman et la lettre, genres distingués

La distinction à laquelle aspirent nos précieux est celle du sentiment et du langage, qui s'affirment dans la poésie galante (épîtres, madrigaux, rondeaux, fables, blasons), où s'illustrent Saint-Amant (1594-1661), Vincent Voiture (1598-1648) et Benserade (1613-1691), mais aussi dans la lettre, où brillent Guez de Balzac (1597-1654) et le même Voiture, qui compose des lettres badines adressées aux habitués de l'hôtel de Rambouillet.
La distinction du sentiment s'exprime par ailleurs dans le roman idéaliste, genre préféré des précieuses. Le genre est marqué par deux best-sellers : *L'Astrée* et *La Clélie*.

***Ode au melon*, Saint-Amant, 1643 (extrait)**

Quelle odeur sens-je en cette chambre ?
Quel doux parfum de musc et d'ambre
Me vient le cerveau réjouir
Et tout le cœur épanouir...

Pour en savoir plus

Molière rit des précieuses

*« Vite, voiturez-nous ici les commodités de la conversation » (*Les Précieuses ridicules, *scène 9).*
Bannir du langage tous les mots bas, éviter les termes trop réalistes, comme cadavre, vomir ou balai, désigner les actions et les objets les plus ordinaires par une périphrase, c'est là que la préciosité touche parfois au ridicule. Qu'est-ce que la « commodité de la conversation » chez nos précieuses ? Un fauteuil, tout simplement ! Le « conseiller des grâces » ? Un miroir ! Antoine Baudeau de Somaize présente un répertoire de ce langage dans son Grand Dictionnaire des précieuses *(1660).*
Molière, dans deux pièces – les bien nommées Précieuses ridicules *(1659) et* Les Femmes savantes *(1672) –, s'est moqué de ce ridicule. En réalité, on ne sait pas si les précieuses utilisaient, pour s'exprimer entre elles, des tournures telles que « commodités de la conversation ». Et puis, ce dont Molière se moque, c'est moins de la préciosité que de sa caricature, lorsque la mode atteint la province ou les bourgeois.*

Honoré d'Urfé (1567-1625), ou le roman-fleuve

Cinq volumes ; cinq mille pages ; une publication sur vingt ans (de 1607 à 1625) ! Voici *L'Astrée*, un roman épique, sentimental, devenu illisible mais qui fut une des œuvres les plus célèbres du XVIIe. Tout l'imaginaire du siècle sera influencé par lui. Songez que cet ouvrage fut le livre de chevet de La Fontaine !

Ce roman pastoral, qui a pour cadre la Gaule du Ve siècle, conte les amours du berger Céladon et de la belle Astrée en dépit de la rivalité de leurs deux familles. Les protagonistes sont des bergers du Forez (voir la rubrique « Zoom » page 70), mais, on le devine, ils s'expriment de façon subtile, à la manière de gentilshommes.

D'Urfé en quelques citations sur l'amour

- Le prix d'Amour, c'est seulement Amour.
- Dieu, en créant les femmes, nous les a proposées sur terre pour nous attirer par elles au ciel.
- Savez-vous bien ce que c'est qu'aimer ? C'est mourir en soi pour revivre en autrui.

Mademoiselle de Scudéry et ses milliers de pages

D'Urfé écrit 5 000 pages pour *L'Astrée* ? Mlle de Scudéry (1607-1701) fait mieux : 13 000 pages pour son roman *Le Grand Cyrus* (1649-1653). Un triomphe à l'époque, mais l'auteur doit sa célébrité à un autre roman, *Clélie*, écrit entre 1654 et 1660 : 7 000 pages, dix volumes...

En 509 avant notre ère, Clélie, ses prétendants et ses amis dissertent de l'amitié et de l'amour. On dresse une carte du Tendre retraçant les différentes étapes du parcours amoureux.

Itinéraire à travers la carte du Tendre

Chemins heureux
Début du voyage : ville de Nouvelle Amitié
Suivre le fleuve Inclination
Arrivée à Tendre-sur-Estime, Tendre-sur-Reconnaissance ou Tendre-sur-Inclination
Chemin malheureux
Par Indiscrétion, Perfidie et Méfiance, vous arrivez à Méchanceté et débouchez dans la mer d'Inimitié...

La petite histoire

L'héritage des précieuses : des mots nouveaux
Bien loin du ridicule, la préciosité a laissé sa marque dans notre langue. On lui doit un certain nombre de néologismes qui sont restés. Des exemples ? Bravoure, s'encanailler, s'enthousiasmer, incontestable...

Le burlesque à contre-courant

Les excès de la préciosité suscitent la réaction : voici Scarron, Cyrano de Bergerac, Sorel, Tristan L'Hermite et Furetière.

Charles Sorel (1599-1674) et son *Francion*

Écrivain précoce, auteur de poèmes, de pièces de théâtre, d'ouvrages philosophiques, Sorel publie son chef-d'œuvre romanesque en 1622 : *Histoire comique de Francion*. Ce livre parodie le roman héroïque et le roman d'amour. À la suite des fabliaux du Moyen Âge, Sorel fait la satire de son temps, s'en prenant aussi bien à Paris qu'à la cour.

Paul Scarron (1610-1660), paralytique époux de la future Maintenon

Poète, Scarron parodie le ton épique ou galant. Dans un blason en forme de sonnet (*Œuvres*, 1654), on le voit se moquer de la laideur d'une imaginaire Hélène : « Vous faites voir des os quand vous riez, Hélène, / Dont les uns sont entiers et ne sont guère blancs ; / Les autres, des fragments noirs comme de l'ébène, / Et tous, entiers ou non, cariés et tremblants. » *Le Virgile travesti* (1648-1652) est une parodie bouffonne de *l'Énéide*, de Virgile, mais le chef-d'œuvre de Scarron reste *Le Roman comique* (1651-1657), demeuré inachevé, où nous suivons les aventures burlesques d'une troupe de comédiens ambulants. Le fil conducteur du roman ? Les aventures romanesques de deux couples, Le Destin et Mlle de l'Étoile, d'une part, Léandre et Mlle Angélique, de l'autre. D'origine bourgeoise ou noble, ils sont entrés dans la troupe pour des raisons d'abord inconnues...

Le rire traverse l'œuvre de Scarron comme il traverse sa vie : on le décrit toujours gai, capable de faire rire toute une société. Pourtant, notre homme, à l'âge de 30 ans, s'est retrouvé paralytique après un coup de froid. C'est ce poète plié en deux, souffrant, qui va épouser Françoise d'Aubigné, petite-fille du grand poète Agrippa. La dame est célèbre : après la mort de Scarron, elle sera nommée marquise de Maintenon par le roi, et elle finira par épouser Louis XIV en 1683 !

Scarron composa sa propre épitaphe, restée célèbre...

Celui qui cy maintenant dort
Fit plus de pitié que d'envie,
Et souffrit mille fois la mort
Avant que de perdre la vie.

Pour en savoir plus

Jodelet ou le Maître valet ***(1645)***
Poète, romancier, Scarron triompha au théâtre, pour lequel il composa neuf pièces. Jodelet ou le Maître valet *obtint un succès qui surpassa celui de toutes les autres pièces contemporaines. Scaron en emprunta le sujet à une pièce espagnole de don Francesco de Roxas intitulée* Don Juan Alvaredo. *Il l'écrivit pour le grand comique de l'époque, Julien Geoffrin Bedeau, dit Jodelet (vers 1600-1660), qui finit sa carrière dans la troupe de Molière.*

Le mot savant

Burlesque : *le burlesque (de* burla, *« plaisanterie ») est un comique reposant sur l'extravagance des situations. En littérature, le comique naît du contraste entre le sujet qui se veut noble et le style familier et amusant avec lequel il est traité. Il s'agit donc d'une parodie populaire d'un personnage, d'une situation, d'un genre noble. Rien de vulgaire dans tout cela, comme on le dit parfois, mais la volonté affirmée d'une littérature joyeuse, légère, aux antipodes de la gravité et du pédantisme.*

Passant, ne fais ici de bruit
Garde bien que tu ne l'éveilles :
Car voici la première nuit
Que le pauvre Scarron sommeille.

Cyrano de Bergerac (1619-1655), libertin et philosophe, nez en moins !

Personne bien réelle, Savinien de Cyrano de Bergerac n'a pas grand-chose à voir avec le personnage imaginé par Edmond Rostand dans sa fort célèbre pièce.

Avant Voltaire et Diderot

Le vrai Cyrano est parisien, et non gascon. De son nez, on ne sait pour ainsi dire rien. En revanche, on sait qu'il fut libertin, libre-penseur et peut-être athée, et on connaît son œuvre, une œuvre variée, dont la pièce maîtresse est un roman philosophique qu'on dit annoncer les œuvres de Voltaire ou de Diderot parce que, sous couvert de fantaisie, il s'en prend aux institutions politiques : *L'Autre Monde* (1657-1662). Cette œuvre est composée de deux parties : *Histoire comique des États et Empires de la Lune* et *Histoire comique des États et Empires du Soleil*. Les deux récits ne furent publiés qu'à titre posthume, et après « expurgation », par son ami Henri Le Bret.

Un des premiers romans de science-fiction ?

Le narrateur des *États et Empires de la Lune* construit une machine qui lui permet d'atteindre la Lune, pays curieux où les hommes marchent à quatre pattes et font six mètres de long. Capturé et mis en cage, Cyrano est traité comme une sorte d'animal savant qui fait l'amusement du peuple et de la cour. Les savants discutent pour établir sa nature exacte.

La petite histoire

Qu'allait-il faire dans cette galère ?

La fameuse réplique des Fourberies de Scapin *n'est pas une invention de Molière, elle est empruntée à la pièce de notre Cyrano,* Le Pédant joué *(1654). Le valet du docteur d'université Grangier se moque de lui en inventant l'emprisonnement de son fils par les Turcs sur une galère. Gareau, le paysan, est le premier personnage à s'exprimer en patois sur la scène française...*

En résumé

• La première moitié du siècle est marquée par la survivance du baroque en poésie et par une vague romanesque impressionnante, dominée par des romanciers prolixes tels Honoré d'Urfé et Madeleine de Scudéry.
• Les salons mettent à la mode la préciosité, art du beau langage et des beaux sentiments.
• En réaction contre cette vogue précieuse, romanciers et poètes burlesques parodient les grands genres et s'expriment avec une singulière liberté de ton.

Le classicisme a ses règles

02

La génération classique est annoncée dès les premières années du siècle par le poète Malherbe, qui prodigue ses conseils en matière de langue et de poésie. Plus tard, Boileau enfoncera le clou et mettra le classicisme en règles.

François Malherbe (1555-1628), le précurseur

Malherbe – poète officiel d'Henri IV et toujours en faveur sous Louis XIII – domine la poésie française pendant les trente premières années du siècle : il est l'auteur de sonnets, d'odes, de chansons, de stances et d'un long poème baroque intitulé *Les Larmes de saint Pierre* (1587).

Des vers célèbres

Si ce ne sont pas les vers de Malherbe qui font sa célébrité aujourd'hui, quelques-uns, cependant, nous sont familiers, comme des vers de *La Consolation à M. du Périer* (1595), lequel venait de perdre sa fille : « Mais elle était du monde où les plus belles choses / Ont le pire destin, / Et rose elle a vécu ce que vivent les roses, / L'espace d'un matin. »
Malherbe s'est imposé comme le précurseur de la langue classique. Les conseils et les règles qu'il donne vont être suivis par la génération de 1660.

Le programme de Malherbe : un travail d'artisan, ou le souci de pureté et d'harmonie

« Dégasconner la langue... » Le mot est de Guez de Balzac, mais le programme est de Malherbe. De quoi s'agit-il ? Selon notre poète, il faut :
• dégasconner la langue, c'est-à-dire la débarrasser des régionalismes, que certains ne comprennent pas ;
• éviter l'érudition gratuite (Malherbe s'en prend notamment aux *Odes* de Ronsard), les figures de style ampoulées ;
• supprimer les termes trop compliqués, éviter les mots composés ;
• limiter les épanchements personnels, le lyrisme excessif ;

La petite histoire

« Et rose elle a vécu ce que vivent les roses »
La fille de Du Périer s'appelait Rosette, mais Malherbe avait une écriture difficile : son imprimeur a lu « rose elle » au lieu de « Rosette » ! La réussite d'un vers tient à peu de chose !

• s'inspirer des termes d'usage courant afin d'être compris par le peuple.
Il s'agit donc de rechercher une langue claire, épurée, qui privilégie la rigueur et le travail bien fait. En poésie, il s'agit de :
• limiter les enjambements (un vers qui se poursuit au vers suivant) ;
• couper l'alexandrin en deux à la sixième syllabe (deux hémistiches d'égale longueur séparés par la césure) ;
• faire alterner rimes masculines et rimes féminines ;
• supprimer l'hiatus (la rencontre de deux voyelles situées à la fin d'un mot et au début de celui qui le suit).

Nicolas Boileau (1636-1711), théoricien et censeur

En Malherbe, le classicisme a trouvé son précurseur ; en Boileau, il trouve son théoricien et son censeur. Car notre homme se montre parfois dur avec ceux qui ne respectent pas les règles ! Voyez, songeant aux *Fourberies de Scapin*, ce qu'il dit de Molière, à qui pourtant il vouait toute son admiration : « Dans ce sac ridicule où Scapin s'enveloppe, / Je ne reconnais plus l'auteur du *Misanthrope.* »

L'hommage à Malherbe

Mais Boileau n'a pas inventé les règles classiques qu'il prône. Au moment où il écrit, le classicisme a déjà porté de nombreux fruits. Et toute la reconnaissance du poète va à Malherbe, le précurseur : « Enfin Malherbe vint, et, le premier en France, / Fit sentir dans les vers une juste cadence. »

L'Art poétique (1674) : un manuel à l'usage des classiques

C'est dans *L'Art poétique* que figure l'essentiel du message théorique de Boileau, un ouvrage construit avec rigueur.
• Les chants I et IV sont consacrés à des considérations générales : le chant I définit les grandes règles de l'écriture ; le chant IV analyse le comportement de l'écrivain.
• Le chant II se penche sur les formes littéraires mineures, comme l'ode ou le sonnet.
• Le chant III envisage les grands genres, la tragédie, l'épopée, la comédie. Il définit les fameuses règles qui les régissent (cinq actes, trois unités) et propose aux auteurs l'imitation des Anciens et de la nature.

Zoom

Où trouver ces règles et ces conseils ?
Malherbe n'a pas formulé ces conseils dans un ouvrage déterminé : c'est son disciple Racan qui les a recueillis. En revanche, on les trouve aussi, annotées à la main, en marge de l'exemplaire des poésies de Desportes que possédait Malherbe.

Pour en savoir plus

Les « écoliers » de Malherbe, d'excellents arrangeurs de syllabes
Malherbe eut des disciples. Les plus connus sont François Maynard (1582-1646) et Honorat de Racan (1589-1670), qui reprirent à leur compte le souci de pureté et d'harmonie exprimé par leur maître. Racan veut qu'on dise de lui et de Malherbe qu'ils furent de bons artisans, d'excellents arrangeurs de vers.

La langue classique en résumé

Voyons d'un peu plus près les recommandations de Boileau au chant I. Le classique, nous dit-il, doit :

• s'opposer à tous les excès en matière de langage. Foin du burlesque, de la familiarité ! La raison doit l'emporter et faire éviter longueurs et traits brillants (« Qui ne sait se borner ne sut jamais écrire. [...] Aimez donc la raison ; que toujours vos écrits / Empruntent d'elle seule et leur lustre et leur prix. [...] Prenez mieux votre ton : soyez simple avec art, / Sublime sans orgueil, agréable sans fard ») ;

• chercher la clarté et la correction. Harmonie, pureté, justesse sont les maîtres mots du classicisme (« Ce que l'on conçoit bien s'énonce clairement, / Et les mots pour le dire arrivent aisément ») ;

• travailler sans cesse, à la manière d'un artisan (« Hâtez-vous lentement ; et sans perdre courage, / Vingt fois sur le métier remettez votre ouvrage ; / Polissez-le sans cesse et repolissez ») ;

Les principes de la tragédie en quelques règles

Au chant III, Boileau définit les fameuses règles qui doivent régir le théâtre classique, et en particulier la tragédie. Les avez-vous en tête ? Les voici...

La règle des trois unités

Unité de temps, une seule journée ; unité de lieu, un seul décor ; unité d'action, une seule intrigue : « Qu'en un lieu, qu'en un jour, un seul fait accompli / Tienne jusqu'à la fin le théâtre rempli. »

La règle de bienséance

Elle vise à ne pas choquer le spectateur. Ainsi, les meurtres, les suicides des personnages devaient se dérouler en dehors de la scène, un personnage racontant alors l'événement : « Ce qu'on ne doit point voir, qu'un récit nous l'expose. »

La règle de la vraisemblance

L'intrigue doit être crédible et doit respecter les caractères, les mœurs, les époques : « Jamais au spectateur n'offrez rien d'incroyable. »

Les règles suprêmes

L'objectif final de ces règles ? Il est de toucher et d'édifier, d'exciter la terreur et la pitié. Mais une règle l'emporte sur toutes les autres, celle de plaire : « Le secret est d'abord de plaire et de toucher. »

La petite histoire

Aristote, inventeur de la règle des trois unités ?

*Boileau n'invente pas les règles classiques. Dès le début du siècle, les Doctes, dont Chapelain, les attribuent à Aristote, le philosophe grec (*La Poétique*). Mais c'est à la fin du XVI*[e] *siècle qu'elles sont en réalité fixées, par les commentateurs d'Horace et de Cicéron.*

Le temps des académies

En ce siècle de la rigueur, qui cherche les voies d'une langue classique, ce ne sont pas les poètes seuls qui visent à fixer les règles. Les politiques s'y mettent. Voici le grand cardinal, Richelieu, qui joua un rôle non négligeable. Pourquoi ? En 1635, il crée l'Académie française.
Les réunions de la vénérable institution sont hebdomadaires. Leur objectif est la rédaction d'un dictionnaire de la langue française.
« La principale fonction de l'Académie sera de travailler avec tout le soin et toute la diligence possibles à donner des règles certaines à notre langue et à la rendre pure, éloquente et capable de traiter les arts et la science » (article 24 des statuts de l'Académie française).

En résumé

• Le XVIIe siècle a vu se multiplier les théoriciens de la langue classique : après Malherbe, qui prodigue ses conseils aux écrivains, Boileau les mettra en forme dans un célèbre *Art poétique* (1674), véritable manuel à l'usage des écrivains classiques. Ordre, rigueur, harmonie, bienséance, travail, tels sont quelques-uns des maîtres mots du classicisme. Le temps est au mot juste, à la clarté qui naît de l'absence d'emphase.

• Richelieu, quant à lui, lance l'*Académie française*, où Vaugelas s'occupe de rédiger le dictionnaire fixant le bon usage.

Pour en savoir plus

Vaugelas (1585-1650), codificateur du bon usage

Rédiger le dictionnaire de l'Académie n'est pas une mince affaire. C'est un travail gigantesque, auquel s'attelle Claude Favre, baron de Pérouges, seigneur de Vaugelas. En 1647, il publie ses Remarques sur la langue française, utiles à ceux qui veulent bien parler et écrire. *L'auteur s'attache à fixer le bon usage du français, à l'écoute de la langue des écrivains mais aussi du parler de la cour.*

Pendant quinze ans, Vaugelas fait avancer le dictionnaire, de la lettre A à la lettre I, mais la pension qu'il reçoit de Richelieu ne suffit pas à le faire vivre. Il meurt pauvre à Paris, au milieu du siècle.

Le théâtre, la voie royale et classique

03

Le règne de la génération classique, à partir de 1660, se confond avec celui d'un roi : Louis XIV, le Roi-Soleil. La cour est le foyer et le moteur du classicisme. Et c'est au théâtre – spectacle essentiellement de cour, genre majeur selon Boileau par opposition à la poésie, genre jugé mineur – que le classicisme va trouver son terrain de prédilection. Attention ! Voici venir les grands dramaturges du siècle : Corneille, Racine et Molière !

Pierre Corneille (1606-1684), homme d'honneur

Corneille s'impose comme le premier maître de la tragédie classique, même si ses pièces sont plutôt des tragi-comédies.

Les débuts comiques

Né à Rouen, élevé chez les jésuites, avocat de formation, le maître de la tragédie, celui qui va renouveler le théâtre du XVIIe siècle, commence par des pièces comiques : *Mélite, La Veuve, La Galerie du palais, La Suivante, La Place royale*, *L'Illusion comique* (où il écrit en virtuose et maîtrise tous les styles théâtraux). C'est déjà beaucoup, mais sa gloire n'est pas là. Elle vient avec une tragi-comédie incontournable, *Le Cid.*

Le Cid (1636) : coup de tonnerre, coup de théâtre

Le succès est immense, mais les critiques sont nombreuses. Jaloux, dit-on, de la gloire montante de Corneille, Richelieu mène l'attaque : il demande à Georges Scudéry de passer les cinq actes du *Cid* au peigne fin. L'objectif ? Relever toutes les irrégularités par rapport aux sacro-saintes règles ! *Les Observations sur le Cid* sont sévères : trop d'événements en vingt-quatre heures ; lieux multiples ; règle de la bienséance bafouée (l'héroïne aime un criminel, qu'en plus elle reçoit dans sa chambre !). Et puis, Corneille a copié un auteur espagnol : Guillen de Castro !

Le mot savant

Tragi-comédie : *le terme trage-comédie, plus tard tragi-comédie chez Corneille, Racine et Molière, est apparu chez Robert Garnier (1545-1590), l'auteur de* Bradamante *(1582). Il désigne une pièce tragique dont le dénouement est heureux. Les chefs-d'œuvre de Corneille sont donc plutôt des tragi-comédies que des tragédies au sens strict du terme.*

Les Observations sont suivies des *Sentiments de l'Académie sur le Cid,* composé par Chapelain, moins sévère, et le public défend la pièce, ainsi que le fait Boileau dans ses *Satires* : « En vain contre *Le Cid* un ministre se ligue. / Tout Paris pour Chimène a les yeux de Rodrigue. »
Le vent tourne lorsque Louis XIII et Anne d'Autriche décident d'aimer la pièce. Richelieu met fin à cette fameuse querelle du *Cid.*

→ *Le Cid*, une intrigue fameuse…
Séville, en Espagne. Rodrigue est promis à Chimène, mais les choses se gâtent : le roi don Ferdinand de Castille doit choisir le gouverneur de son fils entre don Diègue, père de Rodrigue, et don Gomès, comte de Gormas, père de Chimène. Le roi choisit don Diègue. Don Gomès, furieux, insulte son rival et lui donne un soufflet. Honneur bafoué ! Qu'il faut venger ! Rodrigue s'y colle, car son père est trop vieux pour le duel. Il tue le comte. Chimène doit demander au roi la mort de Rodrigue, qu'elle aime. Entre-temps, les Mores attaquent le port de Séville et le héros rassemble une troupe pour les repousser. Le roi annonce à Chimène que Rodrigue est mort. Elle l'aime toujours et en défaille. Mais Rodrigue est vivant ! Le roi envoie le jeune homme à la conquête de nouveaux territoires avant qu'il ne puisse épouser sa belle.

→ … et des vers inoubliables
• Rodrigue, as-tu du cœur ? (I, 5).
• À moi, comte, deux mots… (II, 2).
• Je suis jeune, il est vrai, mais aux âmes bien nées / La valeur n'attend point le nombre des années (II, 2).
• À qui venge son père, il n'est rien d'impossible. / Ton bras est invaincu, mais non pas invincible (II, 2).
• À vaincre sans péril, on triomphe sans gloire (II, 2).
• Rodrigue, qui l'eût cru ? / Chimène, qui l'eût dit ? (III, 4).
• Va, je ne te hais point. (III, 4)
• Nous partîmes cinq cents ; mais par un prompt renfort / Nous nous vîmes trois mille en arrivant au port, / Tant, à nous voir marcher avec un tel visage, / Les plus épouvantés reprenaient de courage ! (IV, 3).

Le choix cornélien : en finir avec un lieu commun

Les héros de Corneille semblent pris au piège de l'honneur : un choix cornélien ne semble laisser aucune issue positive. Accepter ou refuser le duel avec le comte c'est, pour Rodrigue, perdre de toute façon Chimène : s'il tue son père, il est pour elle un meurtrier ; s'il refuse le combat, il est un lâche.

La petite histoire

Une pièce en alexandrins
Étienne Jodelle (1532-1573), dramaturge lié à la Pléiade, fut un des précurseurs du théâtre classique et le premier à utiliser l'alexandrin dans la tragédie.

On interprète souvent, à tort, le dilemme cornélien comme un choix impossible entre honneur et amour. On oublie que les amants finissent par se retrouver. Corneille place la barre très haut : contre nos lâchetés coutumières, il nous oblige à concevoir un amour qui se gagne par-dessus les difficultés et dans l'honneur. À bon entendeur...

Trois pièces en quelques mots

Après trois ans de silence, marqué par la querelle du *Cid*, Corneille se remet au théâtre. Trois chefs-d'œuvre en sortent : *Horace*, *Cinna* et *Polyeucte*.

Horace (1640) : entre amour et gloire

Rome, VIIe siècle avant Jésus-Christ. La guerre entre Albe et Rome doit cesser. On choisit dans chaque camp trois guerriers, les champions, qui décideront de la victoire de leur ville. Horace, avec ses deux frères, est désigné pour défendre Rome. Dans l'autre camp, on trouve Curiace, frère de Sabine, épouse d'Horace, et fiancé de Camille, la sœur du même Horace. On croit les Romains vaincus, mais c'est un leurre : Horace a tué Curiace. Il reçoit alors les imprécations célèbres de Camille : « Rome, l'unique objet de mon ressentiment ! / Rome, à qui vient ton bras d'immoler mon amant ! » (IV, 5).

Cinna (1642) : l'amour au-dessus du pouvoir

Rome, an 4 avant Jésus-Christ. Auguste a jadis fait périr Toranius, son tuteur. L'empereur a recueilli sa fille, Émilie, qu'il a élevée, mais la jeune fille n'a pas oublié : elle se promet à Cinna, à condition qu'il tue, en compagnie de Maxime, leur protecteur Auguste.
Cependant Maxime, amoureux d'Émilie, dénonce le complot à l'empereur, atterré. Que faire ? Punir ? Auguste se maîtrise et renoue avec Cinna, qui épouse Émilie. On retiendra ce vers célèbre : « Je suis maître de moi comme de l'univers » (V, 3).

Polyeucte (1643) : amour conjugal et amour divin

Mélitène, capitale d'Arménie, IIIe siècle après Jésus-Christ, lors de la persécution de Décius contre les chrétiens. Le palais de Félix, sénateur romain qui a marié sa fille Pauline à Polyeucte, chef de la noblesse locale. Polyeucte, qui s'est converti au christianisme, bafoue les divinités romaines en plein temple. Il court vers le martyre. Pauline à son tour se convertira (IV, 3).

> PAULINE : Au nom de cet amour, ne m'abandonnez pas.
> POLYEUCTE : Au nom de cet amour, daignez suivre mes pas.

Le mot savant

Avoir les yeux de Chimène : *l'expression signifie qu'on porte sur quelqu'un un regard amoureux ou qu'on cultive une passion secrète.*

Pour en savoir plus

Le théâtre avant et autour de Corneille

D'autres auteurs, sans compter Garnier et Jodelle, déjà nommés, lancent le théâtre classique : Montchrestien (1575-1621), Mairet (1604-1686), le premier à mettre en œuvre les règles classiques. Sa Sophonisbe *(1634) est d'ailleurs considérée comme la première véritable tragédie classique. On songe aussi à Hardy (1570-1631), qui composa pas moins de six cents pièces ! Rotrou (1609-1650) enfin, dont on peut lire* Le Véritable Saint Genest *(1645), fut un des plus féconds dramaturges du siècle.*

La petite histoire

Après avoir composé Horace, Corneille épouse Marie de Lampérière, tandis que son frère, Thomas, épouse la sœur de Marie, Marguerite ! Les deux ménages habitent dans la même maison, à Paris. Et lorsque Pierre a du mal à trouver une rime, qu'arrive-t-il ? Il demande de l'aide à son frère Thomas, qui a la rime facile !

Zoom

***Les deux* Bérénice**
Une sorte de duel est organisée en 1670 par Henriette d'Angleterre. Elle propose à Corneille et à Racine d'écrire sur le même thème : l'un donne Tite et Bérénice *; l'autre,* Bérénice. *C'est Racine qui l'emporte : sa pièce éclipse celle de Corneille.*

Le mot savant

Jansénisme : *Jansénius, ou Jansen (1585-1638), évêque d'Ypres, a formulé dans son ouvrage* L'Augustinus *une doctrine sur la grâce et la prédestination d'une grande portée sur la pensée et les lettres au XVIIe siècle. Doctrine austère, pessimiste, elle influence notamment Racine et Pascal. Que dit Jansen ? Le salut n'est accordé qu'à ceux, peu nombreux, qui ont reçu la grâce.*

L'entrée en scène du grand rival : Racine

Don Sanche d'Aragon (1650), *Nicomède* (1651), *Sertorius* (1652), *Attila* (1667), *Tite et Bérénice* (1670), *Suréna* (1674), parmi beaucoup d'autres, Corneille multiplie les pièces, renouant parfois avec le comique de ses débuts (*Le Menteur*, 1643). Mais un fait nouveau est survenu en 1667 : l'entrée en lice de Racine, avec *Andromaque*, qui est un grand succès ! Peu à peu, le jeune dramaturge va remplacer Corneille dans le cœur du public.

Corneille et les règles du théâtre

En trois *Discours* (1660), Corneille défend sa conception théâtrale et le traitement qu'il réserve aux règles. Les principes essentiels de son art ? L'invraisemblance des intrigues (l'authenticité est garantie par le sujet historique), la puissance, la force, l'héroïsme de caractères qu'il faut admirer et non plaindre. Les règles doivent être traitées de manière souple.

Jean Racine (1639-1699), les amours fatales

Racine devient le grand rival de Corneille, qu'il contribue à éclipser.

Port-Royal

C'est au monastère de Port-Royal des Champs, haut lieu du jansénisme, que le jeune Racine fait ses études et apprend ses humanités grecques et latines, auprès de ses maîtres. C'est là qu'il se met à l'écoute des Anciens, qu'il se familiarise avec la mythologie grecque et l'histoire romaine, si importantes dans ses pièces. Lire Racine, en effet, c'est déjà une bonne façon de se remettre en mémoire les vies légendaires d'Œdipe, de Phèdre ou d'Andromaque, de faire connaissance avec Néron et Titus.

Des salons à Molière

• Port-Royal, le collège d'Harcourt, et puis voici les salons, où il suit la mode littéraire. Mais il lui faut quitter Paris pour le Languedoc et Uzès, où on lui promet des bénéfices ecclésiastiques.
• En 1663, retour à Paris, où Louis XIV, à qui Jean vient de dédier une ode, lui octroie une pension. Racine se lance dans la vie d'auteur dramatique.
• C'est à la troupe de Molière, l'ami pour un temps, que Jean confie ses premières pièces, *La Thébaïde* et *Alexandre*. Après la réussite de cette

dernière pièce, l'auteur l'enlève à Molière et décide de la confier à la troupe concurrente de l'hôtel de Bourgogne.

Racine monte, Corneille décline

Les succès s'enchaînent, malgré les critiques parfois violentes. Racine monte toujours, Corneille décline. L'estime du roi est telle que notre écrivain, en 1677, va devenir avec son ami Boileau historiographe de Louis : il fait la chronique de son règne, le suit sur les champs de bataille...
Mais cet honneur a un prix : pendant plus de douze ans, Racine ne compose plus de tragédies. Il revient au théâtre avec des pièces non plus profanes, grecques ou latines, mais d'inspiration biblique : *Esther, Athalie.*

Douze chefs-d'œuvre à vol d'oiseau

Les dernières années de Racine semblent austères : mariage et retour au jansénisme. On ne compte « que » douze œuvres majeures.

1664 *La Thébaïde* : histoire du mythe d'Œdipe.

1665 *Alexandre le Grand* : histoire d'Alexandre et de son amour pour Cléofile.

1667 *Andromaque* : le fils d'Achille, Pyrrhus, veut épouser Andromaque, veuve d'Hector.

1668 *Les Plaideurs* : la seule comédie de Racine ; une satire de la justice.

1669 *Britannicus* : Néron fait enlever Junie, la fiancée de Britannicus, fils de l'empereur Claude dont il a usurpé le trône.

1670 *Bérénice* : Titus aime Bérénice, reine de Palestine, mais leur mariage ternirait sa réputation d'empereur de Rome. Ils se séparent, dans un déchirement.

1672 *Bajazet* : Roxane aime Bajazet, mais ce dernier est amoureux d'Atalide.

1673 *Mithridate* : Pharnace et Xipharès, les deux fils de Mithridate, roi du Pont, aiment la fiancée de leur père, Monime.

1674 *Iphigénie* : le destin tragique d'Iphigénie, sacrifiée par Agamemnon, qui doit partir à la guerre de Troie.

1677 *Phèdre* : Phèdre, épouse du roi Thésée, aime son beau-fils Hippolyte, qui lui est amoureux d'Aricie.

1689 *Esther* : la Juive Esther a épousé Assuérus, roi des Perses, afin d'améliorer le sort de son peuple, qu'elle sauvera d'un massacre fomenté par Aman, conseiller du roi.

1691 *Athalie* : Athalie a usurpé le trône de Jérusalem. Joas, héritier légitime, descendant de David, sera roi et Athalie, mise à mort.

Zoom

Le théâtre en ses troupes...
Quelques grandes troupes assurent la diffusion du répertoire au XVIIe siècle. En 1634, la troupe de l'hôtel de Bourgogne, ou « troupe royale », règne quasiment seule, mais subit bientôt la concurrence du théâtre du Marais, fondé par l'acteur Mondory, qui jouera Le Cid. *En 1673, le Marais fusionnera avec la troupe de Molière. C'est d'une autre fusion (celle du théâtre Guénégaud et de l'hôtel de Bourgogne) que naîtra, en 1680, à l'initiative du roi, la Comédie-Française. Une dernière troupe ? La Comédie-Italienne, où des comédiens jouent en français le répertoire de la commedia dell'arte et collaborent souvent avec des dramaturges français, dont Molière.*
Quelques comédiens célèbres
Mondory, Floridor, le couple Champmeslé, Montfleury, Marquise du Parc, tels sont quelques-uns des noms (ou surnoms) illustres qui ont fait les beaux jours du théâtre au siècle de Racine.

La petite histoire

Racine et les femmes
Avant la période austère de la fin de sa vie, Racine aime les femmes : il subtilise à Molière la comédienne tragique Mlle du Parc, sa maîtresse : les deux hommes se fâchent ! C'est pour la Du Parc qu'il compose le rôle d'Andromaque, en 1667. En 1670, voici Mlle de Champmeslé, qui tiendra le rôle de Bérénice.

Le seul vrai tragédien classique

Racine est donc le seul véritable auteur de tragédies classiques, genre qu'il porte à sa perfection. Le respect des règles (trois unités, vraisemblance, bienséance) semble total chez lui. Sa langue est un modèle de mesure et d'équilibre. Seulement deux mille mots ! La perfection classique : sobriété, refus de tout excès, retenue dans l'expression des sentiments !
Dans ses préfaces, Racine a longuement expliqué sa conception de la tragédie. Pourquoi ce sentiment d'accablement, d'un destin inéluctable qui s'abat sur les protagonistes, dans ses pièces ? C'est que la tragédie représente le « jour fatal » : l'action est prise au moment où une situation tendue qui couvait depuis des mois, voire des années, éclate enfin en une crise violente.

Zoom

***La querelle de* Phèdre**
Le théâtre, au XVIIe siècle, est pris au milieu d'intérêts et de rivalités politiques : l'hostilité à Racine se fait jour notamment lors de la création de sa plus grande tragédie, Phèdre. *Le duc de Nevers et ses sœurs, les duchesses de Bouillon et de Mazarin, soutiennent une autre* Phèdre, *celle de Pradon (*Phèdre et Hippolyte*). La Bouillon loue les places pour six représentations et y place ses fidèles, qui applaudissent la pièce de Pradon au théâtre Guénégaud et sifflent Racine à l'hôtel de Bourgogne !*

Racine en quelques vers fameux

• Pour qui sont ces serpents qui sifflent sur vos têtes ? (*Andromaque*).
• Ariane, ma sœur, de quel amour blessée / Vous mourûtes au bord où vous fûtes laissée...(*Phèdre*, I, 3).
• Hé bien ! connais donc Phèdre et toute sa fureur. / J'aime. Ne pense pas qu'au moment que je t'aime, / Innocente à mes yeux je m'approuve moi-même... (*Phèdre*, II, 5).
• Mon mal vient de plus loin. À peine au Fils d'Égée / Sous les lois de l'hymen je m'étais engagée, / Mon repos, mon bonheur semblait être affermi ; / Athènes me montra son superbe ennemi. / Je le vis, je rougis, je pâlis à sa vue ; / Un trouble s'éleva dans mon âme éperdue ; / Je sentis tout mon corps et transir et brûler ; / Je reconnus Vénus, et ses feux redoutables, / D'un sang qu'elle poursuit, tourments inévitables. / Ce n'est plus une ardeur dans mes veines cachée : / C'est Vénus tout entière à sa proie attachée (*Phèdre*, I, 3).

Pour en savoir plus

Il ne fait pas bon aimer, chez Racine : « Je me livre en aveugle au destin qui m'entraîne » (Andromaque).
Corneille écrit plutôt des tragi-comédies qui, sans être optimistes, laissent une place à l'homme et lui montrent un chemin grandiose, celui de l'héroïsme et de l'amour gagné de haute lutte. Racine arrive, et voilà que les affres de la passion s'abattent sur les protagonistes, des femmes souvent : le destin, chez Racine, écrase les personnages.

Molière (1622-1673), le comique à la hauteur du tragique

Comédien, directeur de troupe, voici Molière, le maître du théâtre comique.

Molière, qu'on ne présente plus

Faut-il présenter Jean-Baptiste Poquelin, dit Molière ? Sa vie, racontée à l'école, illustrée au cinéma par Ariane Mnouchkine et quelques autres, est faite d'épisodes célèbres : l'épisode du Pont-Neuf, où son grand-père l'emmène voir les comédiens italiens jouer des farces ; les études au collège de Clermont (Louis-le-Grand, aujourd'hui), chez les jésuites ; le financement de L'Illustre-Théâtre, sa première troupe, par le père Poquelin, tapissier du roi, charge héréditaire ; la protection de Gaston d'Orléans, frère de Louis XIV ; le parcours itinérant à travers la France, en compagnie des Béjart ; la première représentation devant la cour, au Louvre, où le comédien joue *Nicomède* de Corneille, qui fait bâiller le roi d'ennui ; le même roi qui rit lorsque Molière joue une farce de sa composition, *Le Docteur amoureux.* Molière, décidément, sera auteur et comédien comique ! Et un auteur comblé, riche ! Certes, L'Illustre-Théâtre a fait faillite ; mais à Paris, la troupe de Molière est devenue troupe du roi. Elle s'installe au théâtre du Palais-Royal.

Dès 1662, marié à Armande Béjart, doté d'une solide pension par le roi, notre homme triomphe avec *L'École des femmes.* La pièce suscite une vive polémique : on accuse Molière de mélanger les genres, donnant à sa comédie des accents de tragédie. Mais c'est la jalousie qui semble parler, les comédiens de l'hôtel de Bourgogne ne supportant pas que leur théâtre soit déserté au profit de celui de Molière. Celui-ci réplique aux attaques avec *La Critique de l'École des femmes* et *L'Impromptu de Versailles,* commandé par Louis, qui s'y met en scène brillamment.

Les succès s'enchaînent, ponctués de quelques cabales fameuses, notamment lors de la création du *Tartuffe* ou de *Dom Juan.* C'est le succès jusqu'à l'invention d'un nouveau genre, la comédie-ballet, où la pièce est coupée d'intermèdes musicaux – souvent composés par Lully –, jusqu'à la mort, célèbre, en 1673 : on joue *Le Malade imaginaire* depuis quelques jours ; Molière, vrai malade, tuberculeux, tousse, crache le sang, est pris d'un malaise sur scène et meurt quelques heures plus tard dans sa maison. Le roi interviendra pour qu'il soit inhumé au cimetière, les comédiens, excommuniés, n'ayant alors pas droit à une sépulture chrétienne !

Les textes, enfin : Molière en ses personnages

Corriger les mœurs par le rire, voilà bien le dessein de Molière ! Travers de l'éducation des jeunes filles, pédantisme, bigoterie, avarice, médecine, justice, cour, tout y passe ! Voici, pour réveiller votre mémoire, quelques-uns de ses plus beaux succès.

1662, *L'École des femmes* : l'éducation ratée d'une jeune fille
Arnolphe veut épouser sa pupille Agnès, qu'il a fait élever au couvent pour l'éduquer selon ses principes. Mais survient Horace, qui tombe amoureux de la jeune fille et se confie à… Arnolphe, sans savoir qu'il est le prétendant officiel de la belle ! Horace, on s'en doute, finira par trouver le cœur d'Agnès !

La petite histoire

Hypocrites dévots
Dans la jeunesse de Louis XIV, le parti des dévots, qui rassemble les anciens frondeurs du temps de Mazarin, est puissant à la cour. Leur piété hypocrite est ridiculisée par Molière dans Tartuffe. *Un tartuffe (*tartuffo *en italien, « truffe »), c'est aujourd'hui justement un hypocrite. Ce sont les dévots qui ont lancé la rumeur d'un Molière incestueux.*
Molière, incestueux ?
En épousant Armande, sa cadette de vingt ans, Molière est soupçonné d'avoir épousé… sa fille, car l'auteur a tenu entre ses bras la mère de la jeune comédienne. Pour faire taire la rumeur, Louis XIV intervient et devient le parrain du premier fils de Molière.

Zoom

Molière aime sa fluxion…
Molière était un grand comédien ; il composait ses pièces pour lui et sa troupe. Tuberculeux, il imagine d'intégrer sa maladie (sa fluxion, dit-il) et la toux qui l'accompagne à son jeu, lui donnant des effets comiques !
… et le Roi-Soleil aime les révolutions !
Le roi, la chose est connue, aimait les révolutions, tourner, danser et jouer la comédie. Ces passions conduisent Molière à composer souvent à la hâte ces grands divertissements royaux que sont les comédies-ballets : Le Bourgeois gentilhomme *en est un parfait exemple.*

1664, *Tartuffe* : « Et Tartuffe ? »

Orgon reçoit chez lui Tartuffe, qui devient une sorte de directeur de conscience de la maison. Tartuffe joue les vertueux, mais il courtise Elmire, l'épouse d'Orgon, qui ne veut rien voir ! Celle-ci, aidée de la servante Dorine, lui fera ouvrir les yeux !

Dans l'extrait suivant (I, 4), Orgon vient de rentrer de voyage. On lui donne des nouvelles de sa femme, malade : il n'en a que faire et se préoccupe de Tartuffe seul.

> ORGON
> Et Tartuffe ?
> DORINE
> Tartuffe ? Il se porte à merveille,
> Gros et gras, le teint frais, et la bouche vermeille.
> ORGON
> Le pauvre homme !
> DORINE
> Le soir, elle eut un grand dégoût,
> Et ne put au souper toucher à rien du tout,
> Tant sa douleur de tête était encor cruelle !
> ORGON
> Et Tartuffe ?

1665, *Dom Juan ou le Festin de pierre* : la comédie à hauteur de tragédie

Don Juan et Sganarelle, le séducteur et son valet, ou comment un « grand seigneur méchant homme » dénonce l'hypocrisie et, se faisant lui-même trompeur, est puni par le ciel.

1666, *Le Misanthrope* : Alceste !

Alceste s'en prend à toutes les hypocrisies, au faux amour, à la fausse amitié, il dénonce les courtisans : « Je veux qu'on soit sincère, et qu'en homme d'honneur / On ne lâche aucun mot qui ne parte du cœur » (I, 1).

1666, *Le Médecin malgré lui* : la bouffonnerie jubilatoire !

Sganarelle bat sa femme, Martine, qui se venge en faisant croire que son mari, grand médecin, ne peut exercer la médecine qu'après avoir été battu !

> MARTINE : Que maudit soit l'heure et le jour où j'avisai d'aller dire oui !
> SGANARELLE : Que maudit soit le bec cornu de notaire qui me fit signer ma ruine !

Pour en savoir plus

Le comique selon Molière en quelques citations...

« C'est une étrange entreprise que celle de faire rire les honnêtes gens. » Ainsi s'exprime Dorante dans La Critique de l'École des femmes. *Et c'est Molière qui parle. La comédie n'est pas moins difficile que la tragédie. Plus difficile, même, car il faut « peindre d'après nature » : le public doit à la fois reconnaître les défauts humains dépeints à travers les personnages et se distraire. Et c'est le même Dorante qui l'affirme : « Je voudrais bien savoir si la grande règle de toutes les règles n'est pas de plaire. »*

MARTINE : C'est bien à toi, vraiment, à te plaindre de cette affaire. Devrois-tu être un seul moment sans rendre grâce au Ciel de m'avoir pour ta femme ? et méritois-tu d'épouser une personne comme moi ?
SGANARELLE : Il est vrai que tu me fis trop d'honneur, et que j'eus lieu de me louer la première nuit de nos noces ! Hé ! morbleu ! ne me fais point parler là-dessus : je dirois de certaines choses...

1668, *L'Avare* : « Ma cassette ! »
Harpagon et ses deux enfants, Élise et Cléante, Valère et Marianne, que les enfants épouseront, le valet La Flèche et la fameuse scène de la cassette, volée à Harpagon (IV, 7).

HARPAGON *(Il crie au voleur dès le jardin, et vient sans chapeau.)* : Au voleur ! au voleur ! à l'assassin ! au meurtrier ! Justice, juste Ciel ! je suis perdu, je suis assassiné, on m'a coupé la gorge, on m'a dérobé mon argent. Qui peut-ce être ? Qu'est-il devenu ? Où est-il ? Où se cache-t-il ? Que ferai-je pour le trouver ? Où courir ? Où ne pas courir ? N'est-il point là ? N'est-il point ici ? Qui est-ce ? Arrête. Rends-moi mon argent, coquin. *(Il se prend lui-même le bras.)* Ah ! c'est moi. Mon esprit est troublé, et j'ignore où je suis, qui je suis, et ce que je fais. Hélas ! mon pauvre argent, mon pauvre argent, mon cher ami ! on m'a privé de toi ; et puisque tu m'es enlevé, j'ai perdu mon support, ma consolation, ma joie ; tout est fini pour moi, et je n'ai plus que faire au monde : sans toi, il m'est impossible de vivre. C'en est fait, je n'en puis plus ; je me meurs, je suis mort, je suis enterré.

1670, *Le Bourgeois gentilhomme* : le ridicule du snobisme
Monsieur Jourdain, riche bourgeois, prétend devenir « homme de qualité », noble. La satire désopilante du parvenu.

1671, *Les Fourberies de Scapin* : reine des farces
Le valet Scapin, l'épisode de la galère, du sac...

1672, *Les Femmes savantes* : le ridicule du pédantisme
Philaminte et ses filles, Armande et Henriette, sont des précieuses ridicules. Philaminte renvoie Martine, sa servante, parce qu'elle fait des fautes de français !

1673, *Le Malade imaginaire* : au diable les médecins !
Argan, hypocondriaque, se croit malade ; son épouse le conforte dans cette croyance : elle veut tout l'héritage et souhaite mettre au couvent Angélique et Louison, les filles d'Argan. Celui-ci veut voir une de ses filles épouser Thomas Diafoirus, médecin et neveu de M. Purgon. Toinette s'y oppose, magistralement. Extrait (III, 5) :

Zoom

Les noms des valets Scapin et Sganarelle sont empruntés par Molière à la commedia dell'arte italienne.

M. PURGON : Et je veux qu'avant qu'il soit quatre jours, vous deveniez dans un état incurable.
ARGAN : Ah, miséricorde !
M. PURGON : Que vous tombiez dans la bradypepsie,
ARGAN : Monsieur Purgon.
M. PURGON : De la bradypepsie dans la dyspepsie,
ARGAN : Monsieur Purgon.
M. PURGON : De la dyspepsie dans l'apepsie,
ARGAN : Monsieur Purgon.
M. PURGON : De l'apepsie dans la lienterie,
ARGAN : Monsieur Purgon.

En résumé

• Le théâtre constitue la voie royale du classicisme.
• Pierre Corneille renouvelle le théâtre classique dans des pièces qui, ayant souvent une fin heureuse, s'apparentent à la tragi-comédie.
• Jean Racine porte la tragédie à sa perfection, dans une langue et un style qui respectent absolument les règles forgées par le classicisme.
• Molière, quant à lui, hisse la comédie au niveau du répertoire tragique : qu'il compose des farces, des comédies de mœurs ou des comédies-ballets, rien des défauts des hommes n'échappe à sa verve comique.

Fables, contes, lettres et maximes, ou le Bottin mondain

4

Nos auteurs de théâtre, même liés de près à la noblesse, restent des bourgeois. Mais d'autres genres littéraires classiques – lettres et mémoires – s'ouvrent à l'aristocratie. Ces genres mondains, à la cour ou dans les salons, en côtoient d'autres : fables, maximes et contes.

Jean de La Fontaine (1621-1695), un homme sous haute protection

L'auteur des *Fables*, on l'oublie souvent, était un homme à l'esprit rebelle qui défendit Fouquet, arrêté par Louis XIV.
La Fontaine a dédié à Fouquet un somptueux récit poétique de 606 vers qu'il faut lire : Adonis (1658).

L'homme à l'image tronquée : un indomptable devenu conteur pour enfants

De La Fontaine, nous gardons souvent l'image d'un fabuliste léger, un conteur pour enfants. C'est parce que nous ne connaissons de lui que les premières fables de ses recueils, faciles à lire et à comprendre même par les plus petits. Mais essayez donc de lire la plupart des fables à vos enfants : ils n'y comprendront pas grand-chose ! On imagine ainsi un La Fontaine petit père tranquille veillant sur une ménagerie de gentils animaux, mais notre homme était plus que cela.
En 1661, Fouquet, surintendant des Finances, est arrêté par le roi et emprisonné à vie : sa fortune immense, ses réceptions splendides à Vaux-le-Vicomte faisaient de l'ombre au monarque. La Fontaine perd son mécène et son protecteur, mais aussi un ami. Il est l'un des seuls – Molière, Boileau, Racine suivent le roi – à lui rester fidèle, à prendre sa défense à ses risques et périls. Le conteur pour enfants est en réalité un indomptable, qui paiera son insoumission face à l'autorité de Colbert et du pouvoir royal !

Zoom

Élu au fauteuil de son ennemi : Colbert !
En 1683, La Fontaine est élu à l'Académie : ironie du sort, belle revanche, il va occuper le siège de Colbert, son ennemi de toujours !

La petite histoire

L'abbé Pouget, confesseur de La Fontaine, lui demande dans les derniers temps de renier ses écrits licencieux. La Fontaine déchirera sa dernière œuvre, une comédie légère.

Un séducteur et un libertin

Et le rebelle est aussi un libertin – c'est-à-dire un esprit libre, qui publie des contes licencieux. Ceux-ci sont interdits, mais ils circulent vite sous le manteau ! Séducteur, La Fontaine multiplie les conquêtes et délaisse son épouse à Château-Thierry, où il exerce la charge de maître des Eaux et Forêts. C'est sur le tard que notre auteur, devenu académicien malgré l'opposition de Louis XIV, va se ranger et devenir pieux.

La protection de la duchesse d'Orléans et de Mme de La Sablière

Comment mâter le rebelle ? En lui refusant toute ressource ! Chapelain, en distribuant les pensions, oublie La Fontaine ! Comment vivre alors ? L'écrivain va trouver successivement deux protectrices : la duchesse d'Orléans et Mme de La Sablière. Chez l'une, il deviendra gentilhomme servant, de l'autre il fréquentera le salon.

Une seule protection : le succès des *Fables*

Sans doute la véritable protection de La Fontaine est-elle assurée par le succès des *Fables.* Elles plaisent au roi, malgré la critique affichée du pouvoir absolu : le fabuliste y moque les courtisans, Louis veut les asservir ! Les *Fables* furent un best-seller : six cents exemplaires ! L'éditeur célèbre de l'époque s'appelle Barbin. Il achète et publie les *Fables* : un best-seller, à l'époque, puisque six cents exemplaires sont imprimés ! Cela nous paraît bien peu, mais les gens qui lisent, au temps de La Fontaine, sont peu nombreux : on lit à la cour, dans les salons ; le peuple ne lit pas !

Les *Fables* fonctionnent comme des emblèmes, en vers. La Fontaine a étudié de près le blason des familles aristocratiques, que les gens de cour connaissaient. Ainsi, lorsque dans une fable comme *Le Serpent et la Lime* notre auteur met en scène un serpent, chacun pouvait y reconnaître Colbert, le conseiller du roi qui fit tomber Fouquet : la couleuvre était en effet l'emblème de la famille de Colbert !

Les *Fables* : instruire et plaire

Les *Fables*, ce sont :

• treize livres, publiés de 1668 à 1694 ;

• une œuvre classique, visant à instruire et à plaire (« Une morale nue apporte de l'ennui : / Le conte fait passer le précepte avec lui. / En ces sortes de feinte il faut instruire et plaire, / Et conter pour conter me semble peu d'affaire », *Le Pâtre et le Lion*) ;

Pour en savoir plus

Mécénat et droits d'auteur : dur d'être un auteur au XVIIe siècle !
Les droits d'auteur sont quasi inexistants, au temps de La Fontaine. Corneille, il est vrai, est le premier à exploiter le privilège de ses pièces. La plupart du temps, les auteurs vivent du mécénat : Corneille perçoit 200 pistoles pour Cinna *du receveur général des Finances. Nos auteurs reçoivent le patronage d'un grand : Malherbe écrit pour Henri IV, Maynard pour Marguerite de Valois, Vaugelas pour le duc de Guise... Fouquet est le grand mécène des auteurs classiques. Après Fouquet, Louis et l'État prendront le relais : le roi devient le mécène obligatoire, celui dont tout le monde dépend ! On assiste à l'étatisation de la littérature : Colbert, en 1662, institue la liste des pensions allouées aux gens de lettres ; Chapelain établit et tient cette liste de quatre-vingt-dix noms par rang de mérite.*

• une symbolique animale et des sujets empruntés aux Anciens (Ésope et Phèdre, fabulistes grecs, Horace, poète latin), mais aussi au conteur indien Pilpay ;
• un genre mineur, selon Boileau, mais le génie classique de La Fontaine réussit, avec une économie de moyens redoutable, à toucher, à saisir un trait universel.

Les *Fables* en quelques morales fameuses… quand même !

• Apprenez que tout flatteur / Vit aux dépens de celui qui l'écoute (*Le Corbeau et le Renard*).
• Selon que vous serez puissant ou misérable / Les jugements de cour vous rendront blanc ou noir (*Les Animaux malades de la peste*).
• Vous chantiez ? J'en suis fort aise. / Eh bien ! dansez maintenant (*La Cigale et la Fourmi*).
• La raison du plus fort est toujours la meilleure (*Le Loup et l'Agneau*).
• Rien ne sert de courir, il faut partir à point (*Le Lièvre et la Tortue*).

Charles Perrault (1628-1703), conteur et propagandiste

À l'opposé de La Fontaine, lequel avait fait acte de dissidence en soutenant Fouquet contre le roi, voici Perrault, l'homme de Colbert.

Des odes aux contes

Issu d'une riche famille bourgeoise parisienne, Charles vit dans l'aisance. Après des études de droit, il se lance dans la poésie, écrit à la gloire de Louis des vers galants et des odes, fort médiocres aux dires de certains de ses contemporains mais remarqués par Colbert. Celui-ci, qui s'est attribué la mission de chanter la gloire universelle du Roi-Soleil, va charger Perrault d'organiser ces louanges afin qu'elles deviennent unanimes. En 1671, Charles devient contrôleur général des Bâtiments grâce à Colbert et, entre autres projets, confie à l'architecte Le Vau celui de la colonnade du Louvre. Bientôt, ce sera l'Académie française et le mariage avec Marie Guichon, qui lui donne cinq enfants.
Tout semble donc aller pour le mieux, mais voici que notre Charles va voir son crédit diminuer auprès du roi : en déclenchant la querelle des Anciens et des Modernes (voir la rubrique « Zoom » page suivante), la lecture, à l'Académie, de son poème *Le Siècle de Louis le Grand* (1687) – où Perrault fait pourtant un éloge immodéré d'une période qui, à ses

Pour en savoir plus

Les Fables *critiquent la justice, la cour, la monarchie de droit divin, mais traitent aussi de thèmes plus généraux et philosophiques (la vieillesse, la solitude). Deux fables font une satire admirable des courtisans :* La Cour du Lion *et* Les Obsèques de la Lionne. *Voyez de quelle manière…*
Je définis la cour un pays où les gens, Tristes, gais, prêts à tout, à tout indifférents, Sont ce qu'il plaît au prince, ou, s'ils ne peuvent l'être, Tâchent au moins de le paraître : Peuple caméléon, peuple singe du maître ; On dirait qu'un esprit anime mille corps : C'est bien là que les gens sont de simples ressorts (Les Obsèques de la Lionne, *livre VIII). Ceci vous sert d'enseignement : Ne soyez à la cour, si vous voulez y plaire, Ni fade adulateur, ni parleur trop sincère, Et tâchez quelquefois de répondre en Normand* (La Cour du Lion, *livre VII).*

yeux, vaut celle de l'empereur Auguste – le pousse à la retraite. Les Anciens, à l'occasion de cette querelle, vont critiquer le pouvoir absolu du roi ! Retraité, Charles publie l'œuvre qui le fera connaître : *Les Contes de ma mère l'Oye.*

Les Contes de ma mère l'Oye (1697)

Cendrillon, Le Petit Chaperon rouge, La Barbe bleue, Le Chat botté, Riquet à la houppe, Le Petit Poucet, La Belle au bois dormant, Peau d'âne... Est-il besoin de présenter ces contes que nous avons tous lus ? Mais savez-vous que Perrault n'est pas l'auteur de ces contes fameux ? Il les a repris de la tradition populaire, les a collectés dans les campagnes et les a rédigés en les édulcorant quelque peu (les versions orales sont souvent plus crues).

Zoom

La querelle des Anciens et des Modernes

Pendant la première moitié du siècle, un conflit latent oppose des tendances « anciennes » à des tendances « modernes » : on se demande d'abord si les œuvres littéraires peuvent s'inspirer du christianisme ou non. Ceux qu'on nomme alors les Anciens répondent par l'affirmative. Plus tard, il s'agit de savoir si les inscriptions sur les monuments doivent être en latin (Anciens) ou en français (Modernes). À la fin du siècle, à partir de 1687, la querelle proprement dite « des Anciens et des Modernes » est déclenchée. Les Anciens prônent une imitation stricte des modèles littéraires antiques, tandis que les Modernes revendiquent l'émancipation par rapport à l'Antiquité. Contre les Anciens (Boileau, La Fontaine, Racine, Bossuet, La Bruyère), Perrault ou Fontenelle, les Modernes, défendent le siècle de Louis XIV, au moins égal à n'importe quel siècle antique et capable de donner de nouvelles formes littéraires. En 1700, Boileau et Perrault se réconcilient, mais la querelle reprend après eux et le XVIIIe siècle salue la victoire des Modernes sur les Anciens.

François de La Rochefoucauld (1613-1680), un dictionnaire de citations à lui tout seul

Esprit frondeur, La Rochefoucauld compose des maximes, petites sentences pleines d'esprit qui ont la grâce et la force des proverbes.

Un héros de roman de cape et d'épée

Le prince François de Marcillac, duc de La Rochefoucauld, marié à 14 ans à Andrée de Vivonne, qui lui donnera huit enfants, connaît une vie bien aventureuse : séducteur impénitent, grièvement blessé lors de la Fronde – un coup de mousquet le laisse presque aveugle en 1652 –, il finit par se réconcilier avec Louis XIV, bénéficie d'une pension et se met à fréquenter les salons de Mlle de Montpensier, de Mme de Sablé et de Mme de La Fayette. Bel esprit, il y rédige des portraits fameux, tel celui de son ennemi le cardinal de Retz, et compose ses mémoires. Mais le duc est resté surtout fameux pour son œuvre de moraliste. Dès 1652, La Rochefoucauld élabore ses *Maximes,* publiées pour la première fois en Allemagne en 1664. Un an plus tard, elles paraissent en France. Pessimistes, ces maximes ! Elles voient, dans l'amour-propre, l'égoïsme et l'amour de soi-même, le moteur principal des actions humaines.

Pessimistes, mais brillantes ! En quelques mots, quelques traits, l'auteur dresse un portrait de la nature de l'homme. Les *Maximes* se présentent comme des sentences gravées dans le marbre, à la manière de proverbes éternels. Elles attribuent à notre moraliste une place d'honneur dans tout bon dictionnaire de citations !

Quelques maximes fameuses de La Rochefoucauld

- On n'est jamais si heureux ni si malheureux qu'on s'imagine.
- L'esprit est toujours la dupe du cœur.
- On fait souvent du bien pour pouvoir impunément faire du mal.
- Il y a dans la jalousie plus d'amour-propre que d'amour.
- Le soleil ni la mort ne se peuvent regarder fixement.
- Nos vertus ne sont, le plus souvent, que des vices déguisés.
- Le refus des louanges est un désir d'être loué deux fois.

Jean de La Bruyère (1645-1696), les Lumières avant l'heure ?

Avocat de formation, La Bruyère ne plaide pas. Sa situation matérielle lui permet de se consacrer à la réflexion et aux travaux de l'esprit. Alors qu'il est voué peut-être à rester dans l'ombre, la recommandation de Bossuet le propulse précepteur du petit-fils du grand Condé. Haute noblesse, vie à Chantilly, lieu privilégié pour observer les mœurs du siècle... Le moraliste, après avoir traduit les *Caractères* du philosophe grec Théophraste, commence de rassembler en volume les notes qu'il prend, de son poste d'observation. Voici, après ceux du Grec, ses propres *Caractères* ! Le succès est grand, on réédite plusieurs fois l'ouvrage. La Bruyère s'engage dans les polémiques de son temps, prend parti pour les Anciens, notamment lors de son élection à l'Académie, et défend Bossuet dans son combat contre le quiétisme.

Zoom

La Fronde

De 1648 à 1652, le pouvoir royal – Anne d'Autriche, secondée par Mazarin, gouverne à la place du très jeune Louis XIV – affronte la Fronde parlementaire, cherchant à limiter le pouvoir royal, puis la Fronde des princes, Condé en tête. Ce second épisode mettra le pays à feu et à sang pendant près de trois ans. La Rochefoucauld, s'estimant mal récompensé de ses services par Anne d'Autriche, participera à la Fronde des princes.

Les Caractères ou les Mœurs de ce siècle annoncent-ils le XVIIIe siècle ?

On écrit souvent que La Bruyère, par la critique sociale à laquelle il se livre dans son unique ouvrage – si on excepte les *Dialogues sur le quiétisme* –, annonce le siècle de Voltaire.

Certes notre auteur prétend faire le portrait satirique de la société de son temps, certes il nous livre une galerie de portraits saisissants dans lesquels nous identifions la critique des riches parvenus, de l'hypocrisie des grands, de la misère à laquelle le peuple se trouve réduit, mais La Bruyère n'a pas grand-chose d'un révolutionnaire ! Il se contente plutôt bien du statu quo et pense à la manière d'un Bossuet, pour qui les inégalités naturelles et sociales sont décidées par Dieu. Et puis, les portraits faits par notre moraliste transcendent toute époque : dans le beau parleur prétentieux Arrias, qui « a tout

Zoom

Un esprit religieux

Contrairement à de nombreux philosophes du siècle suivant, La Bruyère est un chrétien convaincu. Ses maximes rappellent souvent certaines pensées de Pascal. Des seize chapitres de son livre, le dernier, jugé le plus important par l'auteur (« Des esprits forts »), vise à réfuter l'athéisme.

lu, tout vu [et] veut le persuader ainsi », comme dans la plupart des autres personnages croqués en quelques traits vifs, chacun de nous peut se reconnaître ou bien reconnaître une personne qu'il a croisée un jour !

Les Caractères en quelques citations et extraits

« Si on ne goûte point ces *Caractères*, je m'en étonne ; et si on les goûte, je m'en étonne aussi. » À la manière de La Rochefoucauld, La Bruyère énonce parfois des maximes qui tiennent en une ligne ; d'autres fois, il compose une page entière. Des portraits sont restés fameux : ceux de Gnathon, l'égoïste, de Giton, le riche, et de Phédon, le pauvre ; celui encore d'Arrias, le bavard prétentieux. Voici le début de ces quelques portraits.

> • Gnathon ne vit que pour soi, et tous les hommes ensemble sont à son égard comme s'ils n'étaient point : non content de remplir à une table la première place, il occupe lui seul celle de deux autres...
> • Giton a le teint frais, le visage plein et les joues pendantes, l'œil fixe et assuré, les épaules larges, l'estomac haut, la démarche ferme et délibérée. Il parle avec confiance, il fait répéter celui qui l'entretient...
> • Phédon a les yeux creux, le teint échauffé, le corps sec et le visage maigre ; il dort peu, et d'un sommeil fort léger...
> • Arrias a tout lu, a tout vu, il veut le persuader ainsi ; c'est un homme universel, et il se donne pour tel : il aime mieux mentir que de se taire ou paraître ignorer quelque chose.

La petite histoire

Le jeu du qui est qui ?
La Bruyère donne des noms grecs aux personnages dont il peint la bêtise, l'avarice, la lâcheté, le mépris des autres... Dans les salons, on s'amuse à vouloir reconnaître, derrière ces noms grecs, les personnages dont l'auteur dresse le portrait. Le succès du livre est tel que trois éditions paraissent dès 1688. La Bruyère compose à la manière de Montaigne : à chaque nouvelle édition, il ajoute des passages supplémentaires à son ouvrage.

Madame de Sévigné (1626-1696), mondaine et épistolière

En épousant le baron Henri de Sévigné, Marie de Rabutin-Chantal va prendre le titre que son mari usurpe : il se dit marquis, elle sera donc marquise ! L'homme est volage, mais il lui fait deux enfants, Charles et Françoise-Marguerite, avant de mourir, tué en duel par le chevalier d'Albret.

D'un déchirement naît un chef-d'œuvre

La marquise adore Françoise-Marguerite, laquelle se marie au comte de Grignan. Grignan est loin de Paris : du côté de la Provence, dans la Drôme. Cet éloignement est un déchirement pour Marie. Comment combler la distance qui la sépare de sa chère fille ? En lui écrivant lettre sur lettre ! Sans le savoir, Mme de Sévigné est en train de composer l'un des chefs-

La petite histoire

Le père et le fils chez Ninon de Lenclos
Anne, dite Ninon de Lenclos (1616-1705), était une femme de lettres fort cultivée, excellente musicienne, qui tenait salon au 36 de la rue des Tournelles. Ses cinq à neuf étaient fameux, et on y retrouvait toute la bonne société et les hommes de lettres de l'époque. Mais Ninon doit aussi sa célébrité à son appétit immodéré des hommes. Parmi eux, Sévigné, le mari de la marquise, mais aussi, plus tard, son fils, Charles !

d'œuvre de la littérature épistolaire, sa correspondance avec la comtesse de Grignan, mais aussi avec son cousin le marquis de Coulanges ou avec le ministre des Affaires étrangères qui a un nom si drôle, Pomponne.

Plus de mille lettres !

Sévigné écrit un millier de lettres, dans lesquelles elle se pose en témoin de son temps, des grands et petits événements de la cour comme de la province. L'arrestation de Fouquet, le procès qui suivit ? Les voici couchés sur papier par la belle marquise. On trouve aussi des paysages dans cette œuvre : ceux des alentours de Vichy, où elle est partie se soigner, ceux de la Bretagne, où elle possède une propriété, la maison des Rochers.

Sévigné et la peinture de la cour

Voici un extrait d'une lettre (datée du 29 juillet 1676) où Mme de Sévigné fait la peinture de la cour à sa fille. Louis XIV ne s'est pas encore installé à Versailles, mais il s'y rend très souvent.

> Je fus samedi à Versailles avec les Villars : voici comme cela va. Vous connaissez la toilette de la Reine, la messe, le dîner ; mais il n'est plus besoin de se faire étouffer, pendant que Leurs Majestés sont à table, car, à trois heures, le Roi, la Reine, Monsieur, Madame, Mademoiselle, tout ce qu'il y a de princes et de princesses, Madame de Montespan, toute sa suite, tous les courtisans, toutes les dames, enfin ce qui s'appelle la cour de France, se trouve dans ce bel appartement du Roi que vous connaissez. Tout est meublé divinement, tout est magnifique.

Une publication tardive

Adressées à sa fille, les lettres de la marquise ne devaient pas être publiées. Elles le seront une première fois en 1726 par la fille de la comtesse de Grignan, Pauline de Simiane. Charles Nodier, au XIXe siècle, donnera une édition plus complète. Ces petits bijoux plein de naturel et d'art feront, au XXe siècle, l'admiration de Marcel Proust.

Le cardinal de Retz (1613-1679), portraitiste sans merci

Frondeur, homme d'Église par ambition plus que par vocation, Retz laisse à la postérité des *Mémoires* fameux.

Zoom

Sévigné, reine de salon

Mme de Sévigné est une mondaine. Elle fréquente assidûment l'hôtel de Rambouillet et se fait l'amie d'une autre femme de salon fameuse, que nous rencontrerons bientôt, Mme de La Fayette. Mais la marquise n'est pas un esprit superficiel : elle maîtrise bien le latin, l'espagnol et l'italien, et lit les grands auteurs dans le texte.

Grand seigneur, méchant homme

Paul de Gondi, cardinal de Retz, fait partie de ces hommes d'Église qui se servent de l'habit pour faire carrière. Coadjuteur de l'archevêque de Paris en 1643, ce grand seigneur d'origine florentine passe pour un méchant homme auprès de la cour : il se jette en effet dans la Fronde, espérant renverser Mazarin et prendre sa place. Il échoue, mais réussit à devenir cardinal. Il est emprisonné puis exilé, et ce n'est qu'en 1662 que Louis XIV l'autorise à rentrer en France. Il se retire alors dans son château de Commercy. Il y compose ses *Mémoires*, publiés après sa mort, en 1717.

Un portraitiste redoutable et un styliste inégalé

Dans son œuvre, Retz se révèle un portraitiste féroce : en quelques traits de plume, il fait mouche, assassine un grand personnage dont il révèle les faiblesses. Il excelle aussi dans la peinture des foules. Le style du cardinal est toujours vivant, brillant, et certaines de ses flèches sonnent comme des maximes.

Les *Mémoires* en quelques traits de plume cinglants

L'ouvrage comporte trois parties : la jeunesse, la Fronde et l'exil. Voici quelques-unes des piques que notre auteur lance à des personnages importants de son époque.
• Richelieu ? Il « a foudroyé plutôt que gouverné les humains ».
• La reine ? Elle avait « plus d'intention de piété que de piété, plus d'opiniâtreté que de fermeté, et plus d'incapacité que de tout ce que dessus ».
• La Rochefoucauld ? « Il n'a jamais été, par lui-même, bon courtisan, quoiqu'il ait eu toujours bonne intention de l'être. »

La petite histoire

Portrait contre portrait
En faisant le portrait de La Rochefoucauld, le cardinal ne fait que rendre la monnaie de sa pièce à l'auteur des Maximes, *qui l'avait épinglé dans un autre portrait célèbre. Les deux hommes se détestaient. Paul de Gondi ? « peu de piété, quelques apparences de religion »...*

Madame de La Fayette (1634-1693), classique en un roman

Avec *La Princesse de Clèves*, elle invente le roman psychologique moderne.

Madame tient salon

Marie-Madeleine de La Vergne est la cousine de Mme de Sévigné. Elle épouse en 1655 le comte de La Fayette, mais le suit rarement sur ses terres, en Auvergne. Elle préfère Paris et ses salons. Elle en tient un elle-même, publie des nouvelles et prend sa place parmi les mémorialistes de son temps. Mais la célébrité de notre mondaine tient à un roman, *La Princesse de Clèves*, l'un des seuls romans du siècle engendré par la période classique, qui préfère le théâtre.

La naissance du roman psychologique

Rabelais avait inventé le roman français moderne, Mme de La Fayette passe, à juste raison, pour avoir donné le premier roman psychologique. Nous sommes bien loin de la profusion du roman précieux : c'est en moins de 200 pages que notre auteur règle le sort de ses personnages. Malgré quelques traits précieux, le style est sobre, limpide, va droit au but.

La Princesse de Clèves (1678), ou Racine se mettant au roman

Ce chef-d'œuvre est l'histoire d'une passion, présentée comme fatale. Voici l'histoire... Nous sommes en 1558, à la cour d'Henri II. Mlle de Chartres est d'une grande beauté. Le prince de Clèves obtient sa main mais, loin de gagner son amour, le mari ne parvient qu'à susciter l'estime de son épouse. Survient la rencontre, la fameuse rencontre, avec le duc de Nemours à l'occasion d'un bal. Tandis que la princesse de Clèves et le duc dansent ensemble, le coup de foudre survient. Cette passion partagée ne sera pas assouvie : Mme de Clèves résiste, avoue son mal à son mari sans prononcer le nom de Nemours, mais le prince a compris et meurt de chagrin, car il se croit trompé. Après avoir avoué son amour au duc, la princesse le fuit et se réfugie dans la solitude.

La rencontre

La scène de la rencontre entre la princesse et le duc est fameuse. En voici un court extrait...

> M. de Nemours fut tellement surpris de sa beauté que, lorsqu'il fut proche d'elle, et qu'elle lui fit la révérence, il ne put s'empêcher de donner des marques de son admiration. Quand ils commencèrent à danser, il s'éleva dans la salle un murmure de louanges. Le Roi et les Reines se souvinrent qu'ils ne s'étaient jamais vus, et trouvèrent quelque chose de singulier de les voir danser ensemble sans se connaître.

En résumé

Le classicisme s'ouvre à différents genres : lettres et mémoires, fables, maximes et contes témoignent de l'apport conséquent fait à la période classique par les mondains, le plus souvent issus de l'aristocratie.

La petite histoire

Les relations de Marie-Madeleine de La Fayette et de La Rochefoucauld

On croit savoir que les relations entre Mme de La Fayette et le duc de La Rochefoucauld étaient plus qu'amicales, mais le mystère n'a jamais été percé. Mme de Sévigné, leur intime à tous deux, n'a jamais parlé.

5 Penseurs et prédicateurs : le rappel à Dieu

Impossible d'imaginer le siècle sans la religion ; peu ou prou, tous les auteurs du XVIIe sont chrétiens, mais certains consacrent leur vie à défendre le christianisme par la plume.

La petite histoire

Le* Mémorial *de Pascal, l'apologie de la religion

La vie de Pascal a basculé. À partir de 1655, il vivra à Port-Royal. Son existence sera des plus austères, et il prendra la défense des jansénistes contre les jésuites. C'est sous le pseudonyme de Louis de Montalte qu'il fait paraître des Lettres écrites à un provincial par un de ses amis sur le sujet des disputes présentes de la Sorbonne *(1656-1657).*

Mais Pascal, depuis longtemps, est de santé fragile : il souffre de migraines et de maux de ventre atroces. Avant de mourir, autant de sa maladie que des austérités qu'il s'inflige, il aura le temps de composer en partie son œuvre majeure, une Apologie de la religion chrétienne. *Cette œuvre inachevée sera publiée après sa mort sous le titre de* Pensées.

Pascal (1623-1662), le pari de la foi

Après une vie de libertin, il se convertit et compose une défense du christianisme, placé au-dessus des autres religions.

Un génie précoce

Blaise a 12 ans à peine et habite Clermont-Ferrand lorsqu'il retrouve, seul, la géométrie d'Euclide. À 16 ans, un *Essai sur les coniques* lui assure une célébrité européenne. À 19 ans, voici qu'il invente, pour son père, une machine à calculer : la pascaline !

La voie janséniste

Nous sommes à Rouen, désormais, où le père de Blaise est devenu intendant. Un jour, ce dernier se casse la jambe ; il est soigné par deux gentilshommes jansénistes. Le jeune homme se persuade que la doctrine austère sera la seule qui lui conviendra vraiment, mais sa conversion reste uniquement intellectuelle. En attendant, il continue ses travaux scientifiques, prouve l'existence du vide, de la pesanteur de l'air. C'est au sommet du puy de Dôme et de la tour Saint-Jacques qu'il mène ses expériences.

Pris par le monde

À la mort de son père, Blaise fréquente des libertins à Paris, se laisse distraire par la vie mondaine. En 1654, Pascal échappe à la mort de peu à cause d'un accident de voiture sur le pont de Neuilly. Cela marque le début de sa réelle conversion. Quinze jours plus tard, le 23 novembre, survient un épisode fameux de son existence : il traverse une nuit mystique. Après sa mort, on retrouvera, cousu dans ses habits, le *Mémorial* où il a consigné son expérience.

Les *Pensées*

Les *Pensées* sont publiées en 1670. La difficulté de l'œuvre tient à son inachèvement. On discute encore aujourd'hui le plan que Pascal aurait pu donner à cette suite de liasses, à ces bouts de papier laissés en désordre. L'objectif de Pascal était de convaincre les libertins – ses anciens amis – de la supériorité du christianisme sur toute autre religion. Le plan de l'œuvre reste inconnu, mais on a pu reconstituer le raisonnement suivi par l'auteur. En voici un résumé...

• Sans Dieu, l'homme est misérable : jouet de puissances trompeuses, comme l'imagination, la coutume ou l'amour-propre, il est situé entre un infini de grandeur et un infini de petitesse ; il est donc incapable de connaître la vérité. Impuissant à trouver le bonheur, l'être humain cherche refuge dans le « divertissement », l'oubli, destiné à le faire échapper à sa misère.

• La foi est nécessaire : le christianisme, par les dogmes de la chute et de la rédemption, peut seul expliquer la misère et la grandeur de l'homme. Parions donc sur cette religion et choisissons le catholicisme, qui satisfait la raison et la foi en s'appuyant sur des preuves historiques (miracles et prophéties).

Le pari de Pascal en deux mots

Gageons de l'existence de Dieu : s'Il existe, nous gagnons le salut éternel ; sinon, nous ne perdrons rien ! « Estimons donc ces deux cas : si vous gagnez, vous gagnez tout ; si vous perdez, vous ne perdez rien. » Il est donc de notre intérêt de parier.

Quelques pensées fameuses

• Le cœur a ses raisons que la raison ne connaît point.

• L'homme n'est qu'un roseau, le plus faible de la nature, mais c'est un roseau pensant.

• Tout le malheur des hommes vient d'une seule chose qui est de ne savoir pas demeurer en repos dans une chambre.

• Le silence éternel des espaces infinis m'effraie.

• Le nez de Cléopâtre, s'il eût été plus court, toute la face de la terre aurait changé.

• Le présent n'est jamais notre fin. Le passé et le présent sont nos moyens, le seul avenir est notre fin. Ainsi, nous ne vivons jamais, mais espérons de vivre, et nous disposant toujours à être heureux, il est inévitable que nous ne le soyons jamais.

Zoom

Les Provinciales
Les Provinciales *sont considérées par beaucoup comme l'œuvre qui inaugure le classicisme, par la beauté et le naturel de son style, l'élégance et la précision de sa pensée.*

Descartes (1596-1650) : *Cogito ergo sum*

Gentilhomme du Poitou, élevé chez les jésuites de La Flèche, Descartes entre à l'université de Poitiers, sert dans l'armée pendant la guerre de Trente Ans, se retire en Hollande en 1629 et meurt en Suède près de la reine Christine, qui l'avait fait appeler dans son pays.
Son œuvre la plus célèbre est le *Discours de la méthode* (1637). De quelle méthode est-il question ? Descartes rejette toutes les idées qu'il a acquises, pratique le doute méthodique et se sert du raisonnement mathématique pour élaborer sa pensée. La première vérité qu'il trouve ? *Cogito ergo sum*, « je pense, donc je suis ». Sur cette base, il rebâtit l'édifice des connaissances et va jusqu'à prouver l'existence de Dieu.

Bossuet (1627-1704), aigle éloquent

Éloquence, art de la belle parole, puissante et élégante, tel est le mot qui vient en premier lorsque l'on songe à Jacques Bénigne Bossuet, né à Dijon, ordonné prêtre en 1652, dont la carrière commence à Metz et se poursuit à Paris, où il multiplie sermons et oraisons funèbres qui le font remarquer par le roi. Celui-ci en fait le précepteur de son fils, le Dauphin (1670-1681). En 1681, sa nomination en tant qu'évêque lui vaut son surnom : Bossuet sera désormais l'aigle de Meaux, dont l'éloquence s'envole et retombe sur les proies qu'il s'est choisies. Celles-ci furent nombreuses : Bossuet s'en prend aux protestants (*Histoires des variations des Églises protestantes*, 1688), condamne le théâtre (*Lettre au père Caffaro, Maximes et réflexions sur la comédie*, 1694) et le quiétisme.

Le mot savant

Le quiétisme : *cette doctrine, élaborée par le prêtre espagnol Molinos, fut adapté en France par Mme Guyon et soutenu par Fénelon. Elle affirme qu'il n'est pas besoin de la prière ni de la confession pour accéder, par la contemplation et l'état d'oraison, à l'union parfaite avec Dieu. Bossuet s'opposa violemment à cette pensée, qui aboutissait pour lui à une négation des dogmes et de l'intercession nécessaire de l'Église. Rome donna raison à Bossuet contre Fénelon, qui fut chassé de Versailles par le roi.*

Songer à sa propre mort

Mais la célébrité de Bossuet est due à ses *Sermons* – composés surtout du temps qu'il prêchait à la cour – et à ses *Oraisons funèbres*. Les plus fameuses furent prononcées à la mort des grands : *Oraison funèbre d'Henriette de France* (1669), *Oraison funèbre d'Henriette d'Angleterre* (1670)... L'évêque y condamne l'ambition, rappelle la vanité de l'homme sans Dieu, appelle son auditoire à songer, d'après la mort du personnage illustre qu'il a sous les yeux, à sa propre mort.

Les *Oraisons* en un extrait

Paul Valéry a défini l'éloquence de Bossuet en parlant, à propos de son style, de « phrases en voûte » : montée jusqu'à un sommet puis descente. Voici un extrait de l'*Oraison funèbre d'Henriette d'Angleterre*...

> Ô nuit désastreuse, ô nuit effroyable, où retentit tout à coup comme un éclat de tonnerre cette étonnante nouvelle : Madame se meurt, Madame est morte.

Fénelon (1651-1715), l'adversaire

L'évêque François de Salignac de La Mothe Fénelon voit sa réputation croître lorsque le gendre de Colbert et son épouse lui demandent de devenir précepteur de leurs huit filles, pour lesquelles il compose, en 1689, un *Traité de l'éducation des filles.* Cette même année, notre homme devient précepteur de Louis de France, duc de Bourgogne, petit-fils de Louis XIV. D'un enfant turbulent, difficile, Fénelon va faire un adolescent adouci, ayant appris le goût de l'effort.

L'affaire du quiétisme (voir la rubrique « Le mot savant » page ci-contre) provoque la disgrâce de Fénelon, condamné par Rome. Les choses ne s'arrangent pas à la publication de l'ouvrage le plus fameux de l'homme d'Église, *Les Aventures de Télémaque* (1699). Le roman, publié peut-être contre la volonté de son auteur, est en effet interprété comme une critique violente de la monarchie absolue et de la guerre. Pourtant, une correspondance va s'établir entre Fénelon et son ancien élève. Fénelon en finira-t-il avec sa disgrâce ? Non, car le Dauphin meurt de la rougeole en 1712. Fénelon meurt quelques années après à Cambrai, la ville dont il est devenu l'archevêque vingt ans plus tôt.

En résumé

- **Impossible d'imaginer l'âge classique sans le christianisme.**
- **Pascal, un temps libertin, revient au catholicisme à la suite d'une conversion et en fait l'apologie.**
- **Bossuet rappelle aux grands qu'ils sont mortels et qu'ils doivent travailler à leur salut.**
- **Fénelon, son adversaire, tombe à la suite de l'affaire du quiétisme.**
- **La raison même, avec Descartes, doit servir à donner les preuves de l'existence de Dieu.**
- **Des voix comme celles de Fontenelle (1657-1757) et de Bayle (1647-1706) se font entendre, qui annoncent le temps des Lumières.**

La petite histoire

Bernard Le Bovier de Fontenelle
Centenaire de la littérature française, il est le neveu de Corneille. Il s'occupe de vulgariser la pensée scientifique dans ses Entretiens sur la pluralité des mondes *(1686). Dans les* Pensées sur la comète *(1682), Pierre Bayle s'en prend au préjugé qui voit dans les comètes un présage mauvais.*

Zoom

Petit tableau récapitulatif

1636	Le Cid, *de Corneille*
1656-1657	Les Provinciales *de Pascal*
1665	Tartuffe, *de Molière*
1667	Andromaque, *de Racine*
1668	Fables *(I-VI), de La Fontaine*
1674	L'Art poétique, *de Boileau*
1677	Phèdre, *de Racine*
1678	Fables *(VII-XI), de La Fontaine*
1688	Les Caractères, *de La Bruyère*
1691	Athalie, *de Racine*

INTRODUCTION

Le siècle en un clin d'œil

Louis XIV meurt en 1715. C'est son arrière-petit-fils qui doit lui succéder, mais, l'enfant n'ayant que 5 ans, s'ouvre alors une période de régence, assurée par le duc d'Orléans. Sous le règne de Louis XV, les défaites militaires et l'influence des favorites vont discréditer le régime. Louis XVI tentera de mettre en place des réformes, mais les difficultés financières du royaume et la misère du peuple provoqueront, à la fin du siècle, la convocation des états généraux, qui précéderont la Révolution.

Le XVIIIe siècle, c'est le siècle des Lumières, idées philosophiques que la littérature va se charger de défendre et qui vont faire tanguer l'aristocratie. Le mouvement est européen – on parle d'*illuminismo* en Italie, d'*ilustración* en Espagne, d'*Aufklärung* en Allemagne et d'*enlightenment* en Angleterre –, mais la France y tient une position dominante. La confiance dans la raison humaine qui se retourne contre le pouvoir et la foi : voilà comment on caractérise habituellement l'esprit philosophique. L'époque milite pour le libre examen, rêve d'une civilisation pacifique, et les droits universels de l'homme donnent naissance à l'individu moderne. La foi demeure, mais il s'agit surtout d'une foi dans le progrès. La science mène la danse, et de nombreux écrivains du siècle sont d'abord des hommes de science : Buffon est un naturaliste, D'Alembert, un mathématicien. Cet esprit nouveau va se diffuser dans des discours, des contes et des traités philosophiques où s'illustrent Voltaire, Rousseau, Condorcet ou Montesquieu. D'Alembert et Diderot entreprennent l'*Encyclopédie*, destinée à lutter contre le despotisme et l'intolérance. Le siècle va connaître une explosion des formes du roman : social, avec Cazotte, Marivaux ou Prévost, épistolaire, genre dans lequel brillent Laclos, Rousseau et Montesquieu, et fantastique avec Lesage ; la veine satirique est portée à son sommet par Diderot. Mais ce siècle libertin, qui aime le plaisir, donne aussi des romans érotiques avec le marquis de Sade. Au théâtre, Diderot invente un nouveau genre, le drame bourgeois, tandis que Beaumarchais renouvelle la comédie.

4 Le XVIIe siècle : libertin et révolutionnaire

1 Les philosophes

Les personnalités fortes et les partisans de la cause des Lumières sont nombreux dans ce siècle militant. Étienne Condillac compose son *Essai sur l'origine des connaissances humaines* (1746), puis son *Traité des sensations* (1754). Il est ainsi à l'origine du « sensualisme », qui soutient que nos facultés et notre morale prennent forme grâce aux sensations et à l'expérience, sans qu'il n'y ait rien d'inné. Buffon (1707-1788), le célèbre naturaliste, vulgarise les sciences dans son *Histoire naturelle, générale et particulière*, qui compte trente-six volumes, publiés de 1749 à 1789. Le marquis de Condorcet publie son *Esquisse d'un tableau historique des progrès de l'esprit humain* (1795), dans lequel il divise les hommes en deux catégories : « celle des hommes qui raisonnent, et celle des hommes qui croient, celle des maîtres et celle des esclaves ». Mais intéressons-nous en priorité à quelques figures majeures, qui vous seront sans doute plus familières : Montesquieu, Voltaire, Rousseau et Diderot.

Cafés et salons, laboratoires des idées nouvelles

Les œuvres du XVIIe siècle étaient destinées à un public de lecteurs très restreint, vivant entre la cour et les salons aristocratiques. Au XVIIIe siècle, ce public s'étend grâce aux progrès de l'alphabétisation. Les débats intellectuels vont toucher des secteurs plus larges de la société.

Où débat-on, au siècle de Rousseau ? Dans les cafés tout d'abord : le plus célèbre reste Le Procope, où l'on peut aujourd'hui encore aller boire un verre ou déjeuner. Dans les salons mondains, ensuite, où les grandes dames reçoivent philosophes, artistes et savants. Les salons qui s'illustrent particulièrement sont ceux d'Anne-Thérèse de Lambert, de Mme du Deffand, de Mme de Tencin ou de Marie-Thérèse Geoffrin.

L'esprit philosophique est diffusé aussi par les Académies, créées pour la plupart au XVIIe siècle, ainsi que par les bibliothèques, qui contribuent à former un réseau européen de savoir : elles collectionnent et échangent les livres, lancent des concours de recherche. Les loges de la franc-maçonnerie enfin, qui ne cesseront de s'étendre tout au long du siècle, ont joué un rôle considérable pour la diffusion des idées de réforme.

Montesquieu (1689-1755) : une solide constitution

Montesquieu prend parti contre l'esclavage et, s'inspirant du modèle britannique, devient un des pères fondateurs de notre constitution.

Juriste et écrivain

Charles de Secondat, baron de La Brède et de Montesquieu, fut d'abord magistrat (conseiller au parlement de Bordeaux) avant de publier un roman fameux, les *Lettres persanes,* dont nous reparlerons. Le succès est immense et immédiat. Quelques années plus tard, on retrouve notre écrivain dans les salons parisiens. En 1727, il est élu à l'Académie française.

L'écrivain voyageur

Mais les salons ne suffisent pas à Montesquieu, qui veut connaître le monde. Le voici qui traverse l'Europe entière. D'Angleterre, il revient séduit par le libéralisme et la constitution britannique. Désormais, l'œuvre importante sera surtout philosophique et politique.

Le maître de la science sociale et politique

En 1731, Montesquieu est de retour au château de La Brède. Quatre ans plus tard, il publiera les *Considérations sur les causes de la grandeur des Romains et de leur décadence,* où l'on trouve en germe les idées de son œuvre majeure : *De l'esprit des lois* (1748). L'ouvrage lui vaut des louanges, mais aussi des critiques sévères, c'est pourquoi, en 1750, l'auteur fait paraître sa *Défense de l'esprit des lois.*

De l'esprit des lois en quelques définitions

De l'esprit des lois, ce sont trente et un livres dans lesquels Montesquieu s'interroge sur les causes des lois à travers les époques. Pour l'auteur, ces lois varient selon :

• trois sortes de causes : les causes sociales (les lois sont liées à la démographie, à la religion et au commerce), les causes morales (les lois varient selon les mentalités des peuples) et les causes physiques (une terre, un climat engendrent des lois particulières) ;

• le régime adopté par un État : le régime républicain, une démocratie qui convient seulement à un petit territoire ; le régime républicain dirigé

Zoom

La théorie des climats

Montesquieu est considéré par beaucoup comme le père de la sociologie, mais sa fameuse théorie des climats est surprenante : les peuples des pays froids, affirme l'auteur, sont plus courageux, plus francs, moins rusés ; ceux des pays chauds sont craintifs et paresseux, et le régime qui leur convient, c'est le despotisme !

par des aristocrates ; le régime monarchique tempéré par la noblesse, le clergé et le Parlement ; le régime despotique, qui convient à un territoire très vaste.

L'invention de la séparation des pouvoirs

Aucun de ces régimes n'est meilleur qu'un autre selon Montesquieu, qui pourtant préconise de copier la monarchie constitutionnelle anglaise, seule capable de garantir la paix et la prospérité d'un État. Trois pouvoirs – exécutif, législatif et judiciaire – doivent se faire mutuellement contrepoids.

De l'esclavage des nègres (XV, 5)

Voici l'un des passages les plus fameux de l'ouvrage de Montesquieu. L'auteur, utilisant le procédé de l'ironie, fait semblant de défendre l'esclavage pour en montrer l'absurdité.

> Si j'avais à soutenir le droit que nous avons eu de rendre les nègres esclaves, voici ce que je dirais :
> Les peuples d'Europe ayant exterminé ceux de l'Amérique, ils ont dû mettre en esclavage ceux de l'Afrique, pour s'en servir à défricher tant de terres.
> Le sucre serait trop cher, si l'on ne faisait travailler la plante qui le produit par des esclaves.
> Ceux dont il s'agit sont noirs depuis les pieds jusqu'à la tête ; et ils ont le nez si écrasé, qu'il est presque impossible de les plaindre.
> On ne peut se mettre dans l'esprit que Dieu, qui est un être très sage, ait mis une âme, surtout une âme bonne, dans un corps tout noir...

➲ Voltaire (1694-1778), le grand méchant homme

Voici Voltaire, premier au classement des auteurs proposés par les enseignants sur les listes du baccalauréat, en première, premier écrivain à entrer au Panthéon aussi, dès 1791. Une personnalité qui domine le siècle, par sa longévité et par l'étendue de ses talents : dramaturge, poète, polémiste, historien, conteur, homme d'esprit, défenseur des opprimés, Voltaire est tout cela. Mais l'homme est aussi un bourgeois très riche, d'une richesse douteuse, dit-on : ne serait-elle pas due, en partie, au commerce des esclaves ? Et sa langue, trop bien pendue, fait souvent des ravages autour de lui : Rousseau s'en souvient, qui fut une de ses

La petite histoire

L'épigramme contre Fréron
L'autre jour, au fond d'un vallon,
Un serpent mordit Jean Fréron.
Que pensez-vous qu'il arriva ?
Ce fut le serpent qui creva !

Zoom

Voltaire antisémite ?
Dans l'article « Tolérance » du Dictionnaire philosophique, *Voltaire écrit : « C'est à regret que je parle des Juifs : cette nation est, à bien des égards, la plus détestable qui ait jamais souillé la terre. » Dans l'article « Anthropophages », on trouve cette phrase : « Et en effet, pourquoi les Juifs n'auraient-ils pas été anthropophages ? C'eût été la seule chose qui eût manqué au peuple de Dieu pour être le plus abominable peuple de la terre. » Accablant ; mais Bernard Lazare atténue cette image sombre de Voltaire et affirme, dans* L'Antisémitisme : son histoire et ses causes *: « Si Voltaire fut un ardent judéophobe, les idées que lui et les encyclopédistes représentaient n'étaient pas hostiles aux Juifs, puisque c'étaient des idées de liberté et d'égalité universelle. »*

victimes. Et d'autres, tel le journaliste Fréron, à qui l'écrivain adressa une bien sévère épigramme ! Voltaire pouvait se montrer très cruel dès lors qu'on se mettait sur son chemin. Plus grave, d'autres propos, sous sa plume, font de lui selon le mot de Poliakov « le pire antisémite français du XVIIIe siècle » ; pas moins !

Un jeune homme remuant

François-Marie Arouet naît à Paris, fait ses études à Louis-le-Grand et en sort en 1711 pour devenir secrétaire du ministre de France à La Haye. Pendant la Régence, on le voit parmi les libertins (la société du Temple et de la duchesse du Maine, à Sceaux). En 1717, une épigramme contre le régent lui vaut onze mois d'emprisonnement à la Bastille. À sa sortie, sa première tragédie, *Œdipe* (1718), lui confère une célébrité qui ne le quittera plus.

L'insulte faite à Rohan et l'exil

Les onze mois à la Bastille ne lui ont pas servi de leçon. Un soir, dans un théâtre parisien, Voltaire rencontre le chevalier de Rohan qui tire le premier : ce bourgeois, dit-il, « n'a même pas de nom ». L'écrivain répond par un mot célèbre : « Monsieur, je commence mon nom pendant que vous finissez le vôtre. » Quelques jours plus tard, l'affaire semble oubliée et Voltaire est invité à déjeuner chez le chevalier de Rohan ; une fois à l'intérieur de la résidence, les serviteurs bastonnent le jeune Arouet. Il veut régler l'affaire en duel mais, n'étant que roturier, ce sera la Bastille à nouveau. Voltaire en sortira à condition de quitter le pays. Il passera trois ans en Angleterre.

En passant par la Lorraine

De retour à Paris, Voltaire connaît un grand succès avec sa pièce *Zaïre*, tandis que ses *Lettres philosophiques* sont condamnées par le Parlement. Sa liberté menacée, le voici en route pour Cirey, tout près de la Lorraine, chez Mme du Châtelet. Pendant dix ans, il se consacrera surtout à son *Siècle de Louis XIV* et s'occupera de science. Pourtant, notre homme voyage encore, et en 1740 on le trouve à la cour de Frédéric II, roi de Prusse.

En 1744, l'horizon semble s'éclaircir : un de ses anciens condisciples, le marquis d'Argenson, devient ministre des Affaires étrangères. Le retour à Paris est possible. Pendant deux ans, le voici à la cour, à Versailles. Il entre à l'Académie, est nommé gentilhomme ordinaire de la Chambre du Roi, historiographe de France. Mais notre homme ne sait toujours pas tenir

Zoom

Un dramaturge et poète médiocre
Le théâtre et la poésie de Voltaire sont considérés aujourd'hui comme plutôt médiocres, mais, en son temps, l'écrivain fut admiré pour ces compositions. Diderot, qui avait pourtant le jugement très sûr, place Voltaire aux côtés de Racine pour le théâtre ; d'autres l'appellent le nouveau Corneille...

La petite histoire

Arouet-Voltaire
Voltaire est probablement l'anagramme d'Arovet L(e) J(eune), mais l'écrivain a pu aussi emprunter son surnom à une terre que possédait Marguerite d'Aumart, sa mère, en Poitou.

La petite histoire

Voltaire, enrichi par l'esclavage ?
Voltaire arrive ruiné en Angleterre, mais un homme d'affaires l'initie au commerce et, dit-on, au fameux commerce triangulaire, l'une des formes de la traite des Noirs. Des bateaux, partis d'Europe, se rendaient en Afrique, où ils échangeaient des articles de pacotille contre des hommes. Ces derniers, conduits en Amérique, devenaient esclaves. Les bateaux retournaient alors en Europe, chargés du produit de cet esclavage. Personnage ambigu, donc, que ce Voltaire : bientôt défenseur des opprimés, mais peut-être lié à l'esclavagisme.

sa langue, et bientôt il déplaît à Louis XV et à Mme de Pompadour, sa favorite. Il compose *Zadig* (1747), son premier conte, à Sceaux, et regagne Cirey. Deux ans plus tard, Voltaire est affligé lorsque Mme du Châtelet meurt.

La route de Genève

L'exil continue : après un passage par l'Alsace, après un séjour à la cour de Frédéric II, où il mène d'abord grand train avant de s'enfuir, Voltaire se fixe aux Délices, une propriété qu'il a acquise près de Genève. C'est là qu'il publie le *Poème sur le désastre de Lisbonne* (1756), l'*Essai sur les mœurs et l'esprit des nations* (1756) et *Candide* (1759). L'année précédente, il avait acheté le château de Ferney, où il terminera sa vie, ce qui lui vaudra le surnom de « Patriarche de Ferney ». Cette période est marquée par son engagement dans de nombreuses affaires, parmi lesquelles l'affaire Calas (voir la rubrique « Pour en savoir plus » page ci-contre).

Le retour triomphal

Les visites sont nombreuses à Ferney et, en 1778, Voltaire peut rentrer triomphalement à Paris. En mars, le voici élu directeur de l'Académie ; le 30 mars, on couronne son buste à la Comédie-Française.

Voltaire en quelques œuvres

Voltaire historien

Le grand public ne le sait pas, mais Voltaire passe pour être l'un des premiers historiens français sérieux dans la mesure où il a le souci du détail, des faits, des dates, mais sa partialité est manifeste dans ses ouvrages : s'il dénonce volontiers le despotisme, pour lui les religions conduisent uniquement au fanatisme et à l'intolérance.

1731	*L'Histoire du règne de Charles XII*
1751	*Le Siècle de Louis XIV*
1756	*Essai sur les mœurs*

Voltaire épistolier

L'écrivain a correspondu avec toute l'Europe littéraire ou aristocratique. Ses lettres se comptent par dizaines de milliers ! C'est là que notre auteur se montre le plus incisif, drôle et souvent méchant. Témoin, cette lettre fameuse adressée à Rousseau. Celui-ci vient de lui envoyer son *Discours sur l'inégalité*. Voltaire se moque de son interlocuteur et caricature sa pensée. Un extrait ?

Zoom

Les Lettres philosophiques, ou **Lettres anglaises**
Dans ces vingt-quatre lettres, Voltaire attaque sévèrement le pouvoir et la religion des Français : il fait l'éloge du régime anglais, où le Parlement sert de contre-pouvoir, tandis que la France est gouvernée par un despote. En Angleterre, les religions cohabitent harmonieusement ; en France, le catholicisme est intolérant et s'oppose au progrès...

La petite histoire

La grosse Mme Denis
Voltaire s'affiche en compagnie d'Émilie du Châtelet, femme mariée, mais une histoire peu glorieuse est à porter au discrédit de notre homme : dans cette période à la cour, il prend pour maîtresse sa propre nièce, Mme Denis, dite « La Grosse » !

Zoom

Voltaire, homme d'affaires
Voltaire aime l'argent, le luxe. À Ferney, il se comporte comme un seigneur féodal, crée une fabrique de montres qui se vendent dans toute l'Europe, possède des châteaux, de nombreuses terres.

30 août 1755

J'ai reçu, Monsieur, votre nouveau livre contre le genre humain, je vous en remercie. On n'a jamais employé tant d'esprit à vouloir nous rendre bêtes ; il prend envie de marcher à quatre pattes, quand on lit votre ouvrage. Cependant, comme il y a plus de soixante ans que j'en ai perdu l'habitude, je sens malheureusement qu'il m'est impossible de la reprendre...

Voltaire conteur

C'est en sa qualité de conteur que Voltaire est passé à la postérité. Ce genre littéraire lui est à la fois un divertissement et l'occasion d'exercer sa verve féroce. Les contes sont une arme destinée à la satire sociale, mais aussi un exercice pratique de philosophie : chaque roman ou conte tourne autour d'un thème central reflétant les polémiques de l'époque.

1747	*Zadig*, la question de la providence
1752	*Micromégas*, la question de la relativité universelle
1767	*L'Ingénu*, la satire de l'hypocrisie sociale
1759	*Candide*, la satire de l'optimisme

Candide, best-seller littéraire, raille la philosophie de Leibnitz

Souvenez-vous : Candide, jeune homme innocent et naïf, comme l'indique son nom, vit à la cour du baron de Thunder-ten-tronckh, en Westphalie. Son précepteur, Pangloss, est un disciple des philosophes allemands Leibnitz et Wolf ; comme eux, il professe l'optimisme. Tout semble aller pour le mieux ; mais Candide, amoureux de Mlle Cunégonde, la fille du baron, est chassé de la cour. Dès lors, la vie du héros apparaîtra comme une suite de malheurs : Candide est confronté à la guerre et à ses horreurs ; en compagnie de Pangloss, atteint d'une terrible maladie, il assiste à un tremblement de terre à Lisbonne ; les deux protagonistes sont condamnés par l'Inquisition pour une simple parole (Pangloss est pendu et Candide fessé) ; le jeune homme retrouve Cunégonde et fuit avec elle en Amérique mais, à Buenos Aires, il doit abandonner sa belle au gouverneur et s'enfuit avec Cacambo, un valet. Plus tard, il sera amené à tuer le frère de Cunégonde. Il visitera le pays d'Eldorado, rencontrera un « nègre » à Surinam ; puis ce sera Venise, Constantinople, où il retrouvera, par miracle, Pangloss. Candide finira par épouser une Cunégonde devenue bien laide, et s'installera avec ses amis dans une métairie.

Voici la fin du récit. Pangloss, malgré tous les malheurs, a gardé sa philosophie optimiste, mais la morale du conte propose le travail comme remède au mal qui sévit dans le monde.

Pour en savoir plus

Voltaire contre le fanatisme

Peu tolérant lorsqu'il était en butte à la critique, Voltaire est passé à la postérité pour son combat contre l'intolérance religieuse et le fanatisme. Il mit sa plume au service de particuliers dans des affaires fameuses, dont l'affaire Calas (1762), à partir de laquelle il composa son Traité sur la tolérance *(1763).*
Toulouse, 1761. Marc-Antoine, fils de Jean Calas, protestant, se pend. La famille prétend que le jeune homme a été retrouvé étranglé (le suicide est condamné par les Églises), mais des rumeurs prétendent que Marc-Antoine voulait se convertir au catholicisme et que son père l'aurait tué. Sous la torture, Jean Calas avoue, puis se rétracte. Il est condamné à mort le 9 mars 1762. Il subit le supplice de la roue, est étranglé, brûlé vif... Donat, autre fils de Jean, va trouver Voltaire à Genève et le convainc de l'innocence de son père. En 1765, l'écrivain réussit à faire réviser le procès et à obtenir un arrêt qui déclare Calas innocent et réhabilite sa mémoire.

La petite histoire

Une pseudo-citation

La fameuse formule attribuée à Voltaire « Je ne suis pas d'accord avec ce que vous dites, mais je me battrai jusqu'à la mort pour que vous ayez le droit de le dire » ne figure en fait nulle part, telle quelle, dans sa correspondance !

« Il faut cultiver notre jardin »

Toute la petite société entra dans ce louable dessein ; chacun se mit à exercer ses talents : la petite terre rapporta beaucoup. Cunégonde était, à la vérité, bien laide, mais elle devint une excellente pâtissière ; Paquette broda, la vieille eut soin du linge. Il n'y eut pas jusqu'à frère Giroflée qui ne rendît service ; il fut un très bon menuisier, et même devint honnête homme ; et Pangloss disait quelquefois à Candide : « Tous les événements sont enchaînés dans le meilleur des mondes possibles ; car enfin, si vous n'aviez pas été chassé d'un beau château à grands coups de pied dans le derrière pour l'amour de Mlle Cunégonde, si vous n'aviez pas été mis à l'Inquisition, si vous n'aviez pas couru l'Amérique à pied, si vous n'aviez pas donné un bon coup d'épée au baron, si vous n'aviez pas perdu tous vos moutons du bon pays d'Eldorado, vous ne mangeriez pas ici des cédrats confits et des pistaches. – Cela est bien dit, répondit Candide ; mais il faut cultiver notre jardin. »

Citations fameuses

- Je meurs en adorant Dieu, en aimant mes amis, en ne haïssant pas mes ennemis, en détestant la superstition.
- Si Dieu n'existait pas, il faudrait l'inventer (*Le Pour et le Contre*).
- Il vaut mieux hasarder de sauver un coupable que de condamner un innocent (*Zadig ou la Destinée*).
- L'univers m'embarrasse, et je ne puis songer / Que cette horloge existe et n'ait point d'horloger (*Les Cabales*).

Jean-Jacques Rousseau (1712-1778), l'anti-Voltaire

Voltaire, on l'a senti à travers l'extrait d'une lettre qu'il lui adresse, n'aimait pas Rousseau... qui le lui rendait bien ! Tout oppose en effet nos deux auteurs : Voltaire reste un classique, Rousseau annonce le romantisme ; Voltaire, sans être athée, est un esprit railleur, Rousseau fait confiance à l'« instinct divin » présent dans la conscience de l'homme ; Voltaire est un pessimiste qui croit dans les vertus du travail et de l'action, Rousseau est un optimiste qui croit en la bonté naturelle de l'homme, perverti par la société ; Voltaire correspond avec toute l'Europe, Rousseau passe pour un misanthrope, solitaire et sentimental. Mais d'aucuns disent – et peut-être n'ont-ils pas tort – que la misanthropie de Rousseau doit beaucoup à un complot organisé contre lui par les « philosophes », ses anciens amis.

Zoom

De la musique avant toute chose
La grande passion de Rousseau – le saviez-vous ? – fut la musique : il alla jusqu'à inventer un nouveau système de notation musicale, mais celui-ci fut refusé par l'Académie des sciences.

Une jeunesse vagabonde

Né à Genève, Jean-Jacques est abandonné à l'âge de 10 ans par son père. Pensionnaire chez le pasteur Lambercier, il s'enfuit de sa ville natale à 16 ans et trouve refuge à Annecy chez Mme de Warens, qui le fait baptiser. Le jeune homme cherche sa vocation, exerce plusieurs métiers, erre et vient retrouver périodiquement celle qu'il appelle « maman », à Annecy et à Chambéry, aux Charmettes, où il passe ses meilleurs moments.

En 1741, on le voit à Paris, où il gagne sa vie en donnant des leçons de musique. Bientôt, c'est Venise qui l'attire et le voici secrétaire de l'ambassadeur, mais les deux hommes se brouillent : de cette époque date une prise de conscience, celle de l'inégalité sociale. Paris le reprend, il devient l'ami de Diderot, prend part à l'*Encyclopédie.*

Thérèse Levasseur

Paris, c'est aussi la ville où Jean-Jacques rencontre Thérèse Levasseur, qui est simple servante lingère. Avec elle, adieu la belle société : le voici bientôt père, cinq fois !

La célébrité arrive bientôt, avec le *Discours sur les sciences et les arts* (1750) : l'ouvrage est composé dans un état d'exaltation extraordinaire, après ce que l'on a coutume d'appeler l'« illumination de Vincennes », en 1749 (Rousseau allait rendre visite à Diderot, emprisonné au château après sa *Lettre sur les aveugles*). Le *Discours* est couronné par l'académie de Dijon.

Le succès vient aussi de la musique : en 1752, Rousseau compose un opéra-comique, *Le Devin du village,* qui est aimé du roi. Celui-ci est prêt à lui verser une pension, mais l'écrivain et compositeur refuse de se rendre à Versailles. Plus tard, il donnera la raison de ce désistement : sa grande timidité d'abord, et puis la crainte de se rendre ridicule (voir la rubrique « La petite histoire » ci-contre).

Montmorency

Cinq ans plus tard, voici un deuxième ouvrage, le *Discours sur l'inégalité,* mal accueilli, cette fois : on se souvient de l'hostilité de Voltaire, qui caricature cruellement la pensée de Rousseau. Ce dernier trouve refuge à Montmorency, chez Mme d'Épinay, dans sa propriété de l'Ermitage. La querelle avec Voltaire va se transformer en haine lorsque paraît, en 1758, la *Lettre à d'Alembert sur les spectacles.* D'autres inimitiés arrivent : Grimm et Diderot lui tournent désormais le dos.

La petite histoire

L'homme est incontinent
Pourquoi cette crainte du ridicule ? Rousseau souffrait d'une malformation de la vessie qui le fit souffrir toute sa vie et l'obligeait à uriner souvent.

Pour en savoir plus

Rousseau, éducateur et mauvais père ?
L'homme qui écrira bientôt Émile *– un long traité sur l'éducation (1762) où il est préconisé de ne pas soumettre trop tôt l'enfant aux brutalités de la civilisation, de développer d'abord en lui les sensations, puis les activités sportives et les facultés physiques, de faire naître en lui le goût du travail manuel (la menuiserie)... –, cet homme abandonnera ses propres enfants à l'hôpital des Enfants-Trouvés ! Contradiction, quand tu nous tiens...*

Le temps des persécutions

L'œuvre cependant continue : *La Nouvelle Héloïse, Le Contrat social* et puis l'*Émile*. Avec *Le Contrat social* arrive le temps des persécutions : l'ouvrage est condamné par le Parlement ; Rousseau doit rejoindre la Suisse. Les voyages reprennent. C'est bientôt l'Angleterre qui l'accueille en la personne du philosophe Hume, mais encore une fois notre auteur ne sait pas garder une amitié ; il rentre en France. Le vagabondage reprend jusqu'au repos final, à Ermenonville, chez les époux Girardin. C'est là que le philosophe meurt, en 1778.

Les idées philosophiques de Rousseau en quelques mots

Le *Discours sur les sciences et les arts* (1750)

• L'homme est bon et heureux par nature, mais la civilisation le corrompt ; c'est elle qui a détruit son bonheur primitif.
• Les sciences et les arts servent les tyrans : elles leur permettent d'asservir les hommes en leur rendant plus douce la vie sociale.
• La vertu a fait place aux mensonges de la bienséance : les vices passent pour des vertus car ils sont masqués par la politesse.
• Les sciences conduisent à l'oisiveté et mettent à mal le sens religieux.
• Les arts mènent à la corruption et à la décadence car ils sont associés au luxe.
• La vertu est réservée aux « âmes simples », capables d'écouter leur cœur et la voix de leur conscience, « dans le silence des passions ».

Le *Discours sur l'origine de l'inégalité* (1755)

• « Le premier qui ayant enclos un terrain s'avisa de dire "Ceci est à moi", et trouva des gens assez simples pour le croire, fut le vrai fondateur de la société civile. »
• La propriété est la source de la société et de l'inégalité, en créant des riches et des pauvres.
• Pour asseoir la propriété, les riches imposent des lois et fondent la société civile.
• On élit des magistrats chargés de faire respecter ces lois et on crée une hiérarchie sociale inégalitaire.
• Le pouvoir légitime devient pouvoir héréditaire et les magistrats mettent en place le despotisme.

Le Contrat social (1762)

• « L'homme est né libre et partout il est dans les fers. »
• Il est impossible de retourner à l'état de nature : il faut donc établir un

Zoom

David Hume (1711-1774), philosophe et économiste écossais, fut un des fondateurs de l'empirisme moderne, en réaction à Descartes.

nouveau contrat social qui doit remplacer l'ancien contrat où le faible est écrasé par le fort.

- Par ce contrat, les citoyens abandonnent leurs droits à la communauté et servent l'intérêt commun afin de parvenir à l'égalité.
- On atteint l'égalité en limitant les fortunes, en supprimant le luxe.
- C'est du peuple qu'émane la volonté générale à partir de laquelle sont constituées les lois, appliquées par les gouvernants.
- La république est la forme de gouvernement la plus recommandable.

Rousseau, l'homme des *Confessions* (de 1765 à 1770)

« Je forme une entreprise qui n'eut jamais d'exemple et dont l'exécution n'aura point d'imitateur. Je veux montrer à mes semblables un homme dans toute la vérité de la nature ; et cet homme ce sera moi. » Ces mots sont les premiers de l'œuvre qui fait aujourd'hui la célébrité de Rousseau, *Les Confessions*, entreprises pour se justifier après la révélation par Voltaire de l'abandon de ses enfants.

L'œuvre est animée par la volonté de donner les preuves d'un « complot » organisé par ses anciens amis les Encyclopédistes en vue d'assurer sa perte. Complot réel ou supposé ? Toujours est-il que l'œuvre, interdite de lecture dans les salons, ne parut qu'après la mort de Rousseau (1782 et 1789).

Le père de l'autobiographie et du romantisme

Avec *Les Confessions*, Rousseau compose – après Montaigne – la première véritable autobiographie française. Pourquoi ? L'auteur, dans un avant-propos célèbre dont vous venez de lire un bref extrait, y jure de tout dire, en toute sincérité, sans cacher les passages de son existence où il s'est montré peu à son avantage.

Mais l'œuvre, par sa sensibilité, par la peinture qu'elle fait d'un moi qui retrouve volontiers ses états d'âme dans les paysages sublimes de montagnes qu'il contemple, annonce également l'âme romantique, comme ce fut déjà le cas avec le roman *La Nouvelle Héloïse* et comme ce le sera encore davantage avec *Les Rêveries du promeneur solitaire* (1776-1778).

Les Confessions en un passage célèbre

L'un des passages les plus fameux de cette œuvre autobiographique est cet épisode qu'on a coutume d'appeler « le ruban volé ». Jean-Jacques, âgé de 16 ans, est laquais chez Mme de Vercellis. Un jour, il est surpris en possession d'un ruban perdu par Mlle Pontal, une femme de chambre.

Zoom

Rousseau a emprunté le titre de son œuvre aux Confessions *de saint Augustin (IVe siècle), qui raconte dans cet ouvrage son itinéraire spirituel jusqu'à sa conversion au christianisme.*

Pour se disculper, l'adolescent accuse Marion, une domestique. Tous deux sont chassés de la maison. Ce souvenir est d'autant plus douloureux pour Jean-Jacques qu'il aimait beaucoup Marion et voulait lui offrir le ruban ! Rousseau gardera toute sa vie le poids de sa culpabilité sur le cœur ; il en fait pour la première fois l'aveu.

> Elle arrive, on lui montre le ruban, je la charge effrontément ; elle reste interdite, se tait, me jette un regard qui aurait désarmé les démons, et auquel mon barbare cœur résiste. Elle nie enfin avec assurance, mais sans emportement, m'apostrophe, m'exhorte à rentrer en moi-même, à ne pas déshonorer une fille innocente qui ne m'a jamais fait de mal ; et moi, avec une impudence infernale, je confirme ma déclaration, et lui soutiens en face qu'elle m'a donné le ruban. La pauvre fille se mit à pleurer, et ne me dit que ces mots : « Ah ! Rousseau, je vous croyais un bon caractère. Vous me rendez bien malheureuse ; mais je ne voudrais pas être à votre place. » Voilà tout. Elle continua de se défendre avec autant de simplicité que de fermeté, mais sans se permettre jamais contre moi la moindre invective. Cette modération, comparée à mon ton décidé, lui fit tort. Il ne semblait pas naturel de supposer d'un côté une audace aussi diabolique, et de l'autre une aussi angélique douceur. On ne parut pas se décider absolument, mais les préjugés étaient pour moi. Dans le tracas où l'on était, on ne se donna pas le temps d'approfondir la chose ; et le comte de la Roque, en nous renvoyant tous deux, se contenta de dire que la conscience du coupable vengerait assez l'innocent. Sa prédiction n'a pas été vaine ; elle ne cesse pas un seul jour de s'accomplir.

Denis Diderot (1713-1784), libre comme un roman

Jeune homme frondeur, il est à l'origine de l'*Encyclopédie*, vaste projet littéraire et scientifique qui prétend mettre à la portée du plus grand nombre l'état des connaissances de l'époque.

La liberté se fait les dents et se retrouve en prison

C'est chez les jésuites, comme beaucoup, que Denis, né à Langres, commence ses études. Le père rêve d'en faire un ecclésiastique, mais le jeune homme s'y refuse. Il poursuit ses études à Paris, au collège d'Harcourt, entre chez un procureur. Mais la carrière juridique lui convient

La petite histoire

La cité forteresse de Langres est située en Haute-Marne, dans la région Champagne-Ardennes.

aussi peu que celle de prêtre : Denis l'abandonne, sous l'œil d'un père furieux, qui refuse désormais de subvenir à ses besoins.

Que devient ce jeune homme de 20 ans ? On ne sait trop. Comme Rousseau, il mène une existence difficile, exerce divers métiers, traduit, vit de leçons et, sans doute, a de mauvaises fréquentations. Rousseau devient son ami et Antoinette Champion, une lingère, sa femme, en 1743. Le père, on s'en doute, s'est opposé au mariage.

Denis ne sera ni prêtre ni juriste, il sera écrivain ! Comme toujours, c'est avec impertinence, avec un goût immodéré pour la liberté que notre homme va s'attaquer à la carrière littéraire : il se lance dans la philosophie avec les *Pensées philosophiques* (1746) et *La Promenade du sceptique* (1747). Mais cette liberté se paye parfois cher. En 1749, voici la *Lettre sur les aveugles* : Diderot se retrouve en prison !

L'*Encyclopédie*

Nous sommes dans les années 1750 et Denis va commencer à concrétiser le grand projet de sa vie : l'*Encyclopédie*. C'est en 1745 que l'écrivain assume la direction de l'entreprise, et le premier volume paraît en 1751. La tâche, ardue, sera assumée pendant vingt ans ! Pourquoi ardue ? D'abord parce qu'on n'avait pas prévu que cette encyclopédie prendrait une telle ampleur, et puis parce que la censure s'en mêle, de même que les jésuites, encore !

Lettres à Sophie Volland

En 1755, Denis rencontre celle qui sera le grand amour de sa vie : Sophie Volland. La belle, pour rester fidèle à son philosophe, ne se mariera pas, et leurs rencontres seront clandestines, contrariées par la mère de la jeune femme. De cet amour, il reste cinq cents lettres composées par l'écrivain. Pourtant, ni cet amour ni le vaste projet encyclopédique ne l'empêchent de poursuivre une œuvre variée : Diderot touche au théâtre (*Le Fils naturel*, en 1757 ; *Le Père de famille*, en 1758), à la critique artistique (*Les Salons* ; voir la rubrique « Zoom » p. 117), revient aux essais philosophiques (*Entretien entre d'Alembert et Diderot*, *Le Rêve de d'Alembert* et *Supplément au voyage de Bougainville*, en 1772).

L'*Encyclopédie ou Dictionnaire raisonné des sciences, des arts et des métiers* se voulait un ouvrage de référence complet de vulgarisation scientifique. Il était destiné à s'ouvrir aux masses, à diffuser les « lumières », à combattre l'intolérance et le despotisme.

Le projet commence modestement : le libraire Le Breton confie d'abord à Diderot la traduction de l'encyclopédie anglaise de Chambers, la

La petite histoire

Comme Voltaire, Diderot s'est essayé à presque tous les genres littéraires : l'une de ses premières œuvres est un roman érotique, Les Bijoux indiscrets, *publié en 1748.*

Zoom

Au donjon !

Dans sa Lettre sur les aveugles à l'usage de ceux qui voient, *Diderot se dit athée et matérialiste. Les jésuites et le Parlement font condamner le livre, et Denis est emprisonné au donjon de Vincennes. C'est là que Rousseau, venu le voir, lui confie son projet du* Discours sur les sciences et les arts *après l'illumination vécue en chemin.*

Cyclopaedia. Mais Diderot ne veut pas en rester là : il s'assure la collaboration de d'Alembert, puis celles de Voltaire, de Rousseau, de Montesquieu, de Condillac, d'Helvétius, d'Holbach, de Turgot, de Buffon. Malgré la protection de Mme de Pompadour et de Malesherbes, la publication de l'ouvrage finira par être interdite en France et se poursuivra à l'étranger pour les derniers volumes. Le libraire Le Breton lui-même anticipait la censure en procédant à de larges coupures, ce qui mit Diderot en rage !

L'originalité de l'œuvre tient à ce que la partie théorique était accompagnée de volumes de planches techniques destinées à faire l'éloge du travail manuel.

Sa Majesté Catherine de Russie

Les dernières années de la vie de Denis sont marquées par le séjour à la cour de Catherine de Russie. Après avoir longtemps refusé l'invitation de l'impératrice, l'écrivain l'accepte enfin, en 1773. Diderot passera plusieurs mois en Russie avant de rentrer à Paris. C'est dans cette période qu'il termine ses chefs-d'œuvre : les grands romans – ou contes dialogués – *Le Neveu de Rameau* et *Jacques le Fataliste*, mais aussi le *Paradoxe sur le comédien.*

En résumé

• Parmi toutes les fortes individualités littéraires adeptes de la cause des Lumières, quatre noms semblent se détacher : ceux de Montesquieu, de Voltaire, de Rousseau et de Diderot.

• Les « lumières » se répandent par l'entremise des clubs, des salons et des cafés, et se destinent à affranchir les hommes du pouvoir en leur permettant d'exercer leur libre arbitre.

• Un ouvrage comme l'*Encyclopédie* semble parfaitement résumer l'entreprise de ce siècle militant dont les maîtres mots sont « tolérance », « liberté » et « science ».

Pour en savoir plus

*Voltaire, en 1764, jugeant que l'*Encyclopédie* était trop prudente, fera paraître son* Dictionnaire philosophique portatif, *composé de cent dix-huit articles pamphlets où il s'en prend violemment à la torture et à la guerre.*

Le roman sous toutes ses formes

02

Le rationalisme scientifique trouve à se couler dans les œuvres « philosophiques », mais le roman, forme littéraire libre par excellence, sans abandonner les ambitions sociales, échappe au militantisme et laisse s'épancher les passions et les sentiments. Avec Rousseau, il prépare déjà le romantisme.

Diderot, maître parodiste

Comme Rabelais, Diderot fait du roman une arme contre les idées figées et le pédantisme, et s'amuse à parodier tous les genres romanesques.

Diderot : une étape essentielle dans l'histoire du roman

Nous venons à peine de le quitter et le voici à nouveau : Diderot. Critique admirable – il faut lire et relire ses *Salons* –, l'écrivain a composé quelques-unes des plus belles pages qui soient sur la liberté, contre l'esclavage et la colonisation (*Supplément au voyage de Bougainville*) ; mais, s'il fallait retenir une ou deux œuvres dans toute sa production, il faudrait se tourner vers *Le Neveu de Rameau* et *Jacques le Fataliste.*
Les spécialistes discutent pour savoir si ces œuvres sont des contes ou des romans. Il reste que les œuvres de Diderot, après celles de Rabelais et de Mme de La Fayette, constituent une étape cruciale dans l'histoire du... roman ! Diderot invente le roman réaliste, mais d'un réalisme satirique. Il nous rappelle ce que ce genre littéraire doit être en priorité : une arme contre les idées figées. Le roman porte bien des pensées, mais des pensées en mouvement, libres, assumées par des personnages ! Et puis, aussi, il cultive le rire, la parodie, l'ironie.

Jacques le Fataliste, le roman qui se joue du roman

« Comment s'étaient-ils rencontrés ? Par hasard, comme tout le monde. Comment s'appelaient-ils ? Que vous importe ? D'où venaient-ils ? Du

Zoom

On lira notamment le Salon *de 1759, où Diderot écrit : « La couleur est dans un tableau ce que le style est dans un morceau de littérature. »*

lieu le plus prochain. Où allaient-ils ? Est-ce que l'on sait où l'on va ? » Ces lignes sont les premières du célèbre *Jacques le Fataliste*, un roman qui emporte le lecteur sur les routes à la suite de Jacques et de son maître. Quel est le thème de l'œuvre ? Les amours de Jacques. Pourtant, le narrateur coupe son récit, s'adresse directement au lecteur, le fait languir : « Vous voyez, lecteur, que je suis en beau chemin, et qu'il ne tiendrait qu'à moi de vous faire attendre un an, deux ans, trois ans, le récit des amours de Jacques, en le séparant de son maître et en leur faisant courir à chacun tous les hasards qu'il me plairait. »
Pourquoi ces arrêts dans la narration ? En arrêtant l'action à un moment particulièrement pathétique, en changeant le cours de son récit, Diderot joue brillamment avec toutes les formes romanesques, parodie le roman d'aventures, mais aussi le roman historique et le roman sentimental. Conte philosophique, *Jacques le Fataliste* traite de manière libre et légère la question de la providence.

Le Neveu de Rameau, chef-d'œuvre sauvé in extremis

« Un après-dîner, j'étais là, regardant beaucoup, parlant peu et écoutant le moins que je pouvais, lorsque je fus abordé par un des plus bizarres personnages de ce pays où Dieu n'en a pas laissé manquer. »
Ce personnage bizarre qui aborde le narrateur (Moi) est Jean-François Rameau (Lui), neveu du grand compositeur Rameau. De cette rencontre réelle – Diderot connaissait Jean-François, musicien raté et bohème – va naître un dialogue brillant, désordonné, où l'auteur se plaît à exprimer ses idées en matière de morale et d'esthétique tout en faisant la satire de ses adversaires, tels Fréron ou Palissot.

Zoom

Diderot, en composant son ouvrage, s'inspire du roman de l'Anglais Laurence Sterne (1713-1768) La Vie et les Opinions de Tristram Shandy.

Le roman social, « un petit tableau des mœurs du siècle »

En attendant le XIXe siècle, le roman se plaît déjà à mettre en scène les différents milieux sociaux de l'époque et à dénoncer la corruption qui les touche.

La petite histoire

Le chef-d'œuvre de Diderot a bien failli ne jamais nous parvenir : inédit du vivant de l'auteur, le roman fut connu une première fois en allemand, dans une traduction de Goethe (1805). C'est en 1891 seulement qu'un certain Monval découvrit le manuscrit de l'œuvre chez un bouquiniste !

Alain-René Lesage (1668-1747)

Faire « un petit tableau des mœurs du siècle », telle est l'ambition que se fixe Lesage dans la préface de son fameux roman *Le Diable boiteux*

(1707 et 1726). Roman social, donc, mais aussi roman destiné « à égayer pour quelques heures [ses] lecteurs ».

Alain-René ne semblait pourtant pas destiné à composer des romans. Il perd ses parents très tôt, devient avocat, mais se consacre vite à la littérature. De son œuvre théâtrale, on reparlera, mais portons notre attention sur les romans : *Le Diable boiteux*, évoqué plus haut, et *Gil Blas* (1715-1735).

• *Le Diable boiteux* est inspiré d'un roman de l'Espagnol Luis Velez de Guevara (1579-1644). Son succès fut énorme. De quoi s'agit-il ? Don Cléofas vient de délivrer l'esprit d'un diable, Asmodée. Celui-ci veut le remercier et lui permet d'entrer dans l'intimité des habitants de Madrid, en soulevant le toit des maisons. C'est l'occasion pour notre auteur de dresser des portraits satiriques, ce petit tableau des mœurs de l'époque annoncé dans sa préface.

• *Histoire de Gil Blas de Santillane* est un roman de mœurs picaresque, à la manière espagnole. Lesage, on s'en doute, fait mine d'évoquer l'Espagne, mais c'est de la France qu'il est question en réalité : il nous dresse le portrait de toutes sortes de milieux sociaux corrompus, des brigands jusqu'aux plus hauts personnages.

L'abbé Prévost (1697-1763) : la vie est un roman

De l'abondante production de Prévost, il n'est véritablement resté qu'un seul roman, mais quel roman ! *Manon Lescaut,* personnage mythique, qui a inspiré des compositeurs (Puccini, Massenet), des cinéastes (Aurel et son *Manon 70,* où Deneuve tient le rôle de la fatale Manon) et un chanteur, Gainsbourg : « perfide Manon »...

De l'aventure et des femmes

L'auteur eut une vie très romanesque, justement : jésuite, Prévost quitte le couvent où il est novice, devient bénédictin, prêtre, s'enfuit de l'abbaye de Saint-Germain-des-Prés, séjourne en Angleterre, en Hollande, rentre en France en 1734. Fini l'aventure ? Non, il s'exile une nouvelle fois avant de trouver enfin la tranquillité. Mais qu'est-ce qui le faisait courir ainsi ? Les femmes ! Prévost fut un séducteur impénitent et provoqua quantité de scandales... avant de terminer sa vie en méditant des ouvrages pieux.

Manon Lescaut (1731), histoire d'une déchéance

« Le public verra dans la conduite de M. des Grieux un exemple terrible de la force des passions. J'ai à peindre un jeune aveugle, qui refuse d'être heureux pour se précipiter volontairement dans les dernières infortunes... »

L'Histoire du chevalier des Grieux et de Manon Lescaut est un roman extrait d'une vaste fresque romanesque, les *Mémoires d'un homme de qualité.* Roman de mœurs impitoyable, l'œuvre nous introduit dans un milieu social

La petite histoire

Lesage est considéré comme étant le premier romancier à avoir pu vivre de sa plume.

très corrompu, immoral, qui ne vit que pour le plaisir. Mais il s'agit aussi d'une histoire d'amour inoubliable : un amour passion, auquel succombe Des Grieux en la personne de Manon, jeune fille à la fois sentimentale et immorale, comme les hommes qu'elle rencontre et auxquels elle se livre, au désespoir de son amant. Amour fatal, qui conduit Des Grieux à la déchéance, au crime, et Manon, après avoir été déportée en Amérique comme prostituée, à la mort.
Dans l'extrait qui suit, Manon, qui doit être conduite au couvent, à Amiens, rencontre Des Grieux. C'est le coup de foudre qui inaugurera tous les malheurs.

La rencontre des amants

Elle me parut si charmante que moi, qui n'avais jamais pensé à la différence des sexes ni regardé une fille avec un peu d'attention, moi dis-je, dont tout le monde admirait la sagesse et la retenue, je me trouvai enflammé tout d'un coup jusqu'au transport. J'avais le défaut d'être excessivement timide et facile à déconcerter ; mais loin d'être arrêté alors par cette faiblesse, je m'avançai vers la maîtresse de mon cœur. Quoiqu'elle fût encore moins âgée que moi, elle reçut mes politesses sans paraître embarrassée. Je lui demandai ce qui l'amenait à Amiens et si elle y avait quelques personnes de connaissance. Elle me répondit ingénument qu'elle y était envoyée par ses parents pour être religieuse. L'amour me rendait déjà si éclairé, depuis un moment qu'il était dans mon cœur, que je regardai ce dessein comme un coup mortel pour mes désirs...

Marivaux (1688-1763) : le roman avant le théâtre

De Marivaux – auteur très fécond mais qui ne connut quasiment pas le succès de son vivant –, nous reparlerons lorsqu'il s'agira d'évoquer le théâtre, mais l'auteur dramatique fut aussi un romancier, dont deux romans sont restés : *La Vie de Marianne* (1728-1742) et *Le Paysan parvenu* (1734-1735) (voir la rubrique « La petite histoire » page 121).
Le premier conte l'histoire de Marianne. À 2 ans, elle a échappé à la mort. Un curé et sa sœur assurent son éducation mais, lorsqu'elle atteint l'âge de 15 ans, ses protecteurs meurent. M. de Climal la place alors chez une marchande de linge. La jeune fille, aux goûts et au raffinement tout aristocratiques, ne s'y sent pas à sa place. De plus, Climal a des vues sur la belle. Un jour, tandis qu'elle rentre de l'église, un carrosse la renverse : à l'intérieur, celui qui va l'aimer, Valville. Le temps passe, mais Climal n'a pas renoncé à ses prétentions et veut séduire

Le mot savant

Picaresque : *Au XVIe siècle, les* picaros *étaient des mendiants, des affamés, comme l'Espagne en connut beaucoup après la mort de Charles Quint et la crise économique qui l'accompagna. Cette déroute donna naissance à la littérature picaresque, dont les* picaros *sont les protagonistes. À travers des aventures multiples, drôles, parodiques, le roman picaresque est une œuvre de critique sociale. Le plus fameux roman picaresque ?* Lazarillo de Tormes *(1554).*

la jeune fille. Survient Valville à propos, et Marianne s'enfuit dans une église. C'est là que Mme de Miran la recueille. Valville vient trouver la belle dans le couvent où Mme de Miran, la mère du jeune homme, l'a mise à l'abri des regards indiscrets de Climal. Nos jeunes s'aiment de plus en plus, mais Valville tombe aussi amoureux d'une autre jeune fille du couvent...

Et puis ? C'est à ce point que s'arrête l'histoire telle qu'elle est racontée par Marivaux ! Pourtant, il a pris son temps : plus de dix ans pour rédiger tout cela ! Des centaines de pages et un roman inachevé, comme le sera aussi *Le Paysan parvenu.*

En résumé

• Le roman du XVIIIe siècle prend toutes les formes, et s'épanche sur les passions et les sentiments.

• Diderot invente un nouveau genre de roman : le roman réaliste, mais satirique. Pour lui, le roman est avant tout au service de la lutte contre les idées figées. Pour ce faire, il utilise avec talent le rire, la parodie et l'ironie.

• Avec Lesage, l'abbé Prévost et Marivaux, le roman social se met en place et prépare le XIXe siècle.

La petite histoire

Des romans inachevés

Pierre Carlet de Chamblain de Marivaux n'achèvera pas ses deux longs romans. Mme Riccoboni donnera une fin à La Vie de Marianne, *tandis qu'un auteur anonyme mettra un point final au* Paysan parvenu.

3 Le roman s'écrit en lettres

Beaucoup le disent : les chefs-d'œuvre romanesques du XVIIIe siècle sont des romans par lettres. Rousseau, en plus de son autobiographie et de ses ouvrages d'éducation et de philosophie, s'est vu reprocher, lui qui condamnait les lettres et la civilisation, de composer un roman épistolaire, *Julie ou la Nouvelle Héloïse* (1761) qui, s'inspirant d'Héloïse et d'Abélard, les amants du Moyen Âge, raconte la passion impossible de Saint-Preux, un roturier, et de la noble Julie. Mais ce roman est bien long, et ce n'est peut-être pas celui que l'on recommanderait si l'on voulait conseiller un roman par lettres du XVIIIe siècle. Lisez donc plutôt en priorité les romans que voici...

Zoom

La mode orientale

Au XVIIIe siècle, La mode est à l'Orient, sous l'influence des récits de voyage qui paraissent dès la fin du siècle précédent. Tavernier raconte la Turquie (1676-1679), Chardin, la Perse et les Indes (1711). Le siècle verra aussi la publication des Lettres édifiantes et curieuses de Chine, *rapportées par les jésuites missionnaires. Antoine Galland traduira enfin les très célèbres récits des* Mille et Une Nuits.

Les Lettres persanes de Montesquieu : Paris moqué par l'Orient

De Montesquieu, vous ne connaissiez peut-être pas *De l'esprit des lois,* mais vous avez sûrement lu quelques extraits des *Lettres persanes* (1721) : « Ah ! Ah ! Monsieur est persan ? C'est une chose bien extraordinaire ! Comment peut-on être persan ? »

L'histoire ?

Deux Persans, Usbeck et Rica, visitent la France. Ils échangent des lettres avec le sérail d'Usbeck, à Ispahan, où une révolte éclate : Roxane, la favorite d'Usbeck, le trompe puis se suicide, dans le dessein de « choisir la liberté. » Mais là n'est pas l'essentiel : ce sont les lettres que nos deux Orientaux envoient en Perse qui contiennent tout le piquant de l'œuvre. C'est que l'Orient n'est qu'un prétexte – et un masque, destiné à contourner la censure – pour faire la critique des mœurs françaises. Le regard naïf des deux protagonistes saisit les ridicules de notre société française : ridicule des modes, de la circulation infernale à Paris, de la curiosité des Parisiens, de la vanité des grands...

Le succès du roman, publié anonymement en Hollande, fut énorme, mais l'église catholique le condamna fermement : Montesquieu s'attaque en effet à certains dogmes chrétiens (la Trinité, le mystère de l'Eucharistie).

La satire du pouvoir et de la religion

La partie la plus subversive des *Lettres persanes* est celle qui touche à notre système politique et à la religion catholique, dénoncés par l'auteur. Témoin, cette lettre XXIV, où Rica décrit à son correspondant Ibben le roi de France comme un magicien qui a tout pouvoir sur ses sujets et leur fait croire ce qu'il veut (on doit se souvenir que les monarques étaient censés guérir des écrouelles des scrofuleux en touchant simplement ces derniers)...

> D'ailleurs ce roi est un grand magicien : il exerce son empire sur l'esprit même de ses sujets ; il les fait penser comme il veut. S'il n'a qu'un million d'écus dans son trésor, et qu'il en ait besoin de deux, il n'a qu'à leur persuader qu'un écu en vaut deux, et ils le croient. S'il a une guerre civile à soutenir, et qu'il n'ait point d'argent, il n'a qu'à leur mettre dans la tête qu'un morceau de papier est de l'argent, et ils en sont convaincus. Il va même jusqu'à leur faire croire qu'il les guérit de toutes sortes de maux en les touchant ; tant est grande la force et la puissance qu'il a sur les esprits.

Choderlos de Laclos (1741-1803) : lettres de débauche

Nous parlions tout à l'heure de chef-d'œuvre : voici peut-être le plus important des romans par lettres, un roman scandaleux, au succès immense – il fut réédité cinquante fois en trente ans – et interdit pendant une grande partie du siècle suivant : *Les Liaisons dangereuses* (1782).
D'où vient le scandale ? Résumons l'histoire : la marquise de Merteuil et le vicomte de Valmont, qui ont été amants, jouent désormais un jeu pervers. Il s'agit de se lancer des défis d'un genre particulier : séduire des personnes innocentes, les débaucher physiquement et moralement. Merteuil demande à Valmont de s'attaquer à la présidente de Tourvel, une femme dévote, et à une toute jeune fille, Cécile de Volanges. Le plan réussit, mais Valmont tombe amoureux de la présidente. Jalouse, Merteuil exige qu'il envoie une lettre de rupture : Mme de Tourvel en meurt. Cécile, quant à elle, entre au couvent, pour laver ou cacher son déshonneur. La morale

La petite histoire

Les écrouelles
Cette maladie, d'origine tuberculeuse, provoquait des fistules purulentes au niveau des ganglions du cou. Le mot dérive du latin scrofa, *« truie », qui a donné aussi* scrofule, scrofuleux.

est sauve, puisque les séducteurs cyniques et immoraux sont punis : Valmont se bat en duel et meurt ; Merteuil est défigurée par la variole.

C'est un roman qu'il faut lire : la langue de Laclos est une des plus belles du siècle, et la finesse de l'analyse psychologique est remarquable. Si vous ne l'avez pas déjà lu, peut-être avez-vous vu un des films tirés de l'œuvre, par exemple le *Valmont* de Milos Forman ?

La lettre 48 est particulièrement célèbre. Valmont écrit à Mme de Tourvel une lettre rédigée de façon peu banale : il est au lit et a posé sa feuille de papier sur le postérieur d'une de ses maîtresses... Tourvel, évidemment, n'en sait rien ; mais nous, nous savons ! Faut-il fustiger le cynisme et la duplicité de Valmont ou bien prendre plaisir à cette complicité installée avec le lecteur ?

> Jamais je n'eus tant de plaisir en vous écrivant ; jamais je ne ressentis, dans cette occupation, une émotion si douce et cependant si vive. Tout semble augmenter mes transports : l'air que je respire est plein de volupté, la table même sur laquelle je vous écris, consacrée pour la première fois à cet usage, devient pour moi l'autel sacré de l'amour ; combien elle va s'embellir à mes yeux ! J'aurai tracé sur elle le serment de vous aimer toujours ! Pardonnez, je vous en supplie, au désordre de mes sens. Je devrais peut-être m'abandonner moins à des transports que vous ne partagez pas : il faut vous quitter un moment pour dissiper une ivresse qui s'augmente chaque instant, et qui devient plus forte que moi.

Le roman se dévergonde : érotisme et sadisme

4

Le XVIIIe siècle prépare la révolution française de 1789 ; en ce sens, il est libertin, puisque les « philosophes » revendiquent une liberté de pensée par laquelle ils s'autorisent à critiquer le pouvoir en place et les institutions religieuses. Mais le libertinage désigne aussi une forme de libération des mœurs : nous en avons eu plusieurs exemples avec les romans de Choderlos de Laclos et ceux de l'abbé Prévost, mais certains auteurs vont plus loin encore dans l'affirmation d'une liberté des pratiques érotiques.

L'amour sur canapé

Crébillon fils (1707-1777), dont le père était un auteur de tragédies célèbre en son temps, et Restif de La Bretonne (1734-1806) sont deux des auteurs les plus marquants parmi tous ceux, nombreux, qui ont laissé des romans érotiques.

Crébillon fils publie en 1704 *Le Sopha* : drôle d'histoire que celle du *Sopha* ! Nous sommes en Inde et le narrateur prétend avoir été transformé en un sofa, lequel trône au milieu du salon d'une femme à l'apparence vertueuse. À l'apparence seulement, car le narrateur-sofa voit passer toute une ribambelle d'amants avant que le mari cocu ne tue l'infidèle ! En 1736, son ouvrage le plus célèbre, *Les Égarements du cœur et de l'esprit*. Le héros, M. de Meilcour, écrit ses mémoires et conte son initiation à l'amour tandis qu'il était encore jeune homme.

Dans *Le Paysan perverti ou les Dangers de la ville* (1775), Restif rapporte l'histoire d'Edmond, un paysan quittant la campagne pour Paris, où il compte faire fortune. Cependant, au contact de la grande ville et de ses perversions, le héros rencontre surtout la débauche…

Restif n'a pas composé que des romans érotiques : son chef-d'œuvre reste *La Vie de mon père* (1779), dans lequel il évoque les dix premières années de son existence, aux côtés de son père, Edme Restif. Au fait, savez-vous pourquoi Nicolas Restif se fait appeler « de La Bretonne » ? Son père avait acheté la ferme de la Bretonne pour y loger ses nombreux enfants.

La petite histoire

« Le Rousseau du ruisseau »

Restif fut un romancier prolifique qui composa plus de deux cents livres ! Accusé de se complaire dans l'évocation des bassesses de la société, il était surnommé « Le Rousseau du ruisseau » par certains ; d'autres préféraient le surnom de « Voltaire des femmes de chambre » !

Le marquis de Sade (1740-1814), pour lecteur averti

La production littéraire de Donatien Alphonse François, marquis de Sade, dépasse de bien loin, en matière de libertinage, les ouvrages de Crébillon et de Restif. Faut-il d'ailleurs parler de libertinage pour des œuvres et une vie marquées par la violence, la torture infligée à des victimes innocentes, le crime ?

La vie d'abord, en quelques exemples

Dès son mariage avec Renée Pélagie de Montreuil, Sade est surveillé par sa belle-mère, qui constate ses goûts très particuliers : flagellation et, scandale pour l'époque, sodomie. Un jour, dans sa maison d'Arcueil, il reçoit une femme qu'il viole toute la nuit après l'avoir torturée et mutilée. De sa villégiature en Italie avec sa belle-sœur, celle-ci ne reviendra pas vivante. Les nombreux scandales qu'il provoque lui valent de longs séjours en prison, à Vincennes, puis à la Bastille, où il se trouve en 1789. Ce sera enfin la maison des fous de Charenton qui l'accueillera.

Ses séjours en geole mis bout à bout, Sade passera trente ans de sa vie en prison, pas moins ! C'est souvent là, lorsque les peines sont longues, qu'il compose son œuvre.

L'œuvre, ensuite

Justine ou les Malheurs de la vertu (1791) est une sorte de conte philosophique à la Voltaire où l'héroïne est une victime qui va faire des expériences de plus en plus humiliantes, passant entre les mains d'hommes pervers et... sadiques ! Dans *Histoire de Juliette* (1797), ladite Juliette est au service d'un certain Saint-Fond à qui elle doit procurer, au rythme de deux cents par an, des victimes toutes mineures ! L'ouvrage est empli de crimes, de tortures, de scènes d'orgie...

Sade en d'autres titres célèbres

- *Cent vingt journées de Sodome* (1785), livre qui a donné un film célèbre tourné par Pier Paolo Pasolini, le cinéaste et écrivain italien.
- *La Philosophie dans le boudoir* (1793).
- *La Marquise de Gange* (1813).

Le mot savant

Sadique : *les cruautés de Sade ont donné deux mots à la langue française, « sadisme » et « sadique ». Le mot « masochisme » est tiré du nom de l'écrivain autrichien Sacher-Masoch (XIXe siècle). Les personnages de Sade aiment faire souffrir ; ceux de Masoch aiment souffrir...*

Une note d'exotisme et un air de fantastique

05

Après les turpitudes de Sade, finissons avec un peu de fraîcheur et de fantastique !

Jacques Cazotte (1719-1792), père du roman fantastique

Ce petit tour du roman du siècle serait incomplet si on ne mentionnait pas le nom de Cazotte, considéré, avec son roman *Le Diable amoureux* (1772), comme le père de la littérature fantastique en France. Le héros, don Alvare, est un jeune officier espagnol qui se livre à des pratiques magiques. Il invoque le nom de Belzébuth dans les ruines d'Herculanum : c'est alors que se présente à lui une certaine Biondetta... La suite, en librairie ou en bibliothèque !

Bernardin de Saint-Pierre (1737-1814), le Rousseau des îles

La Martinique et Maurice

Il est né au Havre, a été ingénieur, a traversé la Hollande, l'Allemagne, la Pologne et la Russie, où Catherine II, croit-on savoir, lui a offert une agréable hospitalité, mais les voyages qui ont marqué l'écrivain sont ceux qui le conduisirent vers les îles : la Martinique, lorsqu'il avait 12 ans, et surtout l'île de France, aujourd'hui île Maurice. Ces paysages lui ont inspiré des pages qui annoncent la sensibilité romantique : la contemplation de cette nature sublime peut être un miroir pour nos émotions : mélancolie, tristesse, mais aussi sentiment de notre grandeur et de notre immortalité. Chateaubriand s'en souviendra en composant *René, Atala* ou les *Mémoires d'outre-tombe*.

Un seul roman a fait la célébrité de Bernardin de Saint-Pierre : *Paul et Virginie* (1788), extrait de ses *Études de la nature.* Le disciple et ami de Rousseau partage avec l'auteur des *Confessions* un dégoût pour la civilisation et la conviction que « notre bonheur consiste à vivre suivant la nature et la vertu », comme il le dit dans l'avant-propos de son roman.

Paul et Virginie, roman exotique et idyllique

Mme de La Tour et son amie Marguerite ont l'une une fille (Virginie), l'autre un fils (Paul). Les deux enfants grandissent comme frère et sœur mais, bientôt, leur liaison fraternelle se transforme en amour et ils sont promis au mariage. Le gouverneur de l'île vient alors proposer à Virginie de se rendre en France afin d'y acquérir une éducation mondaine et de percevoir l'héritage d'une tante. C'est la séparation, douloureuse. La jeune fille ne goûte pas la civilisation corrompue et désire retourner sur son île. Hélas ! le bateau qui la ramène, le *Saint-Géran,* fait naufrage. Paul, à son tour, meurt de chagrin.

Zoom

L'exotisme

Un roman célèbre – dont Rousseau, dans son Émile, *recommande la lecture pour favoriser l'éducation morale des enfants – a largement contribué à répandre la vogue de l'exotisme :* Robinson Crusoé *(1719), de l'Anglais Daniel Defoe.*

En résumé

Le roman, au XVIIIe siècle, prend des formes variées : Diderot parodie tous les genres romanesques, Montesquieu, Laclos et Rousseau donnent ses lettres de noblesse au roman épistolaire, tandis que Lesage, Marivaux ou Prévost composent des romans de mœurs où ils dénoncent la corruption des milieux citadins.

- **Mais la mode est aussi à l'exotisme, et voici Paul et Virginie, de Bernardin de Saint-Pierre. Ce roman idyllique ne doit pas faire oublier que le siècle est aussi au libertinage : Crébillon, Restif, mais surtout Sade, orientent l'art romanesque vers l'érotisme et la cruauté des mœurs sexuelles.**
- **N'oublions pas Cazotte, enfin, père du fantastique en France.**

Le théâtre, entre marivaudage et contestation

06

Comme le siècle précédent, le XVIIIe est un siècle de théâtre, où s'illustrent un certain nombre d'auteurs que nous avons déjà rencontrés dans cette époque militante et romanesque. Diderot, avec deux pièces – *Le Fils naturel* (1757) et *Le Père de famille* (1758) –, invente un genre nouveau, le drame bourgeois, dont l'esthétique, basée sur l'émotion, annonce le romantisme. Lesage s'illustre dans la comédie satirique avec *Turcaret* (1709), où il s'attaque au monde de la finance. Au début du siècle, Jean-François Regnard avait donné *Le Joueur* (1698), une satire du jeu et *Le Légataire universel* (1708), qui nous conte l'histoire d'un héritage détourné. Mais deux auteurs écrasent tous les autres : l'un d'eux est Marivaux, l'auteur de *La Vie de Marianne*, et l'autre, Beaumarchais.

Marivaux marivaude

Si l'on a parfois du mal à lire les longs romans de Marivaux, son théâtre, en revanche, connaît jusqu'à aujourd'hui un succès sans éclipse. Les comédies psychologiques de Marivaux excellent à représenter la naissance du sentiment amoureux, à rendre la psychologie féminine. Une pièce se détache dans sa production dramatique, *Le Jeu de l'amour et du hasard.*

Le Jeu de l'amour et du hasard (1730), ou les prémices du sentiment amoureux

Silvia et Dorante doivent se marier, mais ils ignorent tout l'un de l'autre. Chacun d'eux, à l'insu de l'autre, demande à Orgon, le père de la jeune fille, l'autorisation de se déguiser pour observer celui – ou celle – qui lui est promis. Dorante prend le costume de son valet Arlequin et Silvia fait de même en se faisant passer pour Lisette, sa suivante. On devine peut-être la suite : nos jeunes gens déguisés commencent à s'aimer, mais ils

Le mot savant

Marivaudage : *Marivaux, comme d'autres auteurs, a enrichi – sans le savoir ! – notre dictionnaire. Le « marivaudage » désigne une subtilité particulière du langage dans le débat amoureux ; « marivauder », c'est tenir des propos galants dans le but de se gagner le cœur d'un homme ou d'une femme !*

n'osent se déclarer, puisque chacun tient l'autre pour inférieur socialement. Arlequin, lui, fait la cour à Lisette. Tout finit bien : le jeu est découvert et deux couples légitimes – celui des maîtres et celui des valets – peuvent se former.

Marivaux en quelques œuvres

L'autre chef-d'œuvre de la comédie psychologique de Marivaux est la pièce *Les Fausses Confidences* (1737), mais on lira aussi avec plaisir *La Double Inconstance* (1723) ainsi qu'une pièce d'inspiration différente, *L'Île des esclaves* (1725). Dans cette dernière, l'écrivain, comme le feront après lui Rousseau, Bernardin de Saint-Pierre ou Diderot, exprime des préoccupations sociales et met en scène une utopie : sur une île où ils échouent, maîtres et esclaves athéniens échangent leur rôle – c'est la coutume – afin que les anciens maîtres prennent conscience de ce qu'ils faisaient subir aux anciens esclaves ! Ces derniers règlent des comptes avec leurs maîtres, mais tout rentre dans l'ordre et l'on finit par se réconcilier...

Beaumarchais (1732-1799) : les valets l'emportent sur les maîtres

Le marivaudage enchante et les quiproquos qu'il engendre nous font rire, mais le véritable auteur comique du siècle, le voici, c'est Beaumarchais.

La vie comme un roman

L'expression convient vraiment : la vie de Pierre Augustin Caron est digne d'un roman. Jeune homme, il est horloger, comme son père, et deviendra bien vite horloger du roi grâce à son habileté. En 1761, il accède au grade de secrétaire du même roi et se fait appeler M. de Beaumarchais. Le petit horloger va devenir un homme riche, à la fois financier, trafiquant, agent secret et dramaturge célèbre. Ses premières pièces, cependant, n'ont aucun succès. Avant de composer ses chefs-d'œuvre, Beaumarchais va en Espagne pour organiser un commerce d'esclaves noirs, en Hollande puis en Angleterre, où il fournit des armes aux colonies d'Amérique en révolte, il mène un procès contre le comte de La Blache pour obtenir la succession du financier Paris-Duverney... Bref, on n'en finirait pas de raconter les aventures de ce parvenu, qui sera même emprisonné puis relâché par le roi en 1785. La Révolution, que son œuvre a pu aider à faire naître,

La petite histoire

Marivaux donne dix-huit de ses vingt-sept comédies au Théâtre-Italien, rouvert depuis 1716 et moins prestigieux que la Comédie-Française (les Italiens avaient été chassés par Mme de Maintenon).

lui sera fatale : riche, Beaumarchais est suspect, il doit s'exiler à Hambourg. C'est pourtant en France qu'il meurt, trois ans après son retour.

Deux pièces où les valets l'emportent sur les maîtres

Le Barbier de Séville (1775)
Le comte Almaviva est amoureux de Rosine, la pupille du vieux médecin Bartholo, que ce dernier veut épouser. Mais Almaviva dispose d'une aide précieuse : Figaro, son ancien valet, est barbier chez Bartholo. Il va donc servir les intérêts de son premier maître. Almaviva, par ruse, parvient à s'introduire chez le médecin pendant son absence et fait établir un contrat de mariage avec Rosine. Le comble ? Le notaire qui établit le contrat est celui-là même qui devait marier Bartholo à la jeune fille !

Le Mariage de Figaro (1784)
Nous retrouvons Figaro, cette fois concierge chez Almaviva. Le serviteur doit épouser Suzanne, camériste de la comtesse, mais Almaviva fait la cour à la belle et veut obtenir d'elle un rendez-vous avant le mariage. Suzanne révèle les manigances du comte à Figaro. L'affaire se complique lorsque Marcelline, gouvernante de Bartholo, vient rappeler à Figaro qu'il avait promis de l'épouser s'il ne parvenait pas à lui rembourser la somme d'argent qu'elle lui avait jadis prêtée. En outre, Chérubin, un jeune page, est amoureux de la comtesse et Almaviva veut le chasser. Comment tout cela va-t-il finir ? Lisez la pièce... si ça n'est pas encore fait !

La satire des institutions

Quelques années avant la Révolution, les pièces de Beaumarchais font une satire violente des institutions du pays : la justice en prend pour son grade dans *Le Mariage de Figaro* (la scène du procès), mais la censure et les mœurs politiques aussi sont critiquées. Pourquoi dit-on que notre auteur y annonce la Révolution ? Parce qu'il dénonce hardiment la répartition des classes sociales selon leur naissance !

Deux célèbres répliques

Avec Figaro, Beaumarchais invente le type du valet à la fois gai et impertinent, épris de justice sociale. Voici deux répliques célèbres du *Barbier de Séville* :
– « Aux vertus qu'on exige dans un domestique, Votre Excellence connaît-elle beaucoup de maîtres qui fussent dignes d'être valets ? »
– « Un grand fait assez de bien quand il ne nous fait pas de mal. »

Zoom

Bois Marchais, Beaumarchais !
Pierre Augustin épouse Marie-Catherine Aubertin en 1756. Un an plus tard, sa femme hérite d'un bois qui a appartenu à un certain Marchais. Bois Marchais ? Caron a l'idée de se faire un nom à particule : ce sera Beaumarchais !

Pour en savoir plus

Sur un air de Mozart
La pièce de Beaumarchais a inspiré à Mozart un de ses plus beaux opéras, Les Noces de Figaro, *avec un livret en italien comme c'était quasiment la règle à l'époque.*

La petite histoire

« Sans la liberté de blâmer, il n'est point d'éloge flatteur » : cette réplique fameuse du Mariage de Figaro *est la devise du* Figaro, *le grand quotidien français !*

S'il fallait donner par un extrait une idée du style et de l'impertinence du personnage, sans doute faudrait-il songer au fameux monologue de Figaro qui figure à l'acte V, scène 3, du *Mariage* ; Figaro pense que Suzanne, qu'il attend, va le trahir avec le comte. Il est seul sur scène et s'emporte...

Monologue de Figaro

Ô femme ! femme ! femme ! créature faible et décevante !... nul animal créé ne peut manquer à son instinct ; le tien est-il donc de tromper ?... Après m'avoir obstinément refusé quand je l'en pressais devant sa maîtresse ; à l'instant qu'elle me donne sa parole ; au milieu même de la cérémonie... Il riait en lisant, le perfide ! et moi, comme un benêt... ! Non, Monsieur le Comte, vous ne l'aurez pas... vous ne l'aurez pas... Parce que vous êtes un grand Seigneur, vous vous croyez un grand génie !... Noblesse, fortune, un rang, des places : tout cela rend si fier ! Qu'avez-vous fait pour tant de biens ? Vous vous êtes donné la peine de naître, et rien de plus ; du reste, homme assez ordinaire ! Tandis que moi, morbleu ! perdu dans la foule obscure, il m'a fallu déployer plus de science et de calculs pour subsister seulement, qu'on n'en a mis depuis cent ans à gouverner toutes les Espagnes : et vous voulez jouter... On vient... c'est elle... ce n'est personne.

En résumé

• Si le romancier Diderot invente le drame bourgeois, si la comédie satirique, avec Régnard et Lesage, donne de belles scènes au théâtre, ce sont surtout Marivaux et Beaumarchais qui dominent la production dramatique au XVIIIe siècle. L'un donne des comédies psychologiques où il sait comme personne décrire la naissance du sentiment amoureux, l'autre crée, avec Figaro, le type du valet et semble préparer la Révolution.

• Au terme de ce parcours à travers le siècle, avons-nous oublié quelques noms ? Sans doute, mais lesquels ? Le siècle a donné peu de grands poètes si ce n'est André Chénier (1762-1794), mort trop tôt, guillotiné, et peu de mémorialistes à l'exception de Saint-Simon (1675-1755).

Tableau récapitulatif

Lesage	*Le Diable boiteux* (1707 et 1726)
Montesquieu	*Lettres persanes* (1721)
Marivaux	*La Vie de Marianne* (1728-1742)
	Le Jeu de l'amour et du hasard (1730)
Abbé Prévost	*Manon Lescaut* (1731)
Montesquieu	*De l'esprit des lois* (1748)
Voltaire	*Zadig* (1747)
	Candide (1759)
Rousseau	*Les Confessions* (1765 et 1770)
	Les Rêveries du promeneur solitaire (1776-1778)
Diderot	*Jacques le Fataliste et son maître* (1771-1778)
Beaumarchais	*Le Barbier de Séville* (1775)
Laclos	*Les Liaisons dangereuses* (1782)
Beaumarchais	*Le Mariage de Figaro* (1784)
Bernardin de Saint-Pierre	*Paul et Virginie* (1788)
Sade	*Justine ou les Malheurs de la vertu* (1791)
Diderot	*Le Neveu de Rameau* (1805)

INTRODUCTION

Le siècle en un clin d'œil

Romantisme, réalisme, naturalisme et symbolisme, tels sont les grands courants qui se partagent le long XIXe siècle littéraire. Ces mouvements épousent les soubresauts de l'histoire. Pas de romantisme sans Révolution, sans lutte contre l'Ancien Régime. Le romantisme marque la grande entrée de l'ego démesuré dans la littérature, le moi surdimensionné d'un Chateaubriand ou d'un Hugo. Pas de réalisme sans entrée dans l'ère moderne, dès la monarchie de Juillet et surtout pendant le Second Empire, avec ses grands travaux, la construction du chemin de fer, sa bourgeoisie au pouvoir, ses banquiers. L'écrivain du XIXe siècle est engagé dans cette grande histoire, et les parnassiens, puis les symbolistes, militants de l'art pour l'art et de la poésie dégagée du matérialisme, réagiront contre ce qu'ils croyaient être une soumission de la chose littéraire à l'esprit de leur époque.

Matérialiste le XIXe siècle ? Méfions-nous des apparences ! Le siècle est certes marqué par la foi en la science, les rêves de progrès, d'avenir, mais il cache bien son jeu. Le revers de ce matérialisme et son soubassement, c'est aussi l'occulte : pas un des grands écrivains du siècle qui n'ait eu le goût des religions parallèles, des spiritualités noires. Le XIXe est le siècle de la science, mais en même temps celui du dialogue avec les morts, des tables tournantes, des esprits qui dictent des poèmes. Le siècle s'affirme aussi – avec Maupassant, Balzac, Mérimée et bien d'autres – comme celui du fantastique.

5

Le XIXe siècle : romantique, réaliste et symboliste

1 La révolution romantique : un ego démesuré à l'assaut du classicisme

La génération romantique met sur le devant de la scène le monde des sentiments et des passions. Elle privilégie les thèmes de la nature et de la nostalgie historique. Elle s'en prend au classicisme, dont elle va faire éclater les règles.

Pour en savoir plus

Le terme « romantisme », dérivé de « romantique » (romanesque, chevaleresque, en allemand) apparaît chez les frères Schlegel dès 1798. En musique, le mot « romantisme » est appliqué pour la première fois à Beethoven, par Hoffmann, en 1810.

Zoom

Les écrivains du Sturm und Drang

Schiller (1759-1805) et Goethe (1749-1832) seront lus par toute la génération romantique. Les Souffrances du jeune Werther *et le* Faust *(1806) de Goethe imposent deux prototypes de héros romantiques.*

Le romantisme avant le romantisme

Il est bien difficile de donner une date de naissance précise à ce beau poupon romantique promis à un si brillant avenir. En France, il faut attendre Stendhal, qui parle de « romanticisme » en 1823, pour que le mot « romantisme » soit utilisé, par opposition au classicisme, afin de marquer les revendications convergentes de toute une génération qu'on qualifiera de romantique.

Trois papas pour un poupon

Au XVIIe siècle, le terme « romantique » existait déjà chez nos voisins anglais et était synonyme de « romanesque ». Parmi les auteurs francophones, Rousseau l'utilise dans *Les Rêveries du promeneur solitaire* (1782), ainsi peut-on voir en lui un des précurseurs du courant romantique. Angleterre et France, donc, cela fait déjà deux papas au poupon. Mais en voici un troisième, et pas des moindres, celui qui est peut-être le père véritable : l'Allemagne. Les écrivains du *Sturm und Drang* (« orage et passion ») ont en effet donné au terme son sens moderne pour désigner la poésie médiévale et chevaleresque.

Mme de Staël (1766-1817), ou comment définir le romantisme

De l'Allemagne (1813), de Germaine Necker, baronne de Staël, annonce la génération romantique d'Hugo et de Lamartine : la fille du célèbre Necker définit le romantisme en opposition au classicisme et affirme la nécessité d'une littérature populaire et nationale, une littérature où s'expriment aussi l'inquiétude et l'exaltation du moi.

François- René de Chateaubriand (1768-1848) : et moi, et moi, et moi !

Adulé par Victor Hugo qui affirmera « Je veux être Chateaubriand ou rien », l'auteur de *René* et des *Mémoires d'outre-tombe* fut détesté par Stendhal, qui voyait en lui un égotiste, c'est-à-dire un homme tout occupé de lui-même, vouant un culte à son moi. C'est aussi pour cette raison que notre homme est considéré comme un précurseur du romantisme en France et un romantique lui-même.
Voyons cet extrait de son roman *René* où le héros se présente comme un adolescent qui souffre de l'ennui, inquiet, voué au « vague » des passions. René, c'est déjà le héros romantique qui souffre du « mal du siècle », selon l'expression de Musset.

René (1802) : « Levez-vous, orages désirés »

Le jour je m'égarais sur de grandes bruyères terminées par des forêts. Qu'il fallait peu de chose à ma rêverie : une feuille séchée que le vent chassait devant moi, une cabane dont la fumée s'élevait de la cime dépouillée des arbres, la mousse qui tremblait au souffle du nord sur le tronc d'un chêne, une roche écartée, un étang désert où le jonc flétri murmurait ! Le clocher solitaire, s'élevant au loin dans la vallée, a souvent attiré mes regards ; souvent j'ai suivi des yeux les oiseaux de passage qui volaient au-dessus de ma tête. Je me figurais les bords ignorés, les climats lointains où ils se rendent ; j'aurais voulu être sur leurs ailes. Un secret instinct me tourmentait ; je sentais que je n'étais moi-même qu'un voyageur ; mais une voix du ciel semblait me dire : « Homme, la saison de ta migration n'est pas encore venue ; attends que le vent de la mort se lève, alors tu déploieras ton vol vers ces régions inconnues que ton cœur demande. »
Levez-vous, orages désirés qui devez emporter René dans les espaces d'une autre vie !

La petite histoire

En politique, Chateaubriand se présente comme un contre-révolutionnaire réactionnaire. Voir par exemple son Génie du christianisme *(1802).*

Pour en savoir plus

Les Mémoires d'outre-tombe, *l'œuvre d'une vie*
Des chiffres impressionnants : quarante-quatre livres et plus de deux mille pages ; quarante ans entre les débuts de la rédaction, en 1809, et sa publication posthume, de 1848 à 1850.

> Ainsi disant, je marchais à grands pas, le visage enflammé, le vent sifflant dans ma chevelure, ne sentant ni pluie ni frimas, tourmenté, et comme possédé par le démon de mon cœur.

Œuvre d'une vie, témoignage irremplaçable sur la période de la Révolution et une moitié de XIXe siècle, sur Napoléon, que Chateaubriand admirait et détestait tout à la fois, les *Mémoires d'outre-tombe* constituent un monument de notre littérature française : après Montaigne et ses *Essais*, Rousseau et ses *Confessions*, cette œuvre est la troisième grande autobiographie française, genre que notre homme a porté à son sommet. C'est encore un style flamboyant, extraordinaire, inimitable et qu'on a pourtant tant de fois essayé d'imiter.

La poésie lyrique ou les élans du romantisme

Cette jeune génération qui naît sous les auspices de Chateaubriand et de Mme de Staël rêve de changer le monde. Fini le règne du classicisme et de la raison. Bienvenue dans l'ère du moi, qui va prendre d'assaut la poésie, puis les théâtres et enfin le roman.

Le poète romantique, un moi démesuré et tourmenté

La poésie romantique est une poésie lyrique et tourmentée, qui exprime mélancolie, solitude, douleur devant la fuite du temps. Le romantisme, c'est d'abord un « mal du siècle », selon l'expression de Musset. Ce mal va surtout s'alimenter à la contemplation des ruines et de la nature. Le poète y voit la projection de son propre état d'âme. Sa saison de prédilection ? L'automne ! Chantre de la nature, de la contemplation, l'auteur romantique a aussi recours à l'histoire, notamment au Moyen Âge ou à la mythologie, qui vont permettre d'exalter ses élans mystiques.

Alphonse de Lamartine (1790-1869), le lyrisme poitrinaire ?

« L'homme n'a point de port, le temps n'a point de rive ; / Il coule, et nous passons ! » N'en déplaise à Flaubert, qui s'est moqué de lui (« C'est à lui que nous devons tous les embêtements bleuâtres du lyrisme poitri-

Pour en savoir plus

Trois poètes d'influence
Ils s'appellent Hölderlin (1770-1843), Kleist (1777-1811) et Novalis (1772-1801), ils sont poètes et allemands, et ont une énorme influence sur le romantisme européen.

naire »), les poésies de Lamartine font aujourd'hui partie du patrimoine littéraire français.

Les Méditations poétiques (1820) : une des dates clés du romantisme

C'est sans doute parce qu'ils semblent concentrer la sensibilité poétique nouvelle que les vingt-quatre poèmes des *Méditations* connaissent, à leur époque, un succès phénoménal. Ils s'offrent à nous comme une sorte de rêverie mélancolique sur le thème de la foi et celui de l'amour. Le poète parle ici à la première personne, évoque le souvenir de son amante perdue, qu'il appelle Elvire. Lamartine est obsédé par la pensée de la mort et, par-delà, il songe à la vie éternelle. Le thème dominant du recueil ? La hantise du temps qui passe et qui corrompt tout.

« Le Lac », de Lamartine

« Le Lac » reste le poème le plus célèbre du recueil. Le poète et sa bien-aimée, à laquelle il prête sa voix, supplient le temps, la forêt, les grottes, le lac lui-même, la nature tout entière enfin, de préserver à jamais les instants de bonheur qu'ils sont en train de partager.

> Ô temps, suspends ton vol ! et vous, heures propices,
> Suspendez votre cours !
> Laissez-nous savourer les rapides délices
> Des plus beaux de nos jours !

Lamartine en quelques dates et citations

1820 *Méditations poétiques*
1830 *Les Harmonies poétiques et religieuses*
1835 *Le Voyage en Orient*
1836 *Jocelyn*
1838 *La Chute d'un ange*
1839 *Les Recueillements poétiques*

« Objets inanimés, avez-vous donc une âme ? / Qui s'attache à notre âme et la force d'aimer ? *(Milly, ou la terre natale)*.
« Un seul être vous manque, et tout est dépeuplé » (« Le Lac »).

Alfred de Vigny (1797-1863) : la mort d'un vieux loup oublié

Poète, dramaturge, romancier (le créateur du roman historique à la française, dit-on, avec son *Cinq-Mars*), Vigny meurt seul et oublié, le 17 septembre 1863. La solitude stoïque, supportée sans plainte, voilà justement ce qui transparaît de son poème le plus célèbre : « La Mort du loup »,

---

La petite histoire

Elvire, ou la rencontre de la dame du « Lac »

Mais qui est donc cette Elvire à laquelle Lamartine songe en écrivant « Le Lac » ? En octobre 1816, Lamartine est persuadé d'être malade. Il part se soigner à Aix-les-Bains. Sur les bords du lac du Bourget, il va rencontrer une femme, et une femme mariée, on s'en doute : Julie Charles, épouse du physicien Charles, bien plus âgé qu'elle. Idylle, séparation, retrouvailles à Paris, amour passionné, séparation encore. Un an plus tard, Lamartine pense retrouver sa belle à Aix : elle est en train de mourir de phtisie à Paris. En décembre 1817, c'est fait, elle meurt. Julie deviendra, pour la postérité, Elvire, la belle dame du « Lac ».

extrait des *Destinées*. Un autre poème est resté dans les mémoires, « Le Cor », tiré de *Poèmes antiques et modernes*.

« Le Cor » (extrait)

J'aime le son du cor, le soir, au fond des bois,
Soit qu'il chante les pleurs de la biche aux abois,
Ou l'adieu du chasseur que l'écho faible accueille,
Et que le vent du nord porte de feuille en feuille.

Vigny en quelques dates

1826 *Poèmes antiques et modernes*
1826 *Cinq-Mars* (roman)
1835 *Chatterton* (théâtre)
1838 *Les Destinées*

Alfred de Musset, enfant du siècle (1810-1857)

Génie précoce, amours passionnés et douloureux avec George Sand et avec Louise Colet – amante de Vigny et de Flaubert aussi ! –, lyrisme, élans du cœur en poésie, mort prématurée : l'existence de Musset semble une illustration parfaite de la vie romantique.

Malheur, rire et poésie

La mélancolie et le malheur n'ont pas seuls marqué le parcours de notre poète. Alfred et George savaient rire et s'amuser follement : ils s'écrivaient d'ailleurs de drôles de lettres sous forme de poèmes. En voici un exemple : lisez d'abord à la suite ces vers de George Sand, puis reprenez en lisant une ligne sur deux (âmes sensibles, s'abstenir !).

Cher ami,
Je suis toute émue de vous dire que j'ai
bien compris l'autre jour que vous aviez
toujours une envie folle de me faire
danser. Je garde le souvenir de votre
baiser et je voudrais bien que ce soit
une preuve que je puisse être aimée
par vous. Je suis prête à montrer mon
affection toute désintéressée et sans cal-
cul, et si vous voulez me voir ainsi
vous dévoiler, sans artifice, mon âme
toute nue, daignez me faire visite,
nous causerons et en amis franchement

La petite histoire

Coucheries romantiques
On couche beaucoup, au temps du romantisme ! Songez donc : George Sand couche avec Musset, qui couche avec Louise Colet, laquelle Colet fricote avec Flaubert, qui a peut-être couché avec George, dont il était l'un des plus chers amis. Et les femmes entre elles, aussi ! Sand a connu de très près l'actrice Marie Dorval, qu'elle a subtilisée à Vigny, fou de rage !

> je vous prouverai que je suis la femme sincère, capable de vous offrir l'affection la plus profonde, comme la plus étroite amitié, en un mot : la meilleure épouse dont vous puissiez rêver. Puisque votre âme est libre, pensez que l'abandon ou je vis est bien long, bien dur et souvent bien insupportable. Mon chagrin est trop gros. Accourrez bien vite et venez me le faire oublier. À vous je veux me soumettre entièrement. Votre poupée

Bien... Mais en poésie, Musset est passé à la postérité pour ses *Nuits*, un ensemble poétique réuni dans le recueil des *Poésies nouvelles* : « Nuit de mai » (1835), « Nuit de décembre » (1835), « Nuit d'août » (1836), « Nuit d'octobre » (1837).

Musset en quelques vers

- Les plus désespérés sont les chants les plus beaux, / Et j'en sais d'immortels qui sont de purs sanglots (« Nuit de mai »).
- Poète, prends ton luth et me donne un baiser (« Nuit de mai »).
- Pourquoi mon cœur bat-il si vite ? / Qu'ai-je donc en moi qui s'agite / Dont je me sens épouvanté ? (« Nuit de mai »).
- Du temps que j'étais écolier, / Je restai un soir à veiller / Dans notre salle solitaire. / Devant ma table vint s'asseoir / Un pauvre enfant vêtu de noir / Qui me ressemblait comme un frère (« Nuit de décembre »).

George Sand (1804-1876) : la vache bretonne de la littérature ?

Les écrivains ne sont pas toujours tendres entre eux : Flaubert se moque de Lamartine, et Jules Renard est bien cruel avec George Sand. Sand, dit-il, c'est la vache bretonne de la littérature !

C'est qu'elle a beaucoup écrit, George : une bonne centaine de livres ! Certains sont devenus des classiques, étapes presque obligatoires dans notre parcours de lecteurs enfants ou adolescents.

Trop ! Voilà bien l'adverbe qui vient à l'esprit lorsqu'on évoque George Sand : trop de livres, mais aussi trop d'hommes, et de femmes ! C'est qu'elle couchait beaucoup, celle qui sur le tard, rangée, assagie, se fera appeler « la bonne dame de Nohant » ! Son mari, bien sûr, le baron Casimir Du Devant, mais aussi Jules Sandeau, Alfred de Musset, son médecin Pagello, le musicien Frédéric Chopin, Prosper Mérimée...

Zoom

George Sand en trois livres...

- La Mare au diable *(1846)*
- François le Champi *(1849)*
- La Petite Fadette *(1849)*

La petite histoire

Mais pourquoi George est-il une femme ?

George Sand, de son vrai nom Aurore Dupin, épouse Du Devant, choisit son pseudonyme en hommage à son amant de 1830, Jules Sandeau. Elle signe d'abord Jules Sand, puis George Sand, car ce prénom évoque pour elle son ascendance berrichonne. Et elle écrit George sans « s », à l'anglaise !

Victor Hugo (1802-1885) : bien sûr !

L'écrivain du XIXe siècle par excellence, qui a touché à tous les genres, c'est bien sûr Hugo, auquel nous consacrerons, plus loin, de longs développements. En attendant, voyons un peu le poète romantique avec quatre poèmes (ou extraits).

1831 : « Ce siècle avait deux ans ! » (*Les Feuilles d'automne*)

Ce siècle avait deux ans ! Rome remplaçait Sparte,
Déjà Napoléon perçait sous Bonaparte,
Et du Premier consul déjà, par maint endroit,
Le front de l'empereur brisait le masque étroit.

1840 : « Oceano nox » (*Les Rayons et les Ombres*)

Oh ! combien de marins, combien de capitaines
Qui sont partis joyeux pour des courses lointaines,
Dans ce morne horizon se sont évanouis !
Combien ont disparu, dure et triste fortune !
Dans une mer sans fond, par une nuit sans lune,
Sous l'aveugle océan à jamais enfouis !

1856 : « Demain, dès l'aube » (*Les Contemplations*)

Demain, dès l'aube, à l'heure où blanchit la campagne,
Je partirai. Vois-tu, je sais que tu m'attends.
J'irai par la forêt, j'irai par la montagne.
Je ne puis demeurer loin de toi plus longtemps.

Je marcherai les yeux fixés sur mes pensées,
Sans rien voir au dehors, sans entendre aucun bruit,
Seul, inconnu, le dos courbé, les mains croisées,
Triste, et le jour pour moi sera comme la nuit.

Je ne regarderai ni l'or du soir qui tombe,
Ni les voiles au loin descendant vers Harfleur
Et quand j'arriverai, je mettrai sur ta tombe
Un bouquet de houx vert et de bruyère en fleur.

1859 : « Booz endormi » (*La Légende des siècles*)

Pendant qu'il sommeillait, Ruth, une Moabite,
S'était couchée aux pieds de Booz, le sein nu,
Espérant on ne sait quel rayon inconnu,

Pour en savoir plus

Comme tous les écrivains romantiques, Hugo est un grand lecteur de la Bible. Dans La Légende des siècles, *il fait revivre tous les personnages bibliques importants. Lecteur du Coran, Hugo met en scène aussi Mahomet.*

Quand viendrait du réveil la lumière subite.
Booz ne savait point qu'une femme était là,
Et Ruth ne savait point ce que Dieu voulait d'elle.
Un frais parfum sortait des touffes d'asphodèle ;
Les souffles de la nuit flottaient sur Galgala.

Gérard de Nerval (1808-1855) à la poursuite des chimères

Une fin tragique

La destinée de Nerval, de son vrai nom Gérard Labrunie, fut tragique : un matin de janvier 1855, on retrouva le poète pendu dans la rue de la Vieille-Lanterne, non loin du Châtelet. Il faudrait tout citer de l'œuvre de ce grand écrivain, mais un poème, surtout, a marqué nos mémoires, « El Desdichado », un chef-d'œuvre extrait du recueil *Les Chimères* (1853).

« El Desdichado », le déshérité

Le poème le plus connu de Nerval tire son nom d'un chevalier mystérieux du roman historique de Walter Scott, *Ivanhoé* : « Il n'avait sur son bouclier d'autres armoiries qu'un jeune chêne déraciné, et sa devise était le mot espagnol *desdichado*, c'est-à-dire déshérité. »

« El Desdichado »

Je suis le Ténébreux, – le Veuf –, l'Inconsolé,
Le Prince d'Aquitaine à la tour abolie :
Ma seule étoile est morte, et mon luth constellé
Porte le soleil noir de la Mélancolie.

Dans la nuit du Tombeau, Toi qui m'as consolé,
Rends-moi le Pausilippe et la mer d'Italie,
La fleur qui plaisait tant à mon cœur désolé,
Et la treille où le Pampre à la rose s'allie.

Suis-je Amour ou Phœbus ?... Lusignan ou Biron ?
Mon front est rouge encor du baiser de la Reine ;
J'ai rêvé dans la grotte où nage la Sirène...
Et j'ai deux fois vainqueur traversé l'Achéron :
Modulant tour à tour sur la lyre d'Orphée
Les soupirs de la Sainte et les cris de la Fée.

Pour en savoir plus

L'Allemagne littéraire n'est pas seule à influencer la génération romantique. Les romans de Walter Scott sont très lus en France. Deux autres noms sont à retenir aussi : celui du poète Byron, qui reprend le mythe de don Juan ; celui de Mary Shelley, inspirée par le mythe de Prométhée dans son fameux Frankenstein ou le Prométhée moderne *(1817).*

Zoom

La génération romantique, la femme, la folie

Le poète romantique est-il un nouveau chevalier courtois qui se brûle au baiser de sa Dame ? À voir l'hécatombe, on le dirait bien : Musset, rejeté par George Sand et Louise Colet, Vigny, raillé par Marie Dorval, Lamartine, délaissé par Julie Charles, la mort voulant. Et Nerval ? Difficile de parler de lui sans évoquer sa belle à lui, Jenny Colon, une actrice encore, comme Marie Dorval. Gérard en est fou, elle finit par épouser un flûtiste. Alors commence la dérive, la fureur de retrouver cette femme dans le rêve, puis dans la folie.

Du rêve à la folie

La fin tragique de Nerval semble annoncée par le sonnet fameux : le jeune écrivain génial, placé au sommet de la littérature française par Marcel Proust et bien d'autres, le prodigieux traducteur du *Faust* de Goethe, s'est peu à peu enfermé dans sa folie. Amoureux fou et malheureux – son étoile morte, est-ce son amante ingrate ? –, lecteur de textes mystiques et illuminés, Nerval souffre de ne pas pouvoir faire correspondre la vie réelle et le rêve. Une nuit, on le retrouve en train de marcher nu dans Paris, en route vers l'Orient. Ce sera la maison de santé, puis des voyages, et puis cette nuit terrible, près du Châtelet.

Nerval en quelques dates

1828 traduction du *Faust* de Goethe
1851 *Le Voyage en Orient*
1854 *Les Filles du feu* (Octavie, Angélique, Sylvie)
Les Chimères
1855 *Aurélia*

Le drame romantique, une nouvelle façon de faire du théâtre

Au théâtre, les romantiques remettent en cause la règle des trois unités (temps, lieu, action) et se détournent des sujets classiques tirés de la mythologie.

Au théâtre, ça chauffe !

C'est au théâtre, face à un public bien réel, que le romantisme s'est présenté comme une révolution. La rupture avec le classicisme est en effet violente : oubliée, la sacro-sainte règle des trois unités (temps, lieu, action) ! Le drame romantique va multiplier les actions, les temps, les lieux. Le sujet non plus n'est pas classique : plus de mythologie, on aborde l'histoire récente. Et, comble de l'indécence, il arrive que les personnages se suicident sur scène !

Les esprits vont donc s'échauffer, au théâtre, le soir ! Il faut s'attendre à des réactions brutales : le public et la critique ne sont pas tendres ! Du côté romantique, qui sont les acteurs de la bataille ? Hugo, bien sûr ! Et puis Alexandre Dumas, Musset, Nerval et Vigny.

Pour en savoir plus

Les romantiques, des illuminés ? *La dérive de Nerval ne tient pas du hasard : tout le romantisme est fasciné par les doctrines occultistes, illuministes, les théories fumeuses inspirées des pensées orientales mal comprises (culte des morts, réincarnation...). Hugo fait tourner les tables et parle avec les morts (Shakespeare, Milton...), qui lui dictent des œuvres ! Plus tard, Auguste Comte fondera une religion parallèle. Zola lui-même sera obsédé par la mort et par le fantasme morbide d'être enterré vivant (lire* Le XXe siècle à travers les âges, *de Philippe Muray).*

La préface de *Cromwell,* ou comment échauffer les deux camps

En 1827, Hugo compose son drame *Cromwell,* mais c'est la préface qui est restée célèbre – la pièce est injouable – car elle signe un véritable manifeste du drame romantique. Hugo y affirme la nécessité de mélanger les genres, comique et tragique : le drame doit être complet, comme la poésie, comme la vie. Et puis, il y a cette fameuse idée de mélanger le grotesque et le sublime au sein d'un même vers. La règle des trois unités ? Une seule suffit, l'unité d'action ! On refuse donc les règles, mais on refuse aussi les modèles. Le seul modèle à imiter, c'est la nature, avec sa liberté, ses complexités, sa souplesse.
Théoricien du drame romantique, Hugo n'est pas seul ; Stendhal l'a précédé, en 1823, avec son *Racine et Shakespeare.*

La théorie du drame romantique en cinq citations

• Le drame mêle « l'ombre à la lumière, le grotesque au sublime, en d'autres termes le corps à l'âme, la bête à l'esprit » (préface de *Cromwell*).
• « Le drame tient de la tragédie par la peinture des passions et de la comédie par la peinture des caractères » (préface de *Ruy Blas*).
• « Ce qu'il y a d'étrange, c'est que les routiniers prétendent appuyer leur règle des deux unités de la vraisemblance, tandis que c'est précisément le réel qui la tue. Quoi de plus invraisemblable et de plus absurde en effet que ce vestibule, ce péristyle, cette antichambre, lieu banal où nos tragédies ont la complaisance de venir se dérouler... » (préface de *Cromwell*).
• « Pas plus Shakespeare que Molière, pas plus Schiller que Corneille » (préface de *Cromwell*).
• « La tragédie racinienne ne peut jamais prendre que les trente-six dernières heures d'une action ; donc jamais de développement des passions » (Stendhal, *Racine et Shakespeare*).

Hernani ou le théâtre en bataille

La fameuse bataille d'*Hernani* ! Le 25 février 1830, toutes les forces sont prêtes : d'un côté les bourgeois, tenants du classicisme, de l'autre les jeunes romantiques, Hugo, Théophile Gautier et son fameux gilet rouge, Pétrus Borel, Balzac, Berlioz, le musicien... Ça chauffe dans la salle de théâtre ! Et pendant plusieurs soirs, à chaque fois que le drame d'Hugo est représenté, c'est le même spectacle peu banal... jusqu'à ce que les esprits s'apaisent. Les romantiques ont gagné.

Zoom

Shakespeare et Schiller plutôt que Molière
Les romantiques, n'en déplaise à Hugo, se réclament de Shakespeare (1564-1616), qu'ils réhabilitent, et de Schiller, le poète et dramaturge allemand déjà évoqué précédemment.

L'action de l'extrait qui suit a lieu au château de don Gomez, dans les montagnes d'Aragon, en Espagne. Hernani est face à son amante, doña Sol, qui va en épouser un autre. Le jeune homme la félicite, avec ironie, mais la jeune fille lui montre le poignard avec lequel elle en finira plutôt que se montrer infidèle à son amant.

« Je suis une force qui va ! », *Hernani,* acte III, scène 4

Détrompe-toi. Je suis une force qui va !
Agent aveugle et sourd de mystères funèbres !
Une âme de malheur faite avec des ténèbres !
Où vais-je ? je ne sais. Mais je me sens poussé
D'un souffle impétueux, d'un destin insensé.
Je descends, je descends, et jamais ne m'arrête.

La petite histoire

Lorenzaccio : trop long !
Les cinq actes et les trente-neuf scènes de la pièce ne furent jamais joués intégralement : trop long !

Musset, maître du théâtre romantique

« ... mais il y a au monde une chose sainte et sublime, c'est l'union de deux de ces êtres si imparfaits et si affreux. On est souvent trompé en amour, souvent blessé et souvent malheureux ; mais on aime, et quand on est sur le bord de sa tombe, on se retourne pour regarder en arrière et on se dit : j'ai souffert souvent, je me suis trompé quelquefois, mais j'ai aimé. C'est moi qui ai vécu, et non pas un être factice créé par mon orgueil et mon ennui. »

● *On ne badine pas avec l'amour,* 1834
Musset a composé aussi bien des drames (le grand *Lorenzaccio*) que des comédies (*On ne badine pas avec l'amour, Les Caprices de Marianne*).

● *Lorenzaccio, 1835 :* un romantique devenu classique
Lorenzo est jeune ; on le méprise – Lorenzaccio ! –, il ne sait rien faire. Rébellion : c'est décidé, il tuera son cousin, le débauché Alexandre de Médicis, tyran de Florence. Tuer son cousin, c'est aussi bien libérer une ville et donner le pouvoir aux républicains Strozzi que prouver à tous son courage, sa valeur... C'est aussi « revenir à la vertu », perdue en compagnie d'Alexandre, dans leurs débauches nocturnes. Mais tout cela échoue : Cosme de Médicis s'empare du pouvoir et Lorenzo meurt, assassiné à Venise.
Il a fallu attendre pour que la pièce trouve son envol. Refusé par la censure – quoi, le meurtre prémédité d'un souverain, sur scène ! –, le drame connaîtra son premier réel succès avec Sarah Bernhardt, en 1896, puis grâce au jeu inoubliable de Gérard Philippe, en 1953.

Pour en savoir plus

Les cénacles romantiques
Les jeunes romantiques se retrouvaient, palabraient, lisaient, préparaient leurs batailles. Le premier de ces cercles, ou plutôt cénacles (un cénacle est le lieu où Jésus prit son dernier repas, la Cène), fut rassemblé par Charles Nodier, romancier et nouvelliste fantastique. Le lieu ? La bibliothèque de l'Arsenal, dont Nodier était le conservateur. On y voyait Hugo, Lamartine, Musset, Gautier, Mérimée, Vigny, Balzac, bref, la crème de la jeune littérature d'alors. Mais Hugo, en 1827, désira fonder son propre cénacle, chez lui, rue Notre-Dame-des-Champs. Trois ans plus tard, un troisième cénacle se forme autour de Nerval, impasse du Doyenné. On y menait grand train : bals et fêtes en tout genre.

Lorenzaccio, acte III, scène 3

LORENZO : Tu me demandes pourquoi je tue Alexandre ? Veux-tu donc que je m'empoisonne, ou que je saute dans l'Arno ? Veux-tu donc que je sois un spectre, et qu'en frappant sur ce squelette... (*Il se frappe la poitrine.*) il n'en sorte aucun son ? Si je suis l'ombre de moi-même, veux-tu donc que je rompe le seul fil qui rattache aujourd'hui mon cœur à quelques fibres de mon cœur d'autrefois ! Songes-tu que ce meurtre, c'est tout ce qui me reste de ma vertu ? Songes-tu que je glisse depuis deux ans sur un rocher taillé à pic, et que ce meurtre est le seul brin d'herbe où j'aie pu cramponner mes ongles ? Crois-tu donc que je n'aie plus d'orgueil, parce que je n'ai plus de honte, et veux-tu que je laisse mourir en silence l'énigme de ma vie ?

Le théâtre romantique en quelques dates

1827 Préface de *Cromwell*, de Victor Hugo
1830 *Hernani*, de Victor Hugo
1833 *Les Caprices de Marianne*, d'Alfred de Musset
1834 *On ne badine pas avec l'amour*, d'Alfred de Musset
1835 *Chatterton*, d'Alfred de Vigny
1835 *Lorenzaccio*, d'Alfred de Musset
1838 *Ruy Blas*, de Victor Hugo

Zoom

Notre-Dame de Paris *et ses personnages*

Paris, 1492 : Esmeralda, Quasimodo, le poète Pierre Gringoire, Phoebus, Frollo, tels sont les personnages fameux du roman.

Victor Hugo (1802-1885), la légende du siècle

Qu'on pense du mal ou du bien de Victor Hugo, il est un géant qui domine le siècle. Il a donné un souffle nouveau à la poésie française, enlisée au XVIIIe siècle, il a révolutionné le théâtre et composé deux des romans les plus célèbres au monde : *Notre-Dame de Paris* et *Les Misérables* ! Poète, romancier, auteur de théâtre, critique, journaliste, historien, dessinateur remarquable, aussi, Hugo a exercé ses talents dans tous les domaines. Aujourd'hui, peut-être ajouterait-il à son parcours les métiers de photographe, de cinéaste ou de vidéaste ?

La petite histoire

Victor Hugo, hélas !

Cette présence écrasante d'Hugo en a agacé plus d'un. André Gide, lorsqu'on lui demandait quel était le plus grand poète français, répondait, mi-admiratif, mi-ironique : « Victor Hugo, hélas ! » Le poète Cocteau, quant à lui, affirmait en se moquant : « Victor Hugo était un fou qui se prenait pour Victor Hugo. »

Le génie précoce et son Adèle

« Je veux être Chateaubriand ou rien ! » Nous sommes en 1816, Victor a 15 ans. À 15 ans : première tragédie, *Irtamène*. À 20 ans, premier recueil de poèmes publié : *Odes et poésies diverses*.

À génie précoce, mariage précoce : le 12 octobre 1822, Hugo épouse Adèle Foucher. Eugène, le frère de Victor, fou d'amour pour Adèle, en deviendra tout simplement... fou. Il mourra, interné, en 1837. L'union avec Adèle s'achèvera en 1868, avec la mort de l'épouse : quarante-six ans de bonheur ? C'est sans compter sur les autres femmes que Victor a connues.

Toto et les femmes

Le grand amour de Victor, c'est Juliette Drouet, une actrice – encore une, les romantiques en sont fous ! – rencontrée en 1833 alors qu'elle tient un rôle dans sa pièce, *Lucrèce Borgia*. Cinquante ans de fidélité, jusqu'à la mort de Juliette, en 1883 ! Cinquante ans dans l'ombre, aussi : Adèle connaît l'existence de sa rivale, mais cette dernière reste cachée. Fidélité disais-je ? Non. Toto – c'est le petit nom que Juliette donne à Victor dans les quelque vingt mille lettres d'amour qu'elle lui envoie ! – multiplie les talents, les livres et les femmes. La liste serait trop longue : Hugo trousse un peu tout ce qui bouge, il faut bien le dire...

Ô mort, ô mer, ô douleur ! Le temps du deuil

Cocasse, la vie de Victor ? Pas seulement, hélas ! Hugo ne fut pas seulement le Toto de Juliette : il fut un père, heureux tout d'abord, malheureux ensuite.

Villequier, 4 septembre 1843, une jeune épouse et son mari, Charles Vacquerie, embarquent à bord d'un canot pour Caudebec-en-Caux. Sur le chemin du retour, le vent se lève : la jeune femme se retrouve sous le bateau. Elle coule, et son mari se laisse couler avec elle. Elle, c'est Léopoldine : Victor Hugo ne le sait pas encore, mais il vient de perdre sa fille adorée. Lorsqu'il apprend la nouvelle, par le journal, quatre jours plus tard, Hugo tombe, fou de douleur. Chaque année, à partir de cette date, il fera le pèlerinage jusqu'à Villequier, sur la tombe de Léopoldine. Le 3 septembre 1847, pour cette fille disparue, il écrira ce magnifique poème : « Demain dès l'aube »...

Hugo le colosse connaîtra d'autres douleurs : il aura vu mourir quatre des cinq enfants qu'il eut avec Adèle : Léopold, Léopoldine, Charles et François-Victor. La seule qui lui survécut, Adèle, devint folle après un amour malheureux pour un officier anglais. Adèle est morte en 1915 à Saint-Mandé.

Dix-neuf ans d'exil

La mort, et maintenant l'exil : le tableau commence à s'assombrir...

Le 2 décembre 1851, Louis-Napoléon Bonaparte, d'abord élu président de la République, fait son coup d'État et s'octroie les pleins pouvoirs.

La petite histoire

Flagrant délit

Un nom, parmi toutes ces conquêtes ? Léonie Biard. Le 5 juillet 1845, Victor est pris sur le fait : adultère, en flagrant délit ! Et au XIXe siècle, en France, on ne rigole pas encore avec l'adultère (sauf au théâtre, dans les vaudevilles de Labiche, par exemple). Léonie va faire de la prison ferme. Toto y échappe : sa qualité de pair de France lui assure l'immunité.

Bientôt, il se fera appeler Napoléon III ! C'en est trop pour Victor, qui proteste et cherche à faire se soulever le peuple de Paris. Avant d'être arrêté avec d'autres opposants, il prend la fuite en Belgique, d'où il fera paraître, en 1852, un pamphlet, *Napoléon le Petit.* En août de la même année, c'est l'exil pour Jersey. Il écrit *Les Châtiments,* où il s'en prend encore au nouvel empereur. Chassé de Jersey en 1855, il ira s'installer à Guernesey, où il restera jusqu'à la chute de Napoléon III, en septembre 1870.

La politique, les honneurs

Si Hugo fut menacé par Napoléon III, c'est qu'il avait fait son entrée en politique après la mort de Léopoldine. Nommé pair de France, notre homme commence à siéger à la Chambre en 1846. En 1848, il est élu député à Paris, puis il faut attendre 1876 pour voir Hugo retourner à la politique : le voici sénateur.

Hugo contre la misère et la peine de mort

Lorsqu'il rentre de son long exil, Hugo est accueilli en triomphe. Sa popularité est telle que, pour ses 80 ans, des centaines de milliers de personnes défilent en bas de chez lui, sous les fenêtres de son appartement, rue d'Eylau. Rue d'Eylau ? Non, désormais, ce sera l'avenue Victor-Hugo !

Le peuple a reconnu en lui un de ses défenseurs : qu'on songe aux *Misérables,* qui s'appelaient à l'origine *Les Misères* ! Ce combat contre la pauvreté, Hugo l'a mené à travers ses œuvres de maturité, à la chambre haute dès qu'il fut nommé pair de France ou encore à l'Assemblée, mais il l'avait commencé très jeune : une de ses premières œuvres est un court roman, *Le Dernier Jour d'un condamné* (1829), où le jeune écrivain se révèle un militant contre la peine de mort. La peine de mort, ce sera aussi le combat du Victor Hugo politicien. Pour lui, les deux thèmes sont liés : c'est de la misère que naît souvent le crime, qui conduit à la peine de mort. C'est donc la misère qu'il faut combattre si on veut fermer les prisons !

Des funérailles de première classe

Dans les dernières années de sa vie, Hugo retrouve une vie paisible et pleine d'honneurs. Il est un écrivain mondialement célèbre, un grand-père adulé. Et son enterrement ! Lorsqu'il meurt, le 22 mai 1885, il est décidé de lui faire des funérailles nationales. Sa dépouille est exposée sous l'Arc de Triomphe et, le 1er juin, 2 millions de personnes, dit-on, suivent ses obsèques, puis c'est le Panthéon !

La petite histoire

L'enterrement d'Hugo : la grande et la petite mort

On raconte que, neuf mois après l'enterrement d'Hugo, le nombre des naissances augmenta considérablement en France. C'est que ce jour-là fut un jour spécial : la population française célébra le départ du grand homme en se livrant à une véritable orgie, partout où le lieu le permettait, et notamment dans les cimetières... On fêta donc cette grande mort par de nombreuses petites morts...

Zoom

Voici un petit florilège de citations fameuses du Victor Hugo combattant de la misère...

- *« Ouvrez des écoles, vous fermerez des prisons. »*
- *« C'est de l'enfer des pauvres qu'est fait le paradis des riches. »*
- *« La liberté commence où l'ignorance finit. »*
- *« Il faudrait faire pénétrer de toutes parts la lumière dans l'esprit du peuple : car c'est par les ténèbres qu'on le perd. »*

Les Misérables

Neuf personnages inoubliables

• Jean Valjean a été condamné au bagne, en 1795, pour le vol d'un pain, jugement qui symbolise l'oppression qu'impose une société injuste à une population écrasée.
• Mgr Myriel, dit Mgr Bienvenu, évêque de Digne, chrétien véritable selon Hugo, conduit Jean Valjean à changer de vie et à se consacrer au bien.
• Fantine, ouvrière séduite par l'étudiant Tholomyés, est obligée de confier son enfant, Cosette, aux Thénardier.
• Cosette, la fille de Fantine, est laissée en nourrice chez les Thénardier, qui la maltraitent.
• Les Thénardier sont un couple de cabaretiers sordides qui exploitent la « pauvre » Cosette.
• Gavroche, gamin de Paris, jeté sur les pavés comme beaucoup d'autres enfants, est seul, sans amour, sans gîte, sans pain, mais joyeux car libre. « Je suis tombé par terre, / C'est la faute à Voltaire, / Le nez dans le ruisseau, / C'est la faute à... »
• Marius, étudiant, petit-fils d'un grand bourgeois, M. Gillenormand, et fils d'un colonel disparu à Waterloo, découvre la misère du peuple et se rallie au socialisme. Il tombera amoureux de Cosette.
• Le policier Javert incarne l'intransigeance républicaine. Pas de rémission pour un ancien forçat, pas de grâce pour Valjean.

Les Misérables, livre II, chapitre 12

L'extrait qui suit met en scène Jean Valjean et Mgr Myriel. En 1815, le héros sort du bagne et arrive à Digne. Il cherche où dormir ; toutes les portes se ferment sauf une, celle du prêtre, qui lui offre l'hospitalité. L'ancien bagnard s'enfuit au milieu de la nuit en emportant six couverts d'argent, les seules richesses de l'évêque. Le lendemain, les gendarmes le ramènent chez celui que ses paroissiens nomment Mgr Bienvenu. Comment ce dernier va-t-il réagir ?

> – Ah ! Vous voilà ! s'écria-t-il en regardant Jean Valjean. Je suis aise de vous voir. Eh bien mais ! Je vous avais donné les chandeliers aussi, qui sont en argent comme le reste et dont vous pourrez bien avoir deux cents francs. Pourquoi ne les avez-vous pas emportés avec vos couverts ? Jean Valjean ouvrit les yeux et regarda le vénérable évêque avec une expression qu'aucune langue humaine ne pourrait rendre.
> – Monseigneur, dit le brigadier de gendarmerie, ce que cet homme disait était donc vrai ? Nous l'avons rencontré. Il allait comme quelqu'un qui s'en va. Nous l'avons arrêté pour voir. Il avait cette argenterie...
> – Et il vous a dit, interrompit l'évêque en souriant, qu'elle lui avait été donnée par un vieux bonhomme de prêtre chez lequel il avait

Zoom

Les Misérables, *des scènes d'anthologie*

Elles sont nombreuses, ces scènes, dans le roman d'Hugo : la mort de Gavroche sous les balles ; le chapitre où Jean Valjean, devenu M. Madeleine, se livre à la justice lorsque Champmathieu est pris pour lui ; l'agonie de Fantine ; le chapitre où Jean Valjean délivre Cosette des mains des Thénardier...

passé la nuit ? Je vois la chose. Et vous l'avez ramené ici ? C'est une méprise.
– Comme cela, reprit le brigadier, nous pouvons le laisser aller ?
– Sans doute, répondit l'évêque. Les gendarmes lâchèrent Jean Valjean qui recula.
– Est-ce que c'est vrai qu'on me laisse ? dit-il d'une voix presque inarticulée et comme s'il parlait dans le sommeil.
– Oui, on te laisse, tu n'entends donc pas ? dit un gendarme.
– Mon ami, reprit l'évêque, avant de vous en aller, voici vos chandeliers. Prenez-les.

Victor Hugo en quelques œuvres

Poésie

1829 *Les Orientales*
1853 *Les Châtiments*
1856 *Les Contemplations*
de 1859 à 1883 *La Légende des siècles*

Théâtre

1827 *Cromwell*
1830 *Hernani*
1838 *Ruy Blas*
1843 *Les Burgraves*

Roman

1829 *Le Dernier Jour d'un condamné*
1831 *Notre-Dame de Paris*
1862 *Les Misérables*
1866 *Les Travailleurs de la mer*
1869 *L'homme qui rit*
1874 *Quatre-Vingt-Treize*

En résumé

• La révolution romantique touche aussi bien la poésie que le théâtre. Les poètes trouvent dans la nature un miroir à leurs états d'âme, tandis que le théâtre bouleverse les règles classiques en mélangeant les genres, en privilégiant l'unité d'action et en multipliant les décors.
• Une figure domine toute cette période, comme elle domine le siècle : celle de Victor Hugo.

Pour en savoir plus

Les Travailleurs de la mer *fait le récit du sacrifice de Gilliat.* Quatre-vingt-treize *est un roman historique. Il rapporte un épisode de la guerre de Vendée.*

2 Le XIXe, siècle du roman et de l'histoire

Au XIXe siècle, le grand chamboulement dans la hiérarchie des genres littéraires annoncé par le siècle précédent se confirme : le roman supplante le théâtre et la poésie. Cependant, cette dernière est loin d'avoir dit son dernier mot.

Le roman psychologique : l'*Homo romanticus* s'épanche en prose

Nous avons déjà croisé l'un de ces héros romantiques plein de mélancolie, René, qui souffrait du « vague des passions ». Mélancolie et passions, voilà bien sans doute les maîtres mots de cette génération romantique qui s'épanche cette fois en prose, dans des romans. Nos auteurs, ici, mettent leur art au service de l'analyse des tourments du cœur. Bien souvent, le protagoniste est un jeune homme ou une jeune femme dont la société vient contrarier les passions : l'*Homo romanticus* se veut une victime des conventions sociales, auxquelles il se heurte, pour son malheur.

Le roman psychologique en quelques dates essentielles

1801 *Atala ou les Deux Sauvages dans le désert,* de François-René de Chateaubriand
Le vieil Indien Chactas raconte sa vie à un jeune Français, René. Atala a délivré Chactas, mais, parce qu'elle avait fait vœu de chasteté, la jeune femme a refusé de l'épouser et elle s'est empoisonnée.

1802 *René,* de François-René de Chateaubriand
Delphine, de Mme de Staël
Delphine, comme ce sera aussi le cas pour Corinne, l'autre héroïne de Mme de Staël, doit renoncer à sa passion par respect pour les conventions sociales.

1804 *Oberman*, d'Étienne de Sénancour (1770-1846)
Dans ce roman épistolaire, le héros, toujours insatisfait, se complaît dans sa mélancolie en contemplant à loisir des paysages grandioses.

1807 *Corinne*, de Mme de Staël

1816 *Adolphe*, de Benjamin Constant (1767-1830)
Adolphe se révèle incapable d'aimer Ellénore, plus âgée que lui de dix ans. Pourtant, il ne peut se résoudre à se détacher d'elle. Ô mal de vivre !

1832 *Indiana*, de George Sand
Ici, comme souvent dans les romans de Sand, les protagonistes trouvent en face d'eux la société, qui vient leur opposer ses préjugés et ses conventions.

1834 *Volupté*, de Sainte-Beuve (1804-1869)
Plutôt réputé pour ses talents de critique, Sainte-Beuve a connu un relatif succès avec ce roman sur la passion et ses ravages dans une âme qui devient « voluptueuse » et lascive.

1836 *La Confession d'un enfant du siècle*, d'Alfred de Musset
Le voici donc ce roman déjà évoqué où le bel Alfred non seulement transpose sa liaison tumultueuse avec la fougueuse George Sand, mais – et surtout – dresse le portrait d'une génération romantique assaillie par l'ennui, le mal de vivre et les désillusions.

1841 *Consuelo*, de George Sand

1862 *Dominique*, d'Eugène Fromentin
Le héros aime sa cousine ; mais, là encore, voici l'histoire d'une passion contrariée !

Le roman social et historique, ou comment ouvrir la voie au réalisme

Le XIXe siècle est le siècle de l'histoire, envisagée comme discipline scientifique et croyance en un avenir radieux : le roman bénéficie des préoccupations sociales de l'époque et il se plaît tout particulièrement à privilégier les thèmes historiques.

Enfin, l'histoire est en marche !

On entend souvent dire que le XIXe siècle est issu de la Révolution. Après 1789, beaucoup ont le sentiment qu'on en a terminé avec l'immobilisme

La petite histoire

Sainte-Beuve fait le joli cœur devant Adèle

Le grand Victor n'était pas – c'est le moins que l'on puisse dire – un mari fidèle. Sa seule fidélité amoureuse, il la réserva à sa maîtresse, Juliette Drouet. Pendant ce temps-là, que fait Adèle, l'épouse officielle du poète Hugo ? Eh bien, fatiguée des inconstances de son mari, elle se laisse courtiser par... Sainte-Beuve ! Vengeance et dépit plus que grand amour...

de la période classique. Enfin, l'histoire est en marche ! Et où se dirige-t-elle ? Vers un avenir radieux : le XIXe siècle, plus qu'aucun autre sans doute, croit au progrès, sort éclatant réservé à l'humanité. Il est vrai que les sciences n'en finissent pas de se développer et qu'elles bouleversent par exemple la médecine ou l'industrie, mais c'est aussi l'histoire proprement dite, en tant que discipline, qui voit véritablement le jour en cette première moitié du siècle : archéologie, philologie, étude des inscriptions, qui progressent énormément, vont donner des bases solides aux historiens et à leurs travaux. Qu'on pense à Champollion qui, en 1822, déchiffre les hiéroglyphes égyptiens.

Ainsi, siècle du roman, le XIXe est-il aussi siècle de l'histoire. Trois grands savants, qui sont dans le même temps trois grands hommes d'imagination, vont s'illustrer bientôt : Augustin Thierry (1795-1856), avec *Récits des temps mérovingiens* (1840) ; Alexis de Tocqueville (1805-1859), avec *De la démocratie en Amérique* (1835-1840) ; Jules Michelet (1798-1874), historien monumental de la France avec *L'Histoire de France*, qui compte pas moins de dix-sept volumes sur quelque quarante ans de carrière (à partir de 1833) !

L'arrière-fond historique en littérature, ou comment le roman revendique des préoccupations sociales

Ce goût pour l'histoire va se manifester aussi en littérature : déjà marquée en poésie et au théâtre, la prédilection pour l'histoire se fera fortement sentir dans l'art romanesque. Chez nos auteurs romantiques néanmoins, l'intérêt pour le passé sert bien souvent à revendiquer des préoccupations sociales. Ainsi prépare-t-on le terrain aux futurs romans réalistes et naturalistes.

Quarante ans de roman historique

Les préoccupations sociales du roman se tournent vers le peuple, une des grandes figures qui fait son entrée dans la littérature avec le XIXe siècle. Nous ne reparlerons pas d'eux, mais on doit songer bien sûr à George Sand et à ses romans champêtres, à Victor Hugo et à la longue liste de ses chefs-d'œuvre. Pour compléter le tableau, voici une liste de nouvelles et de romans historiques fameux, que vous pourrez lire avec plaisir !

1826	*Cinq-Mars*, d'Alfred de Vigny
1829	*Les Chouans*, d'Honoré de Balzac
	Matteo Falcone, de Prosper Mérimée
1840	*Colomba*, de Prosper Mérimée

Pour en savoir plus

La vogue du roman historique, héritage britannique ?

Nos amis britanniques semblent avoir balisé le terrain et contribué à répandre la vogue française du roman historique. Le plus célèbre de ces romanciers d'outre-Manche reste Walter Scott (1771-1832) avec son Ivanhoé. *Plus tard suivra, entre autres, le fameux Charles Dickens avec ses inoubliables* David Copperfield *et* Oliver Twist.

1842 *Les Mystères de Paris,* d'Eugène Sue
1844 *Le Juif errant,* d'Eugène Sue
Les Trois Mousquetaires, d'Alexandre Dumas
1845 *Carmen,* de Mérimée
Le Comte de Monte-Cristo, d'Alexandre Dumas
1846 *La Reine Margot, La Dame de Montsoreau,* d'Alexandre Dumas
1848 *Le Vicomte de Bragelonne,* d'Alexandre Dumas
1858 *Le Roman de la momie,* de Théophile Gautier
1863 *Le Capitaine Fracasse,* de Théophile Gautier

Le père Dumas (1802-1870), un nègre et trois cents romans !

Un nom, vous l'aurez sans doute remarqué, revient souvent dans ce tableau, celui de Dumas : Alexandre Dumas père, pour le différencier de son fils, célèbre auteur de *La Dame aux camélias* (1848). Les héros d'Alexandre figurent parmi les créatures romanesques les plus célèbres de la littérature française, avec celles de Victor Hugo et de Jules Verne : d'Artagnan, réel et imaginaire, le comte de Monte-Cristo... Savez-vous que Dumas a composé trois cents romans, cinquante pièces de théâtre et des centaines d'autres ouvrages consacrés aux sujets les plus divers ? Comment faisait-il pour produire autant ? Une célèbre caricature de l'époque le représente, penché sur sa table de travail, avec autant de bras qu'il en faut pour composer plusieurs romans en même temps. Certes, la capacité de travail de notre homme était ahurissante, mais – l'histoire est connue – Dumas avait ce que l'on nomme un « nègre », c'est-à-dire un homme qui travaillait pour lui. Il n'écrivait pas exactement, à vrai dire : Auguste Maquet – c'était son nom – recherchait en bibliothèque les informations nécessaires au romancier pour composer son œuvre. C'était donc bien Dumas qui tenait la plume romanesque pour l'essentiel.

Pour en savoir plus

Eugène Sue (1804-1857)
Homme politique, écrivain prolifique, aujourd'hui quelque peu méprisé des spécialistes ès lettres, Sue fut, en son temps, connu à travers toute l'Europe. Ses romans, comme c'était souvent le cas, furent publiés en feuilletons dans les journaux.

Le roman noir et la nouvelle fantastique, l'hésitation entre le réel et le surnaturel

Curieux XIXe siècle : avec le roman social et historique, il se tourne peu à peu vers ce qui deviendra le roman réaliste, mais, à l'opposé de cette tendance, il développe un goût très prononcé pour le monde des esprits,

Zoom

Les Trois Mousquetaires
Les trois mousquetaires étaient en réalité quatre. Leurs noms ? Athos, Portos et Aramis, auxquels s'ajoute le célèbre d'Artagnan.

de la peur, du fantastique. À mesure que les sciences progressent, qu'on s'installe dans une époque où croissent matérialisme et athéisme, il semble qu'on réagisse en se tournant vers l'inconnu et la nuit.
C'est encore parmi les romantiques qu'il faut chercher les premiers adeptes de cette vogue du roman noir, puis du roman fantastique : Théophile Gautier, Gérard de Nerval, Charles Nodier, le jeune Balzac lui-même ouvrent le bal des démons et des vampires, mais les maîtres français du fantastique sont Mérimée et Maupassant, plus tard, avec *La Vénus d'Ille* ou *Le Horla*.

Roman noir et fantastique : origines et définitions

À la fin du XVIIIe siècle en France, c'est du côté de Jacques Cazotte et de son fameux *Diable amoureux* qu'il faut chercher un précurseur du fantastique. Nos amis britanniques y sont aussi pour beaucoup : ils ont été les premiers à lancer la vogue du roman noir. Les Français leur emboîteront rapidement le pas.
Le roman noir est sanglant, terrifiant. L'atmosphère, lugubre, conduit les personnages, pour leur malheur, dans des châteaux obscurs, mais on n'y a pas forcément affaire au surnaturel, comme dans le roman ou la nouvelle fantastiques.
Comment définir le fantastique à la française ? Pour qu'il y ait fantastique, il faut que, face à un événement étrange, le lecteur puisse hésiter entre deux interprétations : l'une naturelle, l'autre surnaturelle. On ne peut trancher sans sortir du genre fantastique : donner une explication rationnelle, c'est s'orienter vers le réalisme ; opter pour l'explication surnaturelle, c'est s'orienter vers le genre merveilleux.
Le succès du fantastique dépasse largement le cadre de la période romantique : il parcourt tout le siècle, aussi bien en France que dans de nombreux pays d'Europe, et cela continue au XXe siècle ! Pour la Russie, par exemple, qu'on se rappelle les nouvelles de Nicolas Gogol (*Le Nez*) ou celles de Pouchkine (*La Dame de pique*). Les Américains ont donné le grand Edgar Allan Poe. Plus près de nous, au XXe, songez à Buzatti, pour l'Italie (*Le K*), et à Jean Ray, pour la Belgique (*Malperthuis*), mais on n'en finirait pas de citer des noms tant le succès de la littérature fantastique a été important !

Pour en savoir plus

Cette définition du fantastique – hésitation entre rationnel et surnaturel – est celle de Tzvetan Todorov. Classique, elle est aujourd'hui souvent critiquée, notamment parce qu'elle définit le fantastique comme un genre à part entière, ce que beaucoup contestent. À lire : Introduction à la littérature fantastique, *de Todorov, 1970.*

Maupassant et son *Horla* (1886-1887)

Le Horla est une histoire étrange dont Maupassant a écrit deux versions, l'une sous forme de journal intime, l'autre sous forme de récit traditionnel.

Le narrateur, au commencement du récit, est en pleine santé, mais très vite quelque chose cloche. La fièvre s'installe, des événements inexplicables ont lieu : une fleur qui se promène toute seule dans le jardin, un verre de lait qui se vide sans que le protagoniste y ait touché... Un être invisible se serait-il introduit chez lui ? Avec quelles intentions ? Le narrateur ne serait-il pas fou ?
Voici un extrait de la seconde version, celle qui fut rédigée sous forme de journal intime.

> Comme je m'arrêtais à regarder un géant des batailles qui portait trois fleurs magnifiques, je vis, je vis distinctement, tout près de moi, la tige d'une de ces roses se plier, comme si une main invisible l'eût tordue, puis se casser comme si cette main l'eût cueillie ! Puis la fleur s'éleva, suivant la courbe qu'aurait décrite un bras en la portant vers la bouche, et elle resta suspendue dans l'air transparent, toute seule, immobile, effrayante tache rouge à trois pas de mes yeux. Éperdu, je me jetai sur elle pour la saisir ! Je ne trouvai rien ; elle avait disparu.

Alors, fou ou pas, le narrateur ? À vous de découvrir la suite !

Mérimée (1803-1870) et sa *Vénus* maléfique

La fameuse *Vénus d'Ille,* étoile rayonnante au firmament scolaire ! L'histoire ? Alphonse de Peyrehorade vient de se marier ; afin de jouer une partie de jeu de paume, il enlève sa bague et la passe au doigt d'une statue de bronze qui représente Vénus. Lorsqu'il prétend reprendre son bien, c'est impossible ! La statue a refermé sa main ! La nuit de noces approche, et le jeune homme s'apprête à rejoindre sa belle, dans la chambre. Et puis survient l'impensable...
Si vous souhaitez en savoir plus, procurez-vous la nouvelle !

La nouvelle fantastique française en quelques titres essentiels

1821 *Smarra ou les Démons de la nuit,* de Charles Nodier
1831 *La Peau de chagrin,* d'Honoré de Balzac
1836 *La Morte amoureuse,* de Théophile Gautier
1837 *La Vénus d'Ille,* de Prosper Mérimée
1874 *Les Diaboliques,* de Jules Barbey d'Aurevilly
1883 *Contes cruels,* d'Auguste de Villiers de l'Isle-Adam
1886 *Le Horla,* de Guy de Maupassant

Pour en savoir plus

La Peau de chagrin *: Raphaël de Valentin a reçu un étrange cadeau, un morceau de cuir (chagrin, ou peau de chèvre) qui doit réaliser tous ses vœux...*
La Morte amoureuse *: Romuald vit une double vie. Le jour, il est prêtre, la nuit, c'est un riche seigneur de Venise. Cette existence a commencé avec la rencontre de Clarimonde, une étrange courtisane, qui est peut-être un vampire !*

La comédie humaine ou l'aventure du réalisme

Lyrisme, mélancolie, égotisme : baste ! disent les écrivains réalistes ! Dehors, les romantiques ! À nous la place ! Fini de rêver et d'idéaliser l'homme, il s'agit désormais de s'en tenir aux faits, de représenter l'individu dans son milieu social et son cadre quotidien. Flaubert, par exemple, va se moquer des lectures de son héroïne, Emma Bovary, laquelle se réfugie dans une littérature sentimentale et historique, en vogue notamment depuis le succès des œuvres de Walter Scott. Loin de privilégier les thèmes historiques, comme le faisaient les romantiques, les auteurs réalistes choisissent leurs sujets dans le monde qui les entoure, la réalité la plus ordinaire.
Mais attention ! Les mouvements littéraires ne se succèdent pas vraiment, ils sont contemporains les uns des autres, plutôt. Ainsi, deux des chefs de file du réalisme, Balzac et Stendhal, se trouvaient-ils aux premières loges lorsque le mouvement romantique prit son essor. Seul le troisième grand nom du réalisme, Flaubert, a échappé – et encore, c'est à voir ! – aux élans romantiques.

Représenter l'humanité telle qu'elle est vraiment

Il s'agit donc de représenter les hommes tels qu'on peut les voir et les connaître dans la vie réelle, dans leur milieu social d'origine, leur quotidien souvent banal. Petits et grands bourgeois, journalistes, paysans, tels sont les héros des romans réalistes. Le projet est souvent vaste, si on se souvient qu'un Balzac a pour ambition de concurrencer l'état civil ! Cette volonté de représenter tous les aspects de la vie sociale s'accompagne d'un souci pédagogique. On demande au lecteur aussi bien de poser son regard sur un milieu professionnel choisi par l'écrivain que de porter son attention sur les rapports que les individus entretiennent dans ce milieu.

La petite histoire

Les Diaboliques
Jugées sulfureuses, les nouvelles qui composent le recueil donnèrent lieu à un procès pour outrage à la morale publique, procès conclu par un non-lieu. Barbey d'Aurevilly se définissait comme un moraliste chrétien, qui rapportait des histoires crues afin qu'elles ne se reproduisent pas.

Des personnages observés dans leur ascension sociale et leur chute

Un des thèmes privilégiés du réalisme est celui de l'ambition du héros, qui cherche à gagner un rang social élevé mais qui la plupart du temps échoue dans cette quête. Ainsi, le roman réaliste est-il souvent l'occasion d'une critique virulente, celle d'un monde marqué par le pouvoir grandissant de l'argent, moteur des ambitions sociales. Balzac, notamment, s'est attaché à démonter les rouages de la société française : les mêmes tares, les mêmes vices – passions, calculs, jeux d'intérêts et ambition –

touchent tous les milieux sociaux. L'auteur de *La Comédie humaine* laisse des portraits féroces : ceux d'individus qu'il s'attache à élever au rang de types humains.

Le contexte du réalisme

On associe souvent l'essor du mouvement réaliste au Second Empire (1848-1870), ce qui n'est pas faux, mais le terme « réalisme » est apparu en 1826, dans la revue *Le Mercure de France*, pour désigner la « littérature du vrai ». Ce mouvement touche aussi bien les romanciers que les peintres, les uns et les autres appliqués à reproduire le réel tel qu'il se présente, sans visée idéalisante. Les deux théoriciens du réalisme, Champfleury et Edmond Duranty, n'ont rien laissé d'important. Ce dernier crée en 1856 une revue manifeste, *Réalisme*, dans laquelle il expose la mission que doit se donner le roman. Celui-ci, en dépeignant l'époque contemporaine, a une vocation éducative et doit permettre au lecteur de s'instruire.
Lié à la désillusion politique de 1848, à l'échec d'une révolution aussitôt remplacée par un régime autoritaire, l'essor du mouvement réaliste est favorisé par l'amélioration des techniques de production dont bénéficie le monde de l'édition. Les romanciers vont utiliser la presse pour lancer leurs œuvres et toucher ainsi de nombreux lecteurs. Étroitement lié au travail journalistique, le travail littéraire va être influencé par le fait divers et le reportage. Les grands travaux initiés par le régime contesté du Second Empire donneront aussi aux écrivains matière à écrire leurs romans. Les grands magasins s'installent à Paris, tandis que le baron Haussmann modifie en profondeur l'urbanisme de la capitale.

Le réalisme en quelques citations

- « Un roman est un miroir qui se promène sur une grande route » (Stendhal).
- « La vérité, l'âpre vérité » (Stendhal).
- « Le romancier ne juge pas, ne condamne pas, n'absout pas. Il expose des faits » (Champfleury).
- « Quand je parle d'un chat, je ferais aussi bien pleurer qu'avec un drame, et l'histoire d'un chat bien comprise et bien dite vaut mieux que celle d'une étoile mal interprétée » (George Sand).
- « Le hasard est le plus grand romancier du monde : pour être fécond, il n'y a qu'à l'étudier » (Balzac).

Le réalisme en quelques dates importantes

1830 *Le Rouge et le Noir*, de Stendhal.
1833 *Eugénie Grandet*, de Balzac.

La petite histoire

Balzac imprimeur
Signe des temps, Balzac fut imprimeur, de 1826 à 1828, mais l'entreprise fut un désastre financier qui le ramena à l'écriture, avec Les Chouans.

1835 *Le Père Goriot*, de Balzac.
1839 *La Chartreuse de Parme*, de Stendhal.
1843 *Illusions perdues*, de Balzac.
1857 *Madame Bovary*, de Flaubert
1869 *L'Éducation sentimentale*, de Flaubert

Stendhal (1783-1842)

Grand amoureux de l'Italie, Stendhal s'impose, avec *Le Rouge et le Noir* ainsi qu'avec *La Chartreuse de Parme*, comme un des auteurs majeurs du siècle romanesque.

Henri Beyle, dit Brulard, dit Stendhal

Notre homme est un personnage : « [Sa] conscience est un théâtre, disait Paul Valéry, et il y a beaucoup de l'acteur dans cet auteur. » Il aime à changer de rôle, comme il se plaît à changer de pays. Né à Grenoble, qu'il n'aime pas – il n'apprécie que la petite ville voisine de Claix, où vit son grand-père Gagnon –, le futur romancier se rend à Paris pour se présenter à l'École polytechnique. Mais il a la bougeotte et s'engage dans l'armée. Une carrière militaire ? Oui ! Départ pour l'Italie, derrière Napoléon ! Vite déçu, vite gagné par l'ennui, le voici de retour à Paris, avec des rêves de gloire littéraire. On s'installe donc dans la capitale ? Non ! On reprend du service, dans l'intendance de l'armée cette fois, jusqu'en 1814 : Belgique, Russie et puis retour en Italie, une fois l'Empire terminé. En 1821, on se retrouve en France, prêt à lancer la bataille romantique. Cette fois, ça y est, on a posé ses valises ? Que nenni ! On est homme de lettres, on sera aussi diplomate : consul à Trieste, puis à Civita-Vecchia. Seule la maladie fait qu'on se retrouve à Paris... pour y mourir.
Mais enfin, qui est-on ? Un écrivain aux dizaines de pseudonymes : William Crocodile, Lisio Visconti... mais aussi Henry Brulard – le pseudonyme qu'il choisit pour son œuvre autobiographique, *Vie de Henry Brulard* (1836) –, et surtout, surtout, Stendhal, auteur de deux romans qui comptent parmi les plus importants du siècle et déjà mentionnés plus haut : *Le Rouge et le Noir* et *La Chartreuse de Parme*.

La petite histoire

Stendhal, les romans et les femmes
Comme tant d'autres de cette génération, Beyle, ou Stendhal, est un homme à femmes : à l'image de ses confrères, il les aime surtout actrices ou cantatrices. Par dizaines, dit-on ! Mais il ne dédaigne pas pour autant les comtesses : l'une d'elles, Clémentine Curial, le cacha plusieurs jours dans sa cave !

Un romantique qui écrit des romans réalistes

Lorsqu'on a écrit *Racine et Shakespeare*, qu'on a milité pour une révolution romantique, c'est évident, on écrit des romans... réalistes !

Dans *Le Rouge et le Noir*, sous-titré *Chronique du XIXe siècle*, on est loin de l'inspiration passéiste chère à Victor Hugo et aux romantiques ! L'œuvre s'inspire d'un fait divers bien réel dont on a pu lire le compte rendu dans *La Gazette des tribunaux* en 1827. Aux assises de l'Isère s'est tenu un curieux procès : Antoine Berthet, 20 ans, précepteur des enfants Michoud, est devenu l'amant de leur mère. C'est le scandale, qu'on étouffe : le jeune homme doit prendre la soutane, à Grenoble, mais il remet ça une fois sorti ! Nouveau maître, M. de Cordon, nouvelle maîtresse, sa fille ! On le chasse, et pour se venger notre homme tire sur Mme Michoud, l'ancienne maîtresse ! Et en pleine église ! Il n'en faut pas plus à Stendhal pour imaginer *Le Rouge et le Noir* !

Le Rouge et le Noir (1830)

Julien Sorel, un jeune provincial roturier et ambitieux entré au service du marquis de La Mole, souffre de sa condition subalterne. Pourtant, il est aimé de Mathilde, la fille de son maître : c'est une chance inespérée pour changer de condition sociale ! Mais est-ce seulement l'ambition qui anime notre héros face à la belle Mathilde ? Elle lui plaît, c'est sûr ! Julien se fixe donc un objectif : conquérir la belle ! Après ? Nous verrons bien !

> Il serait plaisant qu'elle m'aimât. Qu'elle m'aime ou non, continuait Julien, j'ai pour confidente intime une fille d'esprit, devant laquelle je vois trembler toute la maison, et, plus que tous les autres, le marquis de Croisenois. Ce jeune homme si poli, si doux, si brave, et qui réunit tous les avantages de naissance et de fortune dont un seul me mettrait le cœur si à l'aise ! Il en est amoureux fou, il doit l'épouser. Que de lettres M. de La Mole m'a fait écrire aux deux notaires pour arranger le contrat ! Et moi qui me vois si subalterne la plume à la main, deux heures après, ici dans le jardin, je triomphe de ce jeune homme si aimable : car enfin, les préférences sont frappantes, directes (II, chapitre X).

Et on déteste les romantiques !

Stendhal, on s'en souvient, ne portait pas Chateaubriand dans son cœur. Après avoir lu *Itinéraire de Paris à Jérusalem*, voici ce qu'il écrit : « Au lieu de faire connaître le pays, il dit *je* et *moi* et fait de petites hardiesses de style. » Tout à l'ego, ça le dégoûte ! Et Hugo ? Pas mieux ! « Ses vers sonnent bien et sont adroitement tournés, mais ils ne veulent absolument rien dire » ! L'ambition de Stendhal est d'obtenir un style sec : il veut écrire comme le Code civil !

Zoom

Stendhal, un as de la passion amoureuse

Stendhal est resté célèbre pour ses romans, mais un autre de ses ouvrages a fait couler beaucoup d'encre : son essai intitulé De l'amour. *C'est là que notre homme met au point sa fameuse notion de la cristallisation. Qu'est-ce ? La passion amoureuse, nous dit Stendhal, comporte sept phases. La plus importante est cette fameuse cristallisation : l'objet de notre amour est paré de toutes les perfections, de même qu'aux mines de sel de Salzbourg « un rameau effeuillé par l'hiver » se pare de « cristallisations brillantes », qui l'embellissent.*

La Chartreuse en cinquante-deux jours !

L'autre chef-d'œuvre de Stendhal est *La Chartreuse de Parme.* Notre écrivain a 55 ans, il est debout chez lui, à Paris, dans son appartement. Que fait-il ? Il parle, dicte à son secrétaire un roman. Cela pendant cinquante-deux jours ! Ce sera *La Chartreuse de Parme* ! Magnifique roman, cette *Chartreuse,* mais long ! Des centaines de pages ! Alors, le dicter, l'improviser en si peu de temps, voilà qui tient du prodige !
Le héros du roman ? Fabrice del Dongo, un jeune homme qui participe à la bataille de Waterloo, puis se retrouve dans le duché de Parme, où il rencontre sa tante, la duchesse Sanseverina. La belle tombe amoureuse du beau Fabrice, que le départ de Napoléon laisse désemparé : quel idéal, quelle gloire désormais ? Duel, prison pour le protagoniste. Enfermé dans la tour Farnese, Fabrice tombe amoureux lui aussi, mais de la fille du gouverneur, Clélia Conti. La duchesse, toujours éperdue d'amour pour son beau neveu, le fera évader. Et la suite ? Vous la lirez !

Des romans à femmes

Le Rouge et le Noir et *La Chartreuse de Parme,* à y regarder de près, sont deux romans où règnent les femmes. Julien Sorel et Fabrice del Dongo sont chacun entourés de deux belles : Mme de Rênal et Mathilde de La Mole, pour l'un ; la Sanseverina et Clélia, pour l'autre ! De quoi choquer les bourgeois, en somme ! Et, si on tenait à résumer en une phrase *Le Rouge et le Noir,* on pourrait dire qu'il s'agit de l'histoire d'un jeune homme ambitieux qui se sert des femmes pour réussir.

To the happy few

Une chose encore est frappante, lorsqu'on évoque Stendhal, c'est le contraste énorme entre le succès que le romancier connaît aujourd'hui et l'échec qu'il connut de son vivant. Car les romans de notre écrivain n'étaient pas lus ! Ou alors par très peu de gens. D'ailleurs, lui-même affirmait, à propos de *La Chartreuse,* qu'il écrivait *to the happy few,* pour les quelques heureux qui comprendraient son œuvre !
Est-ce à dire qu'il était totalement méconnu ? Non ! Balzac, le grand Balzac, avait flairé l'écrivain de génie. Voici comment il le jugeait en 1830 : « M. Beyle est un des hommes supérieurs de notre temps. » Plus loin, il évoque « cet observateur de premier ordre, ce profond diplomate qui, soit par ses écrits, soit par sa parole, a donné tant de preuves de l'élévation de ses idées et de l'étendue de ses connaissances pratiques... » Lucide sur lui-même, sur sa valeur, Stendhal savait que

Zoom

Une lettre de Stendhal à Balzac
« En composant la Chartreuse, *pour prendre le ton, je lisais chaque matin deux ou trois pages du Code civil afin d'être toujours naturel ; je ne veux pas, par des moyens factices, fasciner l'âme du lecteur » (30 octobre 1840).*

son œuvre passerait à la postérité. Son ambition ? « Je mets un billet de loterie dont le gros lot se résume à ceci : être lu en 1935. » Pari tenu et réussi !

Balzac (1799-1850), l'autre géant du siècle

Hugo est une légende, un colosse dans ce siècle qui en compte beaucoup, mais si on devait citer le nom d'un autre géant susceptible de représenter la littérature de ce siècle du roman, sans doute faudrait-il évoquer celui de Balzac.

Le forçat à la cafetière

La première remarque qui nous vient à l'esprit, à évoquer ce nom fameux, est celle qui concerne sa capacité de travail : énorme, monstrueuse, comme celle de Dumas ! Balzac compose comme un forçat, plusieurs romans à la fois. Et il meurt d'épuisement ! Comment fait-il pour écrire autant ? On ne sait pas, au fond, mais il y a cette cafetière, cette fameuse cafetière qui ne le quittait pas. Cela commence à minuit, l'heure à laquelle il se réveille. Cela dure toute la nuit. À 8 heures du matin, le valet Auguste apporte un déjeuner. Puis, toute la matinée jusqu'à 13 heures, Balzac corrige les épreuves de ses livres. L'après-midi, il écrit des lettres, imagine les romans à venir. Et à quelle heure se couche-t-il ? Entre 18 et 20 heures ! Des journées longues de dix-huit à vingt heures, donc !

Lord R'Honne et Horace de Saint-Aubin

Comme Stendhal, notre homme prit divers pseudonymes, avec lesquels il a commencé à écrire : Lord R'Honne et Horace de Saint-Aubin, par exemple. Lord R'Honne ? C'est l'anagramme d'Honoré ! Ce n'est que plus tard qu'il adoptera le nom de Balzac (voir la rubrique « La petite histoire » ci-contre)

Les premiers essais romanesques sont peu réussis, et même *Les Chouans* (1829), son premier roman d'importance, est un échec relatif : quelques centaines d'exemplaires vendus seulement ! Un an plus tard en revanche, c'est parti ! Balzac devient un nom, avec un recueil de six récits qui lance son monument, *La Comédie humaine*. Dans ce recueil, retenons un livre : *Gobseck*.

La petite histoire

Balzac ou Balssa ?

Mais qui est donc ce forçat des lettres ? Comme Stendhal, qu'il admirait, Honoré s'est choisi un nom d'emprunt. Son vrai nom est Balssa, et sa famille vient du Tarn. Pourquoi Balzac ? C'est très proche de Balssa, non ? Et puis, cela laisse croire à une parenté – imaginaire ! – avec le célèbre Guez de Balzac, auteur du XVIIe siècle.

L'homme d'affaires calamiteux

C'est parti pour l'œuvre, mais aussi pour les affaires ! L'imagination de Balzac, énorme, le conduit à échafauder toutes sortes de plans mirobolants pour s'enrichir : écrire une encyclopédie pour l'enseignement primaire, exploiter des mines d'argent en Sicile, importer des milliers de chênes de Pologne, que sais-je encore ? Et ce n'est pas tout : notre homme aime le luxe et mène grand train. Lorsqu'il reçoit ses amis, il ne compte pas à la dépense : champagne et dîners somptueux. Bref, il fait des dettes, s'épuise davantage, les créanciers veulent sa peau, il est emprisonné plusieurs fois...

Les femmes, encore ! Honoré et sa « chérie louloup »

En 1830, Honoré s'éprend de la marquise de Castries. C'est un amour malheureux, dont l'écrivain se venge en composant un de ses chefs-d'œuvre : *La Duchesse de Langeais.* Mais la grande dame d'Honoré, c'est Eva Hanska. La richissime épouse du comte Hanski vit en Ukraine, adore les romans français, écrit à Balzac et signe « L'étrangère ». Plusieurs rencontres suivent, mais surtout ils entretiennent une correspondance longue de dix-huit ans ! En 1845, Honoré rejoint en Russie sa belle, veuve depuis quatre ans et qu'il appelle sa « chérie louloup ». Ils font un enfant ensemble, mais c'est un enfant mort-né. Ils finiront par se marier, en février 1850.

« Seul Bianchon peut me sauver ! »

En mai, voici nos tourtereaux, plus très jeunes, à Paris, dans la maison de l'écrivain. Elle est malade et lui, ça n'est pas mieux. On le soigne, sans résultat. Victor Hugo vient lui rendre visite. Cela traîne jusqu'en août, et puis il y a cet épisode fameux, qui n'est peut-être qu'une légende : Balzac va mourir et il réclame à son chevet le docteur Bianchon. « Seul Bianchon peut me sauver ! », lance-t-il. Le hic, c'est que si Bianchon est bien médecin, c'est un personnage inventé par Balzac lui-même, dans *La Comédie humaine* ! Le 18 août 1850, c'est fini, Honoré est mort d'épuisement. Ses noces avec sa chérie louloup n'auront duré que quelques mois.

La Comédie humaine : « faire concurrence à l'état civil »

C'est en 1834 que Balzac a cette idée de génie : systématiser le retour de quelques-uns de ses centaines de personnages et créer ainsi un véritable cycle romanesque complet. Les romans avancent, mais le projet portera un nom en 1840 seulement : ce sera *La Comédie humaine* !

La petite histoire

Les manuscrits de Balzac, ou comment faire s'arracher les cheveux à un éditeur

Aujourd'hui, la plupart des écrivains composent leur œuvre en tapant le texte directement sur un ordinateur. Ah ! si les éditeurs de Balzac savaient cela ! Car notre homme, c'est une chose connue, écrivait comme un cochon, d'une écriture pleine de ratures, parfaitement illisible ! Procurez-vous la reproduction d'une page de manuscrit, vous verrez ! À l'imprimerie où étaient envoyés ces manuscrits, il y avait même un correcteur spécialiste de son écriture, c'est dire !

Au total, cette somme littéraire se compose de 26 tomes, 95 œuvres achevées et 48 ébauchées, dont certaines, assez avancées, ont été publiées après la mort de l'écrivain. Plus de 600 personnages, une œuvre énorme écrite entre 1826 et 1850. Vingt-cinq ans seulement !
L'objectif de ce monument ? Le mot est resté célèbre : il s'agit de « faire concurrence à l'état civil » en représentant l'ensemble de la société de son temps. Balzac dépeint toutes les classes sociales. Une seule manque à l'appel : la classe ouvrière. Le romancier ne se contente pas de décrire Paris, il situe souvent l'action de ses romans en province. À Tours (*Le Curé de Tours*), à Angoulême (*Illusions perdues*), en Bretagne (*Les Chouans*). Les romans balaient aussi l'histoire de France et ont pour cadre l'époque de la Révolution (*Les Chouans*), l'époque impériale (*Le Colonel Chabert*), la Restauration (*Le Père Goriot*), ou encore la monarchie de Juillet (*L'Envers de l'histoire contemporaine*).

Mais comment procéder pour classer tous les romans ?

L'écrivain va les classer en trois grandes études, elles-mêmes divisées en scènes, qui comprennent chacune plusieurs romans. Voici quelques-uns des titres qui composent *La Comédie humaine*...

Études de mœurs

- Scènes de la vie privée : *La Maison du Chat-qui-pelote, Mémoires de deux jeunes mariées, Le Colonel Chabert, Gobseck, La Femme de trente ans, Le Père Goriot.*
- Scènes de la vie de province : *Le Lys dans la vallée, Ursule Mirouet, Eugénie Grandet, L'Illustre Gaudissart, Les Illusions perdues.*
- Scènes de la vie parisienne : *Histoire des Treize* (trois épisodes : *Ferragus, La Duchesse de Langeais, La Fille aux yeux d'or*), *Sarrasine, Grandeur et décadence de César Birotteau, Splendeurs et misères des courtisanes.*
- Scènes de la vie politique : *Une ténébreuse affaire.*
- Scènes de la vie militaire : *Les Chouans.*
- Scènes de la vie de campagne : *Les Paysans, Le Médecin de campagne, Le Curé de village.*

Études philosophiques

La Peau de chagrin, Jésus-Christ en Flandres, Melmoth réconcilié, Massimilia Doni, Le Chef-d'œuvre inconnu, Gambara, La Recherche de l'absolu, L'Élixir de longue vie ; Louis Lambert ; Séraphîta.

Études analytiques

La Physiologie du mariage.

Zoom

L'origine d'un projet
À l'origine du projet balzacien, on trouve aussi un homme de science, Buffon, le naturaliste. « Si Buffon, lance Balzac, a fait un magnifique ouvrage en essayant de représenter dans un livre l'ensemble de la zoologie, n'y avait-il pas une œuvre de ce genre à faire pour la société ? » Buffon, donc, a classifié les animaux ; Balzac fera la même chose pour l'« animal » humain. Il mettra ainsi en évidence les rapports que ces « animaux » humains entretiennent entre eux dans les différents milieux sociaux qu'ils habitent.

Réaliste, Balzac ?

Le grand défaut des histoires littéraires – et celle-ci n'échappe pas à la règle ! – c'est de systématiser les courants littéraires et de forcer les écrivains à entrer dans ces cadres qui, le plus souvent, sont trop étroits : le génie d'un écrivain déborde, échappe à ces conventions. Balzac est-il réaliste ? Oui, en un sens. Honoré a bien le souci du moindre détail, le goût des descriptions longues, très longues, plusieurs pages souvent denses. Mais qu'il en faut de l'imagination pour écrire des romans réalistes ! Et puis, ce qu'on oublie souvent, c'est que de nombreux romans balzaciens échappent totalement au réalisme : la plupart des « études philosophiques » sont en fait des récits qui flirtent avec le fantastique. Et ce ne sont pas les moins réussis ! Je vous conseille la lecture de *Massimilia Doni*, du *Chef-d'œuvre inconnu* et de *La Recherche de l'absolu.*

Balzac en cinq personnages mémorables

Parmi les centaines de personnages créés par Balzac, seuls quelques-uns, c'est fatal, sont restés dans notre mémoire : Rastignac, Rubempré, Vautrin, Goriot, Bianchon.

• De Rastignac, prénom Eugène : je suis le prototype du jeune homme ambitieux et je figure dans vingt-six romans de *La Comédie humaine.*

• De Rubempré, prénom Lucien : je suis le protagoniste des *Illusions perdues.* Mon vrai nom est Chardon. Je suis poète et je viens à Paris avec des rêves de gloire. Rêves déçus.

• Vautrin : mon nom véritable est Jacques Collin, dit « Trompe-la-mort » ; je suis un bagnard évadé et j'incarne le mal dans l'œuvre de Balzac. Je propose par exemple à Rastignac de tuer le frère de Victorine Taillefer, qui est amoureuse du jeune ambitieux. Son frère mort, Victorine deviendrait une riche héritière et un excellent parti...

• Bianchon, Horace : je suis médecin et j'apparais dans vingt-neuf romans. C'est moi que mon créateur appela à son chevet le jour de sa mort.

• Goriot, dit « le père » : je meurs dans la misère, loin de mes deux filles, pour lesquelles je me suis sacrifié. Parvenues dans le grand monde, elles n'éprouvent plus pour moi qu'indifférence.

Dans l'extrait qui suit, nous sommes à la pension Vauquer, où habite le vieil homme ; le père Goriot vient de mourir, misérable, solitaire, loin de ses filles ingrates. Près de lui, on retrouve Rastignac et Bianchon.

Pour en savoir plus

Le Chef-d'œuvre inconnu ***(1831)***
Le peintre Frenhofer travaille à son chef-d'œuvre, La Belle Noiseuse, *mais il lui manque un modèle pour lui inspirer la perfection à laquelle il tend. Nicolas Poussin propose au maître de faire poser sa belle, Gillette. Frenhofer accepte et termine le tableau mais, lorsque le jeune Poussin et son ami Porbus se trouvent devant le tableau achevé... la suite en lisant le livre !*

Zoom

Le film La Belle Noiseuse, *de Jacques Rivette, est justement inspiré de cette nouvelle de Balzac.*

Le Père Goriot (1835)

– Oh ! Il est bien mort, dit Bianchon en descendant.

– Allons, messieurs, à table, dit madame Vauquer, la soupe va se refroidir.

Les deux étudiants se mirent à côté l'un de l'autre.
– Que faut-il faire maintenant ? dit Eugène à Bianchon.
– Mais je lui ai fermé les yeux, et je l'ai convenablement disposé. Quand le médecin de la mairie aura constaté le décès que nous irons déclarer, on le coudra dans un linceul, et on l'enterrera. Que veux-tu qu'il devienne ?
– Il ne flairera plus son pain comme ça, dit un pensionnaire en imitant la grimace du bonhomme.
– Sacrebleu, messieurs, dit le répétiteur, laissez donc le père Goriot, et ne nous en faites plus manger, car on l'a mis à toute sauce depuis une heure. Un des privilèges de la bonne ville de Paris, c'est qu'on peut y naître, y vivre, y mourir sans que personne fasse attention à vous. Profitons donc des avantages de la civilisation. Il y a soixante morts aujourd'hui, voulez-vous nous apitoyer sur les hécatombes parisiennes ? Que le père Goriot soit crevé, tant mieux pour lui ! Si vous l'adorez, allez le garder, et laissez-nous manger tranquillement, nous autres.
– Oh ! Oui, dit la veuve, tant mieux pour lui qu'il soit mort ! Il paraît que le pauvre homme avait bien du désagrément sa vie durant.
Ce fut la seule oraison funèbre d'un être qui, pour Eugène, représentait la Paternité.

Gustave Flaubert (1821-1880) : bagnard ès lettres

Dumas, Balzac, Hugo et même Stendhal : tous écrivains à la plume alerte, facile. Voici maintenant Flaubert, pour qui l'écriture fut un bagne, un calvaire ! Le bonhomme écrit quelques lignes par jour, qu'il raye aussitôt pour recommencer, encore et encore ! Un calvaire, disais-je. Il enrage, il vomit tout son repas de dégoût, de fatigue. Sa *Correspondance*, énorme, elle, est pleine de ses plaintes, de ses jurons, de ses reniements. « Je me fous un mal de chien, écrit-il à Louise, sa maîtresse, en juin 1855. Il m'arrive de supprimer au bout de cinq ou six pages des phrases qui m'ont demandé des journées entières. »

La prose, une chienne !

Mais pourquoi ce calvaire ? L'exigence, l'exigence envers soi-même. Et le respect absolu de l'art, du travail que demande l'art, du renoncement à tout autre chose ! « Pour un artiste, écrit Flaubert à son filleul, Maupassant, il n'y en a qu'un [de principe] : tout sacrifier à l'Art. »

La petite histoire

À nous deux, maintenant !
Après l'enterrement de Goriot, Rastignac oublie ses bons sentiments et retrouve le goût du pouvoir et de l'argent. Il lance sa phrase célèbre à la face de Paris et de ses beaux quartiers : « À nous deux, maintenant ! »

La phrase doit être précise comme un scalpel, « comme un vers, inchangeable, aussi rythmée, aussi sonore ». L'auteur ? Il doit s'effacer complètement derrière son œuvre. Le style ? Il le faut objectif, retenu : les émotions, les sentiments ne doivent tenir qu'aux événements rapportés. Pas de lyrisme, pas d'emportements romantiques. Le romantisme est mort, vive le réalisme ! Mais que c'est difficile : « Quelle mécanique que le naturel, et comme il faut de ruses pour être vrai ! » Oui, « quelle chienne de chose que la prose ! »

1 500 livres lus pour composer un seul roman !

Est-ce de son enfance passée à l'Hôtel-Dieu de Rouen, où son père était chirurgien, que Flaubert rapporta ce goût pour une écriture chirurgicale ? On le suppose, mais il y a encore autre chose : dès cette même enfance se manifeste chez notre homme un appétit terrible pour les documents. Le travail acharné n'est pas seulement un travail sur la phrase : pour chaque roman composé, Flaubert lit tout ce qui se rapporte à son sujet ! Ainsi, lorsqu'il écrit *Bouvard et Pécuchet*, se croit-il obligé de tout lire sur la chimie, l'agriculture, la médecine ! « Savez-vous à combien se montent les ouvrages qu'il m'a fallu absorber pour mes deux bonshommes : à plus de mille cinq cents ! »

Quatre ou cinq ans pour chaque roman

Alors, forcément, pour composer un roman, c'est long, long ! Près de cinq ans à chaque fois ! *Madame Bovary* ? Cinq ans. *L'Éducation sentimentale* ? Quatre ! *Salammbô* ? Encore quatre !
Albert Le Poittevin, Maxime Ducamp et Louis Bouilhet, les amis très chers de Flaubert, sont assis ou debout, comme on voudra, dans un bureau. Un homme crie les phrases qu'il vient de composer : cet homme, c'est notre Gustave, qui a besoin d'entendre à haute voix sa prose. Ou plutôt, il a besoin de la gueuler (c'est son mot). Installé à Croisset, en Haute-Normandie, son cabinet de travail – la chose est restée célèbre – sera son « gueuloir »… ou son dégueuloir, comme il le dit aussi : « De demain en huit, je dégueulerai tout au sieur Bouilhet », trouve-t-on par exemple dans une lettre à Louise Colet.

La petite histoire

Le solitaire de Croisset et son gueuloir (ou dégueuloir)
Voici ce qu'écrit Flaubert à la mort de son ami Bouilhet, en 1869 : « La moitié de mon cerveau est resté à jamais au cimetière monumental [de Rouen]. »

Flaubert, maître du réalisme ?

Écriture objective, style retenu, documentation forcenée, Flaubert est-il le maître du réalisme ? Annonce-t-il le naturalisme, comme on l'écrit souvent ? Certes. Mais il y a en cet homme deux tendances qui s'opposent : l'une le porte au lyrisme, à l'imagination ; l'autre lui fait condamner implacablement ce goût pour le rêve et les envolées lyriques, romantiques. Nous sommes en 1849, et la première tendance vient de lui faire écrire

La Tentation de saint Antoine. Pendant trois jours, il lit ce roman à ses amis. Consternation. Du Camp et Bouilhet conseillent alors à Flaubert de se consacrer à une histoire triviale. Ils lui proposent de romancer une aventure sordide qui avait défrayé la chronique de Ry, en Normandie. Cette histoire, ce sera celle de *Madame Bovary.*

Madame Bovary

Au départ, donc, une histoire vraie : l'adultère, l'endettement et, pour finir, la ruine et le suicide de l'épouse du médecin Delamare. Delphine Couturier va devenir Emma, l'épouse de Charles Bovary, médecin. Emma s'ennuie, Emma, poussée par ses lectures romantiques, rêve d'une nouvelle vie. Elle prend un amant, Rodolphe ; un autre, Léon. Dettes, malheur, désillusions. Et le suicide, le célèbre suicide à l'arsenic, décrit de façon clinique et sordide par Flaubert.

La mort d'Emma (*Madame Bovary,* 1857)

Sa poitrine aussitôt se mit à haleter rapidement. La langue tout entière lui sortit hors de la bouche ; ses yeux, en roulant, pâlissaient comme deux globes de lampe qui s'éteignent, à la croire déjà morte, sans l'effrayante accélération de ses côtes, secouées par un souffle furieux comme si l'âme eût fait des bonds pour se détacher. Félicité s'agenouilla devant le crucifix, et le pharmacien lui-même fléchit un peu les jarrets, tandis que M. Canivet regardait vaguement sur la place. Bournisien s'était remis en prière, la figure inclinée contre le bord de la couche, avec sa longue soutane noire qui traînait derrière lui dans l'appartement. Charles était de l'autre côté, à genoux, les bras étendus vers Emma. Il avait pris ses mains et il les serrait, tressaillant à chaque battement de son cœur, comme au contrecoup d'une ruine qui tombe. À mesure que le râle devenait plus fort, l'ecclésiastique précipitait ses oraisons ; elles se mêlaient aux sanglots étouffés de Bovary, et quelquefois tout semblait disparaître dans le sourd murmure des syllabes latines, qui tintaient comme un glas de cloche.

Tout à coup, on entendit sur le trottoir un bruit de gros sabots, avec le frôlement d'un bâton ; et une voix s'éleva, une voix rauque, qui chantait :

Souvent la chaleur d'un beau jour
fait rêver fillette à l'amour.

Emma se releva comme un cadavre que l'on galvanise, les cheveux dénoués, la prunelle fixe, béante.

Pour amasser diligemment
Les épis que la faux moissonne,
Ma Nanette va s'inclinant
Vers le sillon qui nous les donne.

La petite histoire

Une autre scène d'anthologie : avant de mourir de remords plutôt que d'ennui, Emma passe parfois du bon temps avec son second amant, Léon. La scène du fiacre, où Flaubert suggère les ébats amoureux des protagonistes dans la calèche qui tourne en rond, à Rouen, est fameuse.

– L'Aveugle ! s'écria-t-elle.

Et Emma se mit à rire, d'un rire atroce, frénétique, désespéré, croyant voir la face hideuse du misérable, qui se dressait dans les ténèbres éternelles comme un épouvantement.

Il souffla bien fort ce jour-là,
Et le jupon court s'envola !

Une convulsion la rabattit sur le matelas. Tous s'approchèrent. Elle n'existait plus.

Le procès

Le roman paraît en 1856 dans *La Revue de Paris.* Cinq ans de travail acharné qui se terminent par... un procès, demeuré fameux. Flaubert est jugé devant le tribunal correctionnel pour outrage à la morale publique et religieuse. Il en sort acquitté, mais démoralisé. Cependant, le scandale assure le succès du roman : quinze mille exemplaires seront écoulés en quinze jours en 1857 !

Flaubert pourfendeur de la bêtise

Austère, Flaubert ? Moine littéraire enfermé dans son gueuloir ? Oui. Mais l'homme est aussi un colosse, une force de la nature. Et cette force, il l'emploie également à gueuler contre la bêtise humaine, pour laquelle il n'a pas de mots assez dur : « La bêtise est quelque chose d'inébranlable ; rien ne l'attaque sans se briser contre elle. Elle est de la nature du granit, dure et résistante » (à son oncle Parain, 6 octobre 1850). Contre elle, il composera deux livres : le *Dictionnaire des idées reçues* et le roman *Bouvard et Pécuchet.* Sa *Correspondance* aussi multiplie les attaques contre cette tare. L'homme est exigeant avec lui-même, donc, mais il sait tonner et rire des autres. Le *Dictionnaire* regorge de petites perles savoureuses à la lecture. En voici une, je vous laisse juge : « JEUNE FILLE : Articuler ce mot timidement. Toutes les jeunes filles sont pâles et frêles, toujours pures. Éviter pour elles toute espèce de livres, les visites dans les musées, les théâtres et surtout le Jardin des Plantes, côté singes. »

Zoom

La Correspondance *: des lettres à marquer d'un carré blanc*

On trouve de tout dans les lettres de Flaubert : le calvaire de l'écriture, bien sûr, les tracas de la vie quotidienne, des critiques littéraires, des jugements sur l'existence et la bêtise humaine, mais aussi de nombreux passages à marquer d'un carré blanc (ses amours avec les femmes, avec des détails crus...). On ne s'ennuie pas ! Un exemple ? Allez-y voir par vous-même !

Flaubert et les femmes

« J'ai eu des amours à tous crins, qui reniflaient dans mon cœur comme des cavales dans les prés. J'en ai eu d'enroulés sur eux-mêmes, de glacés et de longs comme des serpents qui digèrent. J'ai eu plus de concupiscence que je n'ai de cheveux perdus. » Celui qui parle ainsi, c'est certain, n'est pas un puritains, vivant hors du monde ; c'est encore Flaubert, au tempérament rabelaisien, qui aimait les femmes. Des femmes qui comptèrent, dans la vie de Gustave, il y en eut quatre.

• La première, c'est Eulalie Foucaud De Langlade, dont on sait peu de chose sinon par les lettres de Flaubert, qui la rencontra à Marseille en 1840, lors de son voyage vers la Corse.

• La deuxième est Kutchiuk-Hânem, une prostituée égyptienne que Flaubert rencontra lors de son voyage avec Maxime Du Camp en 1850. Elle lui laisse des souvenirs torrides, et les lettres où notre bonhomme évoque leur relation valent parfois le détour...

• La troisième se nomme Elisa Schlesinger. Elle restera le grand amour inaccompli de Flaubert, celle dont il parlera en disant : « Chacun de nous a dans le cœur une chambre royale. Je l'ai murée, mais elle n'est pas détruite. » De cet amour déçu, Flaubert fera une grande réussite : Elisa Schlesinger deviendra Mme Arnoux, personnage essentiel de son grand roman *L'Éducation sentimentale*.

• Et la dernière ? La dernière, mais pas la moindre, c'est Louise Colet. Séductrice redoutable, Louise compte déjà à son palmarès de nombreux hommes de lettres : souvenez-vous, nous l'avions vue dans les bras de Vigny et de ce pauvre Musset, qui se remit difficilement de leur séparation. Flaubert rencontre la jeune femme en 1846 ; leur relation durera jusqu'en 1855. Entre-temps, les deux amants ont échangé des centaines de lettres, qui constituent la plus belle partie de la *Correspondance* du célèbre écrivain.

Flaubert en ses œuvres

1849 *La Tentation de saint Antoine* (première version)

1857 *Madame Bovary*

1862 *Salammbô*

Un des plus grands succès de librairie de Flaubert, à l'époque de sa parution. L'action se passe à Carthage, l'actuelle Tunis, en 240 avant Jésus-Christ, après la deuxième guerre punique. La première phrase du livre est restée fameuse, toujours citée en – bon ou mauvais – exemple par d'autres écrivains : « C'était à Mégara, faubourg de Carthage, dans les jardins d'Hamilcar. » Hamilcar est un chef carthaginois dont Salammbô est la fille. Celle-ci s'éprend de Mathô, un mercenaire qui se dresse contre le père de la jeune fille. Mathô finira par être capturé et torturé devant Salammbô, qui en mourra.

1869 *L'Éducation sentimentale*

Un incipit célèbre : « Ce fut comme une apparition. Elle était assise, au milieu du banc, toute seule ; ou du moins il ne distingua personne, dans l'éblouissement que lui envoyèrent ses yeux. » Le bachelier Frédéric Moreau rentre chez lui, à Nogent. Sur le

Pour en savoir plus

Charbovary !

Les scènes d'anthologie sont nombreuses dans Madame Bovary. *Le début du roman, par exemple, lorsque Charles Bovary enfant fait son entrée au collège : il perd sa casquette, bredouille son nom, « Charbovary », et tous de rire ! Le futur mari d'Emma est devenu le prototype de la médiocrité.*

Zoom

Le pharmacien Homais est devenu lui aussi un prototype : celui de la bêtise petite-bourgeoise provinciale.

même bateau se trouve Marie Arnoux, une femme mariée. Coup de foudre ! Il en faudra des pages pour que la belle avoue son amour au jeune homme ! Mais elle est âgée. Il ne se passe rien entre eux : seule une mèche de cheveux est échangée... Décevant ? Oui, mais peut-être ce roman est-il le plus beau de Flaubert : un grand classique, à lire absolument.

1877 *Dictionnaire des idées reçues*
La grande bataille de Gustave contre la bêtise et les bourgeois.

1877 *Trois contes* (*La Légende de saint Julien l'Hospitalier* ; *Un cœur simple* ; *Hérodias*)
Trois histoires bien différentes : dans la première, Julien a tué par erreur ses parents ; *Un cœur simple* a pour protagoniste Félicité, une servante qui vit avec un perroquet ; le dernier récit raconte l'histoire de Salomé, fille d'Hérodias, qui demande la tête de saint Jean-Baptiste à Hérode.

1880 *Bouvard et Pécuchet*
L'autre combat de Flaubert contre la bêtise. Bouvard et Pécuchet sont deux copistes. Après un héritage, ils se retirent à la campagne pour étudier toutes les sciences, de l'archéologie jusqu'à la philosophie. Le ridicule tue-t-il ?

Maupassant (1850-1893), entre réalisme et naturalisme

Le filleul de Flaubert compose, en dix années, des centaines de nouvelles, tantôt réalistes, tantôt fantastiques.

Un maître et son disciple

« Trop de putains, trop de canotage ! trop d'exercice ! Oui, monsieur, il faut, entendez-vous, jeune homme, il faut travailler plus que ça. Tout le reste est vain [...] ; foutez-vous ça dans la boule. » Le jeune homme qui reçoit cette lettre s'appelle Maupassant. Et l'homme qui l'envoie ? Mais c'est Gustave, Gustave Flaubert, que nous venons à peine de quitter ! Le maître enseigne à son disciple la discipline littéraire. Plus que cela : il lui recommande l'observation, lui enseigne le style. Mieux encore, Maupassant doit à Flaubert ses relations : il lui présente Zola, Daudet, Huysmans. C'est que la mère du jeune Guy est la sœur d'Alfred Le Poittevin, le meilleur ami du grand Gustave.
« Trop de putains, trop de canotage ! trop d'exercice ! » On reconnaît bien là Flaubert ! En trois mots, il vient de décrire la vie de son jeune protégé :

Le mot savant

Le bovarysme : *certains auteurs ou personnages littéraires sont si fameux qu'on a forgé, à partir de leur nom, des adjectifs ou des substantifs entrés dans le dictionnaire. On parle de personnages rabelaisiens, de situations kafkaïennes... Mais on parle aussi de « bovarysme », terme qui sert à désigner des personnes (des femmes surtout) qui, insatisfaites dans leur vie, fuient dans l'imaginaire et le romanesque.*

Maupassant a passé beaucoup de temps avec les femmes, beaucoup de temps à faire la fête sur les rives de la Seine, à canoter avec des amis et des prostituées, trop de temps à montrer à ce beau monde sa force physique impressionnante. Il lui faut donc de la discipline, pour devenir écrivain.

Boule de suif, le succès foudroyant

En 1880, Zola va faire éditer un recueil collectif, *Les Soirées de Medan.* Il demande à Maupassant une nouvelle qui puisse figurer dans le livre. Ce sera *Boule de suif,* composée en quelques jours. Le succès est immédiat. Nous sommes partis pour une dizaine d'années de gloire. Maupassant va devenir un auteur célèbre dans toute l'Europe, un des écrivains du siècle qui vivra le mieux de sa plume et amassera une fortune.

La petite histoire

La mère de Maupassant était la sœur du meilleur ami de Flaubert, mais savez-vous que la légende va jusqu'à dire que le solitaire de Croisset aurait pu être le père de Maupassant...

Le maître de la nouvelle

Auteur de romans, comme ses deux maîtres, Flaubert et Zola, Maupassant excelle dans l'art de la nouvelle. Chacun de ses récits fantastiques est un vrai petit bijou, une histoire qui fait mouche. Nous avons déjà lu un extrait du *Horla,* chef-d'œuvre du genre, mais il y en a bien d'autres. Cependant, Maupassant ne touche pas seulement au fantastique : ses nouvelles réalistes font date dans notre littérature. Le style est précis, concis, et l'auteur sait admirablement faire parler toutes les couches sociales, du bourgeois au paysan normand.

En dix ans, l'auteur du *Horla* va faire paraître plus de trois cents nouvelles. Une activité très intense, si on compte aussi les romans. C'est que le temps presse, car bientôt va survenir la mort dramatique de l'écrivain.

La petite histoire

Bel-Ami, *bateau ou roman ?*
Bel-Ami *(1885), c'est le titre d'un des romans les plus fameux de Maupassant, qui raconte l'histoire d'un ambitieux, Georges Duroy, lequel prétend arriver grâce au journalisme et côtoyer les sommets de la finance et de la politique. Bel-Ami ? C'est que Duroy, qui est devenu « du Roy », est le chouchou des dames, qui l'aident dans son ascension sociale.*
Mais le Bel-Ami, *c'est aussi un yacht, celui de Maupassant lui-même, sur lequel il voyage autour de la Méditerranée.*

Le Horla, c'est moi !

On connaît la célèbre phrase attribuée à Flaubert : « Madame Bovary, c'est moi ! » Maupassant aurait pu reprendre à son compte cette formule fameuse en affirmant : « Le Horla, c'est moi ! » Car notre homme va bientôt, comme son personnage, entrer dans la folie. Son frère Hervé déjà était mort fou à l'âge de 33 ans. Et lui, quel mal le tient ? La vérole, ou la syphilis, qu'il contracte à 27 ans. Ce sont d'abord des migraines terribles, des hallucinations. En 1892, il tente de mettre fin à ses jours et devient fou. On lui passe la camisole. On l'enferme à la maison de santé du docteur Blanche, le même qui avait reçu Gérard de Nerval.

Maupassant en œuvres

• Des six romans composés par notre écrivain, *Une vie* (1883), *Bel-Ami* (1885), *Mont-Oriol* (1887), *Pierre et Jean* (1888), *Fort comme la mort* (1889) et *Notre cœur* (1890), s'il fallait en retenir deux, ce serait les deux premiers. *Bel-Ami* a déjà été évoqué, mais nous aimons beaucoup *Une vie*. C'est une histoire d'amour malheureux, celui de Jeanne, trompée par Julien, son mari.

• Parmi les nombreux recueils de nouvelles publiés par Maupassant, voici les principaux qui méritent toute votre attention...

1880 *Boule de suif*
1881 *La Maison Tellier*
1882 *Mademoiselle Fifi*
1883 *Les Contes de la bécasse*
1885 *Les Contes du jour et de la nuit*
1887 *Le Horla*
1888 *Le Rosier de Mme Husson*

• Et voici enfin une citation célèbre, qui est devenue une sorte de manifeste du courant réaliste. Elle est extraite de la préface du roman *Pierre et Jean* : « Le réaliste, s'il est un artiste, cherchera, non pas à nous montrer la photographie banale de la vie, mais à nous en donner la vision la plus complète, plus saisissante, plus probante que la réalité. »

Les naturalistes : une génération derrière un maître, Zola

Que serait le naturalisme sans Zola ? Balzac est mort, Flaubert vit plutôt en solitaire... Le géant littéraire de la fin du siècle sera Émile, qui rallie autour de lui des écrivains comme les frères Goncourt, Daudet, Mirbeau, Maupassant ou encore Huysmans, les mêmes Maupassant et Huysmans qui finiront par contester la légitimité du mouvement et éprouveront le désir de prendre leurs distances vis-à-vis de ses principes, jugés trop rigides.

Le triomphe du naturalisme est assuré à partir de 1871, avec la parution de *La Fortune des Rougon*, premier volume de la grande fresque de Zola, les *Rougon-Macquart*, mais le mouvement littéraire prend une stature officielle en 1877, lors d'un fameux dîner au restaurant Trapp qui rassemble les principaux écrivains de ce courant. À l'époque de la publication de *L'Assommoir*, Zola réunit tous les jeudis, dans la maison de campagne qu'il vient d'acheter à Médan, près de Paris, un groupe d'écrivains (notamment Maupassant, Huysmans, Céard, Hennique et Alexis). La pensée de ce groupe s'affirme en 1880 avec la publication d'un volume collectif, *Les Soirées de Médan*.

Zoom

La vérole, maladie du siècle

La syphilis aujourd'hui se soigne très bien mais, au XIXe siècle, c'est une hécatombe ! C'est elle qui tue beaucoup de nos écrivains : Flaubert, Daudet, Maupassant, et bientôt Baudelaire. Pourquoi ? Les maisons closes ! Au temps de Maupassant, on perd souvent sa virginité en allant trouver des prostituées...

Un roman aux prétentions scientifiques

Les attaques contre Zola furent violentes, menées par le milieu journalistique ou par des écrivains très opposés aux prétentions scientifiques exagérées du mouvement naturaliste. On railla son goût supposé pour le vulgaire et l'obscène, l'absence de style de ses chefs de file. Mais quelles sont donc ces prétentions scientifiques ? La théorie de l'évolution de Charles Darwin, connue en France à partir de 1862, les travaux de Charcot sur la neurasthénie, la psychose et la névrose exercent une fascination sur la génération naturaliste, qui s'en inspire pour composer ses œuvres. Les Goncourt campent dans le personnage de Germinie Lacerteux une femme hystérique, mais Zola, après avoir lu une étude du docteur Lucas, *Traité philosophique et physiologique de l'hérédité naturelle* (1847-1850), pousse plus loin la logique de cette fascination. Les Rougon-Macquart, une famille que le romancier suivra sur cinq générations, doivent permettre de vérifier les lois biologiques de l'hérédité.

La puissance des instincts et des pulsions ; hérédité et innéité

Les personnages de Zola ont des tares dont l'origine est héréditaire et qui les conduisent à une dégénérescence inéluctable. Les descendants de l'aïeule Adélaïde Fouque, veuve Rougon et nouvelle épouse Macquart, seront marqués par un double héritage : celui de la folie et celui de l'alcoolisme. En outre, le héros naturaliste fait l'objet d'une véritable dissection, comme un animal. Zola compare l'écrivain à un anatomiste confronté au cadavre humain. Le modèle de Zola, c'est le médecin Claude Bernard (1813-1878). L'homme est vu comme un être animé et conduit par ses pulsions (sexe et crime), tandis que la femme se présente comme un être voué au désir qu'il suscite chez la part mâle de l'humanité.

Faire entrer le peuple dans le roman

Malgré toute l'admiration qu'il avait pour son œuvre, Zola reprochait à Balzac de ne pas s'être intéressé aux classes les plus basses de la société. C'est pourquoi, dès 1865, le romancier naturaliste avait salué la parution de *Germinie Lacerteux*, le roman des frères Goncourt, comme un événement. Il lui consacra un article dans lequel il vantait un livre qui faisait « entrer le peuple dans le roman ». C'est sur lui, le peuple, que l'écrivain fixera surtout son attention, notamment dans ses livres les plus célèbres, *Germinal* et *L'Assommoir*, qui dépeignent le monde ouvrier et son langage populaire. Les thèmes qui parcourent son œuvre sont ceux de l'adultère et du mauvais ouvrier. Autres sujets de prédilection, le monde de la prostitution, celui de l'alcoolisme et de ses ravages, celui des mouvements sociaux qui peuvent conduire à une révolution.

Pour en savoir plus

Les milieux littéraires catholiques raillent les prétentions scientifiques de Zola et son matérialisme. Jules Barbey d'Aurevilly et Léon Bloy s'en prennent violemment au chef de file du naturalisme.

Le projet naturaliste, on l'a compris, reprend finalement celui de Balzac – concurrencer l'état civil – en le poussant jusqu'au bout : Zola se propose, à travers ses vingt romans, de faire parcourir à ses lecteurs les cinq univers sociaux qui cohabitent, selon lui, sous le Second Empire : le peuple (ouvriers et militaires), la bourgeoisie, les commerçants, le grand monde et, enfin, un « monde à part », celui des prostituées, des meurtriers, des prêtres et des artistes. Zola, toujours, a le souci de faire l'histoire de ce Second Empire, entre le coup d'État de 1851 et la Commune de Paris, en mai 1871.

Daudet, Vallès et Renard, ou le martyre des enfants

C'est presque toujours le cas en littérature : les œuvres débordent le cadre strict d'un mouvement littéraire. Ainsi, des trois écrivains nommés ci-dessus, on ne peut pas dire qu'ils s'inscrivent tout à fait dans le mouvement naturaliste. Tout au plus partagent-ils les préoccupations réalistes d'un courant qui trouve leur sympathie.

D'Alphonse Daudet, on aura peut-être lu *Tartarin de Tarascon* (1872) et *Les Lettres de mon moulin* (1866), recueil de nouvelles dont fait partie *La Chèvre de M. Seguin*. Un roman mérite qu'on le lise ou le relise : *Le Petit Chose* (1868), qui rapporte les malheurs d'un petit Provençal, répétiteur dans un collège où il se trouve humilié par les autres.

De Jules Vallès, on continue à lire *L'Enfant* (1879). Ce roman autobiographique est suivi de deux autres volumes, *Le Bachelier* (1881) et *L'Insurgé* (1886).

Le troisième auteur, Jules Renard, est resté fameux pour un roman dont le protagoniste est un enfant malheureux : *Poil de carotte* (1894).

Pour en savoir plus

Le mouvement naturaliste naît avec la IIIe République, en 1870, dans une période de profonds changements urbains et sociaux, mais aussi scientifiques et artistiques. Le naturalisme prend son essor parallèlement aux autres arts, et notamment la peinture. Zola fut l'ami d'enfance de Paul Cézanne et défendit dans ses écrits journalistiques les peintres impressionnistes (Manet, Pissaro, Monet). Zola met en avant les similitudes d'intérêts entre le mouvement littéraire qu'il défend et les recherches picturales de son époque : volonté d'être vrai, souci des sujets contemporains, attachement au monde urbain.

Jules Vallès, *L'Enfant*

« À tous ceux qui crevèrent d'ennui au collège ou qu'on fit pleurer dans la famille, qui, pendant leur enfance, furent tyrannisés par leurs maîtres ou rossés par leurs parents, je dédie ce livre. » Cette dédicace, c'est celle que Vallès place en tête de son roman. Le ton est donné. Mais attention ! L'auteur sait raconter avec beaucoup d'autodérision son enfance malheureuse. Voici, pour s'en rendre compte, l'incipit (le début) du livre.

Ma mère

Ai-je été nourri par ma mère ? Est-ce une paysanne qui m'a donné son lait ? Je n'en sais rien. Quel que soit le sein que j'ai mordu, je ne

me rappelle pas une caresse du temps où j'étais tout petit ; je n'ai pas été dorloté, tapoté, baisoté ; j'ai été beaucoup fouetté.
Ma mère dit qu'il ne faut pas gâter les enfants, et elle me fouette tous les matins ; quand elle n'a pas le temps le matin, c'est pour midi, rarement plus tard que quatre heures.
Mademoiselle Balandreau m'y met du suif.
C'est une bonne vieille fille de cinquante ans. Elle demeure au-dessous de nous. D'abord elle était contente : comme elle n'a pas d'horloge, ça lui donnait l'heure. « Vlin ! Vlan ! Zon ! Zon ! – voilà
le petit Chose qu'on fouette ; il est temps de faire mon café au lait. »
Mon premier souvenir date donc d'une fessée. Mon second est plein d'étonnement et de larmes.

Jules Renard, *Poil de carotte* et le *Journal*

Jules Renard ? Vous connaissez son personnage le plus célèbre. Souvenez-vous : il est roux, on le surnomme « Poil de carotte » et sa mère, Mme Lepic, le tyrannise. Le meilleur de l'œuvre de Jules Renard reste sans doute son *Journal*, dans lequel il se montre souvent drôle et cruel, aussi bien envers les autres qu'envers lui-même, d'ailleurs. Voici quelques citations amusantes...

- « Toute femme contient une belle-mère. »
- « L'odeur d'un coquillage putréfié suffit pour accuser toute la mer. »
- « Il avait plus de cheveux blancs que de cheveux. »
- « Les bourgeois, ce sont les autres. »
- « Amitié, mariage de deux êtres qui ne peuvent pas coucher ensemble. »
- « Si, au lieu de gagner beaucoup d'argent pour vivre, nous tâchions de vivre avec peu d'argent ? »

Joris-Karl Huysmans, naturaliste mystique et esthète

Les premières œuvres du romancier, *Marthe, histoire d'une fille* (1876) et *Les Sœurs Vatard* (1879), illustrent le projet naturaliste. Cependant, l'écrivain devra s'éloigner du mouvement cher à Zola pour composer son roman le plus célèbre : *À rebours* (1884).

Qu'on est loin du peuple, ici ! Le héros, Jean des Esseintes, las de vivre, dégoûté de tout, se retire dans une maison emplie d'objets de collection et se livre aux jouissances du raffinement et de l'artificiel. Une seule issue lui semble possible dans ce monde : la foi. Tel était Huysmans : naturaliste d'abord, esthète ensuite, mystique enfin. À l'opposé d'un Zola, furieusement anticlérical. Joris-Karl Huysmans finira d'ailleurs par se convertir au catholicisme.

Pour en savoir plus

La réaction catholique

La fin du siècle est marquée par une réaction catholique non négligeable : Barbey d'Aurevilly et Huysmans se convertissent, ainsi que Bloy. Ces années voient aussi la naissance d'écrivains qui deviendront des catholiques fervents : Claudel, Jammes, Péguy...

Jules Verne (1828-1905), le roman marié à la science

Comment parler d'une fin de siècle si fascinée par la science sans évoquer le nom de Jules Verne ?

Jules Verne, ou l'aventure en soixante-dix romans

C'est finalement dans l'art romanesque que Verne, d'abord auteur de théâtre, va révéler tout son talent. En quarante ans, son éditeur Hetzel va mettre à la disposition du public pas moins de soixante-dix romans ! Gageons que vous en connaissez au moins quatre ou cinq : *Cinq semaines en ballon* (1863), *De la Terre à la Lune* (1865), *Le Tour du monde en quatre-vingts jours* (1872), *Vingt mille lieux sous les mers* (1870). Encore un ou deux ? *L'Île mystérieuse* (1874), *Michel Strogoff* (1876).

Le Tour du monde en quatre-vingts jours (1872)

- Un duo de légende : Phileas Fogg, riche célibataire, et son domestique, Passepartout.
- Un pari célèbre : accomplir le tour du monde en quatre-vingts jours.
- Un itinéraire…

Londres-Suez : 7 jours.
Suez-Bombay : 13 jours.
Bombay-Calcutta : 3 jours.
Calcutta-Hongkong : 13 jours.
Hongkong-Yokohama : 6 jours.
Yokohama-San Francisco : 22 jours.
San Francisco-New York : 7 jours.
New York-Liverpool : 8 jours 18 heures.
Liverpool-Londres : 6 heures.

Pour en savoir plus

Le Grand Nord, un nouveau Nouveau Monde

Le XIXe siècle, c'est aussi le temps où l'on commence à explorer le Grand Nord et les Pôles. Jules Verne participe à cette aventure pour le roman. Un exemple ? Son roman Le Sphinx des glaces, *qui se présente comme une sorte de suite du fameux récit d'Edgar Poe,* Les Aventures d'Arthur Gordon Pym.

Zola (1840-1902), pape du naturalisme

Chef de file d'une école romanesque, auteur connu dans toute l'Europe de son vivant, richissime, Zola prend parti pour Dreyfus à la fin de sa vie.

L'homme de l'affaire Dreyfus

Une fois n'est pas coutume, commençons par la fin. Le 29 septembre 1902, Zola est retrouvé mort dans son appartement. Le romancier s'est asphyxié : mauvais tirage de la cheminée. Pourtant, on a beaucoup parlé de cette mort : fut-elle accidentelle ou bien chercha-t-on à tuer Zola ? On ne saura jamais. Mais pour quelles raisons aurait-on voulu s'en prendre à l'écrivain ? Le Zola de cette fin de siècle est un écrivain mondialement reconnu, mais en France, à cette époque, il est avant tout l'homme de l'affaire Dreyfus. En 1895, le capitaine Alfred Dreyfus, accusé d'avoir communiqué des documents secrets à l'Allemagne, est condamné à la dégradation militaire et déporté en Guyane, au bagne. Trois ans plus tard, on a réuni les preuves de l'innocence de Dreyfus. Zola rédige le célèbre « J'accuse », qui paraît dans le journal *L'Aurore* du 13 janvier 1898. Pour cet article, Zola est condamné à un an d'emprisonnement et à 3 000 francs d'amende. On l'injurie. Il quitte la France pour onze mois, direction l'Angleterre.

De la misère à la gloire

Bien des années plus tôt, le petit Émile, fils d'un émigré italien, Francesco-Antonio Zolla, naît à Aix-en-Provence. Orphelin à l'âge de 7 ans, le garçonnet connaît la misère. Au collège Bourbon, il se liera d'amitié avec Paul Cézanne. En 1857, la famille s'installe à Paris. Lycée Saint-Louis pour notre boursier, qui échoue au baccalauréat. Pour vivre, il sera d'abord douanier, puis vivra de petits boulots. En 1862, on le retrouve employé à la librairie Hachette. Il publie de nombreux articles et récits dans les journaux, fréquente les peintres Renoir, Manet, Sisley, Monet. Il se met en ménage avec Alexandrine Meley, qu'il épousera en 1870.
Le premier succès d'Émile, c'est son roman *Thérèse Raquin* (1867). L'écrivain prévoit alors, pour faire vivre son ménage, d'écrire deux romans par an. Il veut reprendre le projet de Balzac ! Son souhait se concrétise dans *Les Rougon-Macquart*, sous-titré *Histoire naturelle et sociale d'une famille sous le Second Empire*. Zola soumet son idée à l'éditeur Lacroix. Dix romans sont prévus à l'origine, mais au final ils seront vingt. Les premiers volumes n'ont qu'un succès d'estime, puis, en 1877, voici *L'Assommoir* et le début de la gloire ! Le roman suivant, *Nana*, se vendra à cinquante mille exemplaires en deux jours !
Zola va devenir un des romanciers les plus célèbres et les plus riches de son siècle ! Les tirages de ses livres se comptent en millions d'exemplaires.

L'Assommoir

Dans *L'Assommoir* roman sur l'alcool et ses terribles méfaits dans le peuple, Coupeau succombe à une crise de *delirium tremens* sous les yeux de sa compagne, Gervaise. La mort de Coupeau est racontée d'une plume médicale. Zola a pris soin de se renseigner de manière très précise, en lisant des manuels médicaux, sur les ravages provoqués par l'alcool dans l'organisme humain. Le regard est celui d'un médecin légiste, qui observe un corps mort ou à l'agonie. Nous sommes bien en pleine littérature naturaliste, marquée voire fascinée par l'analyse clinique du corps humain et de sa déchéance.

Zoom

Zola et la peinture
Ce n'est pas seulement le Zola critique ou journaliste qui défend les peintres impressionnistes ; le romancier procède souvent, dans ses descriptions, à la manière d'un peintre. Un autre art compte beaucoup pour Émile : la photographie. Il s'y essaye d'ailleurs avec succès.

La mort de Coupeau

Pourtant, Gervaise, ayant vu les médecins poser leurs mains sur le torse de son homme, voulut le tâter elle aussi. Elle s'approcha doucement, lui appliqua sa main sur une épaule. Et elle la laissa une minute. Mon Dieu ! qu'est-ce qui se passait donc là-dedans ? Ça dansait jusqu'au fond de la viande ; les os eux-mêmes devaient sauter. Des frémissements, des ondulations arrivaient de loin, coulaient pareils à une rivière, sous la peau. Quand elle appuyait un peu, elle sentait les cris de souffrance de la moelle. À l'œil nu, on voyait seulement les petites ondes creusant des fossettes, comme à la surface d'un tourbillon ; mais, dans l'intérieur, il devait y avoir un joli ravage. Quel sacré travail ! un travail de taupe ! C'était le vitriol de l'Assommoir qui donnait là-bas des coups de pioche. Le corps entier en était saucé, et dame ! il fallait que ce travail s'achevât, émiettant, emportant Coupeau, dans le tremblement général et continu de toute la carcasse.

Les médecins s'en étaient allés. Au bout d'une heure, Gervaise, restée avec l'interne, répéta à voix basse :

– Monsieur, monsieur, il est mort...

Mais l'interne, qui regardait les pieds, dit non de la tête. Les pieds nus, hors du lit, dansaient toujours, ils n'étaient guère propres et ils avaient les ongles longs. Des heures encore passèrent. Tout d'un coup, ils se raidirent, immobiles. Alors, l'interne se tourna vers Gervaise, en disant :

– Ça y est.

La mort seule avait arrêté les pieds.

Zoom

Une fascination pour Lazare

Zola est fasciné, voire terrorisé, par la mort. Une des figures marquantes de son œuvre est en effet celle de Lazare, l'homme ressuscité par Jésus après quatre jours passés dans un tombeau. Zola a même composé un livret d'opéra intitulé Lazare. *La nouvelle* La Mort d'Olivier Bécaille *met en scène un homme enterré vivant alors qu'on le croyait mort, et qui parvient à sortir du tombeau ! Rentré chez lui, il trouve sa femme avec un autre.*

Les Rougon-Macquart en quelques titres

Peindre une société entière sous l'angle restreint d'une seule famille...

- *Le Ventre de Paris* : histoire de Lisa Quenu, née Macquart, une reine des Halles de Paris.
- *Son excellence Eugène Rougon* : histoire d'Eugène Rougon ; ses relations avec le pouvoir politique, à Paris, sous le Second Empire.
- *L'Assommoir* : histoire de Gervaise Macquart, la blanchisseuse, qui va sombrer dans l'alcoolisme.
- *Nana* : histoire de Nana, fille de Gervaise Macquart et de Coupeau. Courtisane, elle meurt de la petite vérole en 1870, à 18 ans.
- *Au bonheur des dames* : Mme Hédouin est morte ; Octave devient le propriétaire d'un grand magasin à Paris.
- *Germinal* : histoire d'Étienne Lantier, mineur dans le nord de la France.
- *La Bête humaine* : histoire de Jacques Lantier, mécanicien de train sur *La Lison*.

Infréquentables ou inclassables

03

C'est le lot de chaque siècle : des écrivains jadis fameux sont tombés dans l'oubli parce qu'une époque ultérieure les juge mineurs, mais il en est d'autres dont on continue à saluer le talent littéraire et qui poursuivent leur chemin dans l'ombre. Voici quelques-uns de ces écrivains admirés par les connaisseurs et souvent méconnus.

Barbey d'Aurevilly (1809-1889), le « connétable des lettres »

Le nom du Normand Jules Barbey d'Aurevilly a déjà été cité parmi les auteurs de nouvelles fantastiques, mais l'écrivain mérite mieux qu'une simple citation. Barbey, disons-le tout net, a mauvaise réputation : c'est qu'il s'affirme catholique et royaliste dans un siècle qui, à mesure qu'il avance, se tourne vers la science et déteste les valeurs portées par l'auteur des *Diaboliques.* Barbey, comme Bloy, que nous lirons bientôt, avance à contre-courant et s'en prend à Hugo et à Zola, les écrivains adulés par leur époque. Le romancier est aussi un polémiste redoutable ; il collabore au *Constitutionnel,* puis fonde la *Revue du monde catholique.* Son œuvre critique compte pas moins de vingt-six volumes.
Le fantastique, chez Barbey, n'est jamais gratuit – comme il peut l'être chez Mérimée, qui ne croit pas aux histoires étranges qu'il raconte –, mais sert à confirmer ses convictions catholiques. L'univers de l'écrivain est habité par le diable, et Barbey est un romancier du surnaturel noir... noir à tel point qu'il fut condamné par l'Église catholique elle-même.

Pour en savoir plus

Barbey en quelques œuvres
Romans et récits : Une vieille maîtresse *(1851)* ; L'Ensorcelée *(1855)* ; Le Chevalier des Touches *(1864)* ; Un prêtre marié *(1865)* ; Les Diaboliques *(1874).*
Critique littéraire : Les Œuvres et les Hommes.

Léon Bloy (1846-1917) : faut-il sauver le soldat railleur ?

Méconnu, Bloy est une des grandes plumes du siècle, un polémiste redoutable, un romancier visionnaire et un pourfendeur de la bêtise humaine.

Un écrivain devenu infréquentable

Né à Périgueux en 1846, mort à Bourg-la-Reine en 1917, Léon Bloy est devenu, pour beaucoup, une sorte de monstre infréquentable. Pourquoi ? On associe bien souvent son nom à un catholicisme intransigeant, un royalisme affirmé et une fureur verbale jugée aujourd'hui déplacée. Il ne ménage pas sa peine, Léon, soldat du Christ, et il s'en prend à tout le monde : bourgeois, écrivains (Zola est une de ses bêtes noires) et même chrétiens, jugés souvent hypocrites et tièdes. Après s'être mis à dos l'essentiel de ses contemporains, Bloy a presque réussi à se mettre à dos la postérité.

La rencontre du « connétable des lettres »

En 1867, Bloy fait une rencontre déterminante pour lui, celle de Barbey d'Aurevilly, dont il devient une sorte de secrétaire bénévole. À l'école de ce maître, Bloy renoue avec la foi et apprend son métier d'écrivain. D'autres amitiés suivent, celles d'Huysmans et de Villiers de l'Isle-Adam.

La petite histoire

Je m'accuse... *(1900)*
Bloy, qui n'aimait pas Zola, le surnommait « le crétin des Pyrénées ». Il répondra au célèbre « J'accuse » du romancier naturaliste par un pamphlet intitulé Je m'accuse.

Le pamphlétaire

Journaliste au *Chat noir*, Bloy fonde ensuite un hebdomadaire, *Le Pal*, et va se faire très vite une réputation de violent pamphlétaire. Personne n'échappe à sa fureur : il fustige le déficit spirituel du naturalisme, se moque des décadents, des tenants de l'art pour l'art. Après la mort de Barbey d'Aurevilly et celle de Villiers de l'Isle-Adam, en 1889, Bloy se marie en 1890 avec Jeanne Molbach, la fille d'un écrivain danois ami d'Ibsen, et commence à tenir son journal intime.

Une existence misérable

La vie de Bloy est marquée par la misère et par le malheur (en 1895, il perd ses deux fils), mais cette condition est autant subie que recherchée. Ce pourfendeur de l'argent y découvre une voie qui doit mener à la seule vocation de l'homme : la sainteté.

Zoom

Bloy antisémite ?
La mauvaise réputation de Bloy est due en bonne partie à la suspicion d'antisémitisme qui pèse sur lui. En 1892, l'écrivain publie Le Salut par les Juifs. *Lu au premier degré, cet ouvrage peut apparaître comme une diatribe violente contre le peuple d'Israël, mais Bloy prétend au contraire prendre la défense d'un peuple messianique et répondre aux « élucubrations antijuives » de Drumont, l'auteur de* La France juive.

Un mystique qui compose des romans

La veine pamphlétaire se double donc sans cesse, chez Bloy, d'une veine mystique, que deux romans illustrent à la perfection : *Le Désespéré* (1886) et *La Femme pauvre* (1897). Cette double veine fait de cet écrivain un styliste incomparable. Voici un court extrait du *Désespéré* destiné à donner un aperçu de cette langue hors du commun. « Tout homme qui produit un acte libre projette sa personnalité dans l'infini. S'il donne de mauvais cœur un sou à un pauvre, ce sou perce la main du pauvre, tombe, perce la terre, troue les soleils, traverse le firmament et compromet l'univers. »

« Le mendiant ingrat » en quelques œuvres et quelques citations

• Outre les deux romans cités, on peut lire, dans l'abondante œuvre de Léon Bloy, les titres suivants...

Propos d'un entrepreneur de démolitions (1884)
Belluaires et porchers (1905)
Méditations d'un solitaire (1914)
Journal (1897-1920)
Exégèse des lieux communs (1902 et 1912)

• Bloy contre la bêtise bourgeoise

« On ne peut être et avoir été. Mais si ! On peut avoir été un imbécile et l'être toujours » (*Exégèse des lieux communs*).

« Le bonheur des uns ne fait pas le bonheur des autres » (*Exégèse des lieux communs*).

« Qu'est-ce que le bourgeois ? C'est un cochon qui voudrait mourir de vieillesse » (*L'Invendable*).

• Bloy défenseur des pauvres

« Le riche est un mauvais pauvre, un guenilleux très puant dont les étoiles ont peur » (*Le Sang du pauvre*).

« Tout homme qui possède au-delà de ce qui est indispensable à sa vie matérielle et spirituelle est un millionnaire, par conséquent un débiteur de ceux qui ne possèdent rien » (*Le Sang du pauvre*).

« Il n'y a que les pauvres qui partagent » (*Le Sang du pauvre*).

Pour en savoir plus

Schwob en quelques œuvres...
Parmi ses nombreuses œuvres, on pourra lire : Cœur double *(1891),* Le Roi au masque d'or *(1892),* Le Livre de Monelle *(1896),* Les Vies imaginaires *(1896).*
... et une citation :
« L'art est à l'opposé des idées générales, ne décrit que l'individuel, ne désire que l'unique. Il ne classe pas, il déclasse » (« L'art de la biographie », préface aux Vies imaginaires*).*

Marcel Schwob (1867-1905), oublié des histoires littéraires

Le nom de Schwob ne figure pas souvent dans les histoires littéraires. Et pourtant, voici un des plus grands stylistes du siècle, un écrivain rare, dont les œuvres sont heureusement disponibles, dans des éditions récentes. Pourquoi oublie-t-on souvent Schwob ? C'est que notre homme est un écrivain inclassable, parfois qualifié abusivement de décadent, comme la plupart des auteurs ayant composé au tournant du siècle. Auteur de contes fantastiques et merveilleux, Schwob n'appartient en réalité à aucune école. Polyglotte, homme d'une érudition immense, admiré de ses contemporains, traducteur infatigable de Stevenson, de Defoe et d'autres, l'écrivain eut une influence

Zoom

Les Vies imaginaires
D'Empédocle au peintre Paolo Ucello en passant par les assassins Burke et Hare, Schwob, dans Les Vies imaginaires, *compose une vingtaine de biographies où se mêlent fiction et réalité. Borges s'en souviendra en écrivant ses* Fictions.

très grande dans le milieu littéraire parisien : Claudel, Wilde, Valéry, Gide, Colette, Léautaud... bref, la plupart des écrivains qui s'illustreront bientôt, au XXe siècle, furent ses amis. Après sa mort, précoce, Schwob continuera d'exercer son influence, notamment sur les surréalistes et jusqu'à Borges.

La petite histoire

André Gide : plagiaire ?
Schwob se fâche avec André Gide lorsque celui-ci publie l'une des œuvres qui le fait connaître : Les Nourritures terrestres. *Pourquoi ? Ouvrez donc ce livre et jetez un œil au* Livre de Monelle *de Schwob, vous verrez que les deux ouvrages ont bien des points communs : Gide aurait-il plagié son prédécesseur ?*

En résumé

Le XIXe siècle est romanesque : des auteurs comme Balzac, Dumas, Sand ou Verne composent des romans par dizaines, voire par centaines. Ces romans empruntent la voie psychologique et historique, participent au romantisme. Mais le réalisme se taille la part du lion au sein de cette production.

- **Moins prolifiques que certains de leurs confrères, Stendhal et Flaubert passent à la postérité avec quelques romans majeurs, tandis que Zola s'impose en chef de file du naturalisme.**
- **En marge des courants dominants, des écrivains comme Barbey d'Aurevilly, Bloy ou Schwob font entendre une voix singulière.**
- **Hugo, poète romantique, s'impose également comme un romancier très important.**
- **La nouvelle, quant à elle, suit aussi bien la voie réaliste que la voie fantastique : Maupassant semble être l'écrivain emblématique de cette double postulation.**

L'autre versant de la poésie du siècle : de l'art pour l'art aux poètes maudits

04

Les romantiques ne sont pas seuls à régner sur la poésie, au XIXe siècle : dans la seconde moitié de ce long siècle littéraire, les poètes parnassiens, tenants de l'art pour l'art, vont réagir à la fois au romantisme et au réalisme. Au premier, ils reprochent son lyrisme, ses épanchements continuels, sa conception d'une poésie engagée, à la Victor Hugo. Du second, ils ne partagent pas la fascination pour l'observation de la vie réelle et de la science.

L'art doit être autonome, et s'il faut vouer un culte, ce sera à la Beauté. Les poètes symbolistes vont reprendre à leur compte cette quête de perfection formelle. Point de description scientifique du réel, donc, mais une utilisation des symboles, grâce auxquels il est possible de découvrir le sens caché des choses.

S'il faut bien avouer que la poésie parnassienne semble avoir quelque peu vieilli, nous apparaît comme trop formelle et artificielle, la mouvance symboliste, en revanche, nous réserve sans doute les plus belles surprises du siècle en matière de poésie. Songez donc : Charles Baudelaire, puis Verlaine, Rimbaud et Mallarmé !

Le Parnasse et l'art pour l'art

Gautier (1811-1872), faux frère des romantiques ?

Un nom émerge d'abord lorsqu'il s'agit de faire référence au Parnasse : Théophile Gautier. L'auteur du *Capitaine Fracasse* fut un des premiers à se ranger aux côtés d'Hugo dans la bataille romantique, mais il réagit très tôt, dans une célèbre préface, celle de son roman *Mademoiselle de Maupin* (1834), sorte de manifeste de l'art pour l'art : « Il n'y a de vraiment beau que ce qui ne peut servir à rien ; tout ce qui est utile est laid, car c'est l'expression de quelque besoin, et ceux de l'homme sont ignobles et dégoûtants, comme sa pauvre et infirme nature. »

Émaux et Camées (1852), la poésie sculptée dans le marbre

Le recueil *Émaux et Camées* fera sentir son influence sur de nombreux écrivains : Flaubert, Leconte de Lisle et surtout Baudelaire. Voici, tirés du poème « L'Art », quelques vers qui expriment parfaitement l'idéal de l'art pour l'art de Gautier.

> Tout passe – L'art robuste
> Seul a l'éternité ;
> Le buste
> Survit à la cité.
> Les dieux eux-mêmes meurent,
> Mais les vers souverains
> Demeurent
> Plus forts que les airains.

Le mot savant

Le Parnasse, montagne de Grèce
C'est en 1866 que paraît le premier Parnasse contemporain, *regroupant les œuvres d'une quarantaine de poètes unis contre le lyrisme et l'engagement social des romantiques. Mais qu'est-ce donc que ce Parnasse ? Il s'agit d'un massif montagneux de Grèce où, selon la légende, résidaient les Muses. Les parnassiens symbolisent ainsi leur détachement vis-à-vis des bassesses de ce monde, qu'ils survolent. Le* Parnasse contemporain *connaîtra deux autres volumes, publiés en 1871 et 1876. Les parnassiens entendent donc éradiquer tout lyrisme personnel, éviter tout engagement politique, choisir des sujets inhabituels, empruntés au passé mythologique, aux religions orientales. Surtout, ils veulent composer des poèmes d'une absolue perfection formelle.*

Le Parnasse en quatre poètes

Leconte de Lisle (1818-1894), poète antique et barbare

Leconte de Lisle ? Un poète que nous ne lisons plus. Pourtant, il fut considéré comme un maître à son époque. Son œuvre tient essentiellement en trois recueils : *Les Poèmes antiques* (1852), *Les Poèmes barbares* (1862), *Les Poèmes tragiques* (1884).

Théodore de Banville (1823-1891), virtuose de la forme

Le recueil le plus célèbre – ou le moins méconnu – de Banville reste *Les Cariatides* (1842). Banville tenta de remettre au goût du jour les vieilles formes de la poésie française, telle la ballade.

Heredia (1842-1905) et ses *Trophée*

José-Maria de Heredia est sans doute le plus connu des poètes parnassiens. Des cent dix-huit sonnets que rassemble son recueil *Les Trophées,* nous avons tous lu un poème, qu'on cite souvent comme emblème de ce courant poétique, « Les Conquérants ». En voici la première strophe :

> Comme un vol de gerfauts hors du charnier natal,
> Fatigués de porter leurs misères hautaines,

De Palos de Moguer, routiers et capitaines
Partaient, ivres d'un rêve héroïque et brutal.

François Coppée (1842-1908) : est-ce que les oiseaux se cachent pour mourir ?

« Est-ce que les oiseaux se cachent pour mourir ? » Ce vers vous dit quelque chose ? Il a donné son titre à un livre et à un film, mais saviez-vous qu'il était emprunté à un poème de Coppée extrait du recueil *Promenades et intérieurs* (1872) ?

La mouvance symboliste

« Suggérer, voilà le rêve. C'est ce parfait usage de ce mystère qui constitue le symbole » (Mallarmé).

Dès 1871, le groupe zutiste, petit cercle fondé par Charles Cros et auquel participent Verlaine et Rimbaud, se voue à la parodie des romantiques et des parnassiens. D'autres cercles, animés par le même esprit de dérision et de parodie, sont créés. Ces groupes se réunissent dans des cabarets ou des cafés.

Toutefois, si l'on devait donner une date pour la naissance officielle du mouvement symboliste, il faudrait choisir celle du 18 septembre 1886, lorsque Jean Moréas (1856-1910) lance son manifeste dans *Le Figaro.* L'écrivain exalte la réaction idéaliste contre les idées naturalistes, milite pour l'usage du symbole et une poésie attachée à la recherche du rythme. La même année paraît *Le Symboliste,* la revue fondée par Moréas et Gustave Kahn.

Les symbolistes se reconnaissent deux précurseurs : Baudelaire et Verlaine. Verlaine, surtout, dont le poème « Art poétique » (1874) fut considéré comme un poème manifeste :

« De la musique avant toute chose, / Et pour cela préfère l'Impair [...] / Car nous voulons la Nuance encor, / Pas la Couleur, rien que la nuance ! » Vers impairs, musique, nuance, trois mots essentiels pour cette mouvance poétique.

Inauguré en poésie, le mouvement gagne d'autres genres littéraires d'abord, puis tous les arts. Maurice Maeterlinck donne au théâtre *Pelléas et Mélisande* (1893) ; les nabis, en peinture, paraissent animés des mêmes idées que les symbolistes ; le musicien Claude Debussy trouve son inspiration chez Mallarmé pour composer *Prélude à l'après-midi d'un faune* (1892-1894).

La petite histoire

Sully Prudhomme (1839-1907), premier Nobel

Prudhomme, autre poète parnassien, fut le premier écrivain à recevoir le prix Nobel de littérature, en 1901.

Charles Baudelaire (1821-1867), le poète du siècle ?

Le poète enfant : une mère, un père et un beau-père

La vie aurait pu être heureuse : François Baudelaire, ancien prêtre, a épousé Caroline Pérignon. Elle a 25 ans, François, 60. De leur union est né Charles. L'enfant n'a pas encore 7 ans que son père meurt. Deux ans plus tard, Caroline épouse un officier, Aupick, futur général, ambassadeur et sénateur. Entre l'enfant et le beau-père, les choses se passent mal, très mal…

L'adolescent rebelle : à mort, le beau-père !

« Monsieur, je vais avoir l'honneur de vous étrangler ! » Celui qui parle ainsi, lors d'un dîner, c'est Charles, adolescent. Et à qui s'adresse-t-il ? Mais à l'officier Aupick, devenu général ! Près de dix ans plus tard, autre marque de « tendresse » exprimée par le beau-fils : « Il faut aller fusiller le général Aupick ! » Nous sommes en 1848, sur les barricades qui annoncent la IIe République, et le jeune homme rêve de profiter de l'occasion pour se débarrasser de ce beau-père qu'il n'aime pas.
Les études traînent, l'adolescent est renvoyé de Louis-le-Grand. Il décroche quand même son baccalauréat et entame des études de droit, qu'il suit mollement. On flâne, on fréquente la bohème, les prostituées. Et on se promet d'écrire cent romans !

En route vers les îles

En 1841, il faut agir pour calmer le jeune homme bohème, qui fait des dettes. Aupick décide d'expédier Charles à Calcutta *via* l'île Bourbon et l'île Maurice. C'est donc La Réunion, puis Maurice. Hébergé par des amis du général, Charles se montre désagréable, bizarre. On le renvoie en France.

Le dandy sous tutelle

Que faire de ce jeune homme qui dépense sans compter ? La majorité est là, et la fortune du père à disposition. Charles habite le somptueux hôtel Pimodan et s'habille avec beaucoup de recherche, en dandy, mais c'est sans compter sur la famille, qui veille : on met Charles sous tutelle. Il ne dispose plus que d'une petite pension. Cela devrait l'aider à se consacrer aux cent romans qu'il a promis d'écrire ! Mais non, il compose quelques nouvelles, devient critique d'art pour les journaux.

La petite histoire

Paradis artificiels
Baudelaire, comme d'autres poètes du siècle, a abusé de ces « paradis artificiels » que sont l'opium et le haschich.

Edgar Poe : une révélation, un frère

Les revenus sont maigres. Quelques poèmes, quelques feuilletons. Charles tente de se suicider : échec... En 1847, le poète découvre l'œuvre d'Edgar Poe : une révélation ! Avant de devenir un grand poète, Charles sera le traducteur de l'écrivain américain, en qui il reconnaît un frère spirituel. Il faut cependant attendre 1856 pour voir paraître la traduction complète des fameuses *Histoires extraordinaires.* Un an plus tard, Baudelaire publie son chef-d'œuvre : *Les Fleurs du mal.*

Le procès

Encore un procès ! Après le procès de *Madame Bovary,* voici, en 1857, celui des *Fleurs du mal.* Certains poèmes du recueil sont jugés obscènes, immoraux. Le tribunal ordonne la suppression des poèmes suivants : « Les Bijoux », « Le Léthé », « À celle qui est trop gaie », l'une des « Femmes damnées », « Lesbos », « Les Métamorphoses du vampire ». Baudelaire ainsi que son éditeur sont condamnés pour outrage aux bonnes mœurs.

... quelques thèmes et des vers fameux

Le voyage

Mon enfant, ma sœur, / Songe à la douceur / D'aller là-bas vivre ensemble ! / Aimer à loisir, / Aimer et mourir / Au pays qui te ressemble ! (« L'Invitation au voyage »).

La volupté

Là, tout n'est qu'ordre et beauté, / Luxe, calme et volupté (« L'Invitation au voyage »).

L'ennui

J'ai plus de souvenirs que si j'avais mille ans (« Spleen 2 »).
Je suis comme le roi d'un pays pluvieux, / Riche, mais impuissant, jeune et pourtant très vieux (« Spleen 3 »).

La souffrance

Sois sage, ô ma Douleur, et tiens-toi plus tranquille (*Recueillement*)
Soyez béni, mon Dieu, qui donnez la souffrance / Comme un divin remède à nos impuretés (« Méditations »).

La mort

C'est la mort qui console, hélas ! et qui fait vivre (« La Mort des pauvres »).
Nous aurons des lits pleins d'odeurs légères, / Des divans profonds comme des tombeaux (« La Mort des amants »).

Zoom

Les Fleurs du mal, *petite histoire d'un titre*

Saviez-vous que le recueil poétique le plus célèbre du siècle aurait pu avoir pour titre Les Lesbiennes *? Eh oui ! Baudelaire y avait pensé... avant de songer à un autre :* Les Limbes. *Pourquoi* Les Fleurs du mal, *alors ? On ne doit pas le titre du recueil à Charles, mais à un de ses amis, Hippolyte Babou, un écrivain que la postérité a un peu oublié...*

Pour en savoir plus

Les Fleurs du mal *en deux éditions...*

La première édition des Fleurs du mal, *en 1857, comporte cent poèmes répartis en cinq sections : « Spleen et idéal », « Fleurs du mal », « Révolte », « Le vin » et « La mort ».*
En 1861 paraît une seconde édition, augmentée de trente-cinq poèmes : Baudelaire a modifié le plan de son recueil et ajouté une section, ce qui donne : « Spleen et idéal », « Tableaux parisiens », « Le vin », « Fleurs du mal », « Révolte » et « La mort ».

La Vénus noire et la Madone

Les femmes ont exercé une véritable fascination sur Baudelaire, mais l'image féminine est double dans *Les Fleurs du mal* : sensualité et spiritualité. Ce sont deux femmes réelles, les deux amours du poète, qui représentent cette double postulation. La première d'entre elles, c'est Jeanne Duval, la belle mulâtresse, la « Vénus noire » qui l'attire vers le péché de chair ; l'autre, c'est Apollonie Sabatier, l'ange, la « Madone », à qui il voue un amour plus désincarné. Ces deux femmes ont inspiré de nombreux poèmes du recueil de Baudelaire.

« Parfum exotique » (extrait)

Quand, les deux yeux fermés, en un soir chaud d'automne,
Je respire l'odeur de ton sein chaleureux,
Je vois se dérouler des rivages heureux
Qu'éblouissent les feux d'un soleil monotone ;

Une mort précoce et misérable à 46 ans

Comme pour Flaubert et beaucoup d'autres, c'est la syphilis qui emporte Baudelaire. Une mort misérable, après un exil en Belgique d'où il est revenu déçu : les Belges ne semblent pas plus goûter son génie que la plupart des Français. À son chevet, dans la maison de santé du docteur Duval, quelques fidèles : Leconte de Lisle, le photographe Nadar, Sainte-Beuve… À son enterrement, pas plus de monde. Une vie plutôt triste et misérable, mais une gloire posthume immense…

« Le dernier des romantiques, le premier des modernes »

« Le dernier des romantiques, le premier des modernes » : c'est ainsi que Jean d'Ormesson définit Baudelaire, et c'est très juste. Romantique, Baudelaire l'est par son goût du spleen, de la douleur, mais il y a en lui un poète nouveau, qui annonce le symbolisme par sa fameuse théorie des correspondances : « C'est cet admirable, cet immortel instinct du Beau qui nous fait considérer la Terre et ses spectacles comme un aperçu, une correspondance du ciel. » Le rôle de la poésie est donc de saisir ces rapports cachés entre le monde visible et le monde invisible, et de donner au lecteur l'intuition de l'au-delà. Voici le début du poème qui est devenu l'emblème de cet idéal :

Pour en savoir plus

Cette double postulation – la femme liée au péché de chair et la femme vue comme une figure désincarnée, idéale – est une constante de la littérature du siècle, depuis les romantiques jusqu'aux symbolistes en passant par la littérature fantastique.

« Correspondances »

La Nature est un temple où de vivants piliers
Laissent parfois sortir de confuses paroles ;
L'homme y passe à travers des forêts de symboles
Qui l'observent avec des regards familiers.
Comme de longs échos qui de loin se confondent
Dans une ténébreuse et profonde unité,
Vaste comme la nuit et comme la clarté,
Les parfums, les couleurs et les sons se répondent.

Un regard féroce et lucide sur le siècle

Baudelaire n'est pas seulement le poète des *Fleurs du mal* : ses écrits sur l'art demeurent des modèles du genre ; il évoque Delacroix comme personne, reconnaît le génie de Wagner avant tout le monde. La lucidité du poète s'exerce aussi contre son siècle, dont il moque les faux rêves de progrès, les fausses gloires littéraires (voyez, plus bas, comment il traite George Sand !)...
Enfin, Baudelaire a laissé d'admirables poèmes en prose, genre qu'il a porté à son sommet.

Baudelaire en quelques œuvres...

1845 *Le Salon de 1845*
1846 *Le Salon de 1846*
1857 *Les Fleurs du mal*
1860 *Les Paradis artificiels*
1862 *Petits poèmes en prose* ou *Le Spleen de Paris*
1864 *Mon cœur mis à nu*

... et quelques citations extraites de son journal intime, *Mon cœur mis à nu* : bien-pensants, s'abstenir !

• « La croyance au progrès est une doctrine de paresseux, une doctrine de Belges. »
• « Presque toute notre vie est employée à des curiosités niaises. En revanche, il y a des choses qui devraient exciter la curiosité des hommes au plus haut degré, et qui, à en juger par leur train de vie ordinaire, ne leur en inspirent aucune. »
• « Où sont nos amis morts ? / Pourquoi sommes-nous ici ? / Venons-nous de quelque part ? / Qu'est-ce que la liberté ? / Peut-elle s'accorder

Zoom

Le regard critique porté par Baudelaire sur un siècle dont il raille les prétendus progrès s'explique, en partie, par les attaches catholiques du poète.

avec la loi providentielle ? / Le nombre des âmes est-il fini ou infini ? / Et le nombre des terres habitables ? »

• « Elle [Sand] est bête, elle est lourde, elle est bavarde. Elle a, dans les idées morales, la même profondeur de jugement et la même délicatesse de sentiment que les concierges et les filles entretenues. »

• « Il y a dans tout homme, à toute heure, deux postulations simultanées, l'une vers Dieu, l'autre vers Satan. L'invocation vers Dieu ou spiritualité est un désir de monter en grade ; celle de Satan ou animalité est une joie de descendre. »

• « La plus belle ruse du diable est de nous faire croire qu'il n'existe pas. »

Lautréamont (1846-1870)

« Beau comme la rencontre fortuite sur une table de dissection d'une machine à coudre et d'un parapluie. » En 1846 naît à Montevideo, en Uruguay, un poète que les surréalistes, au XXe siècle, prendront pour un de leurs maîtres : Isidore Ducasse, dit comte de Lautréamont (voir la rubrique « La petite histoire » ci-contre). La citation évoquée ci-avant a beaucoup fait rêver nos poètes surréalistes. En 1869, peu avant sa mort, il fait paraître *Les Chants de Maldoror*, un recueil de poésie en prose tout à fait inclassable. Six chants, tous plus déroutants les uns que les autres. Voici quelques extraits. Jugez plutôt...

• « Je suis sale, les poux me rongent. Les pourceaux, quand ils me regardent, vomissent. »

• « Lamartine, Hugo, Musset se sont métamorphosés volontairement en femmelettes. Ce sont les Grandes-Têtes-Molles de notre époque. »

• « J'ai fait un pacte avec la prostitution afin de semer le désordre dans les familles. »

• « L'éléphant se laisse caresser. Le pou, non. »

La petite histoire

Lautréamont : Latréaumont

Isidore Ducasse a sans doute emprunté son pseudonyme à un roman d'Eugène Sue : Latréaumont *(1837). Latréaumont est un spadassin vicieux et bon vivant, une incarnation du mal. Une hypothèse se présente alors :* Les Chants de Maldoror *sont-ils une réflexion sur le mal ?*

Paul Verlaine (1844-1896) et Arthur Rimbaud (1854-1891) : les amants impossibles

Paul Verlaine, poète et ivrogne

L'histoire est connue, rebattue, mais on ne s'en lasse pas : en 1870, Verlaine, 25 ans, épouse Mathilde Mauté, âgée de 16 ans. Le poète a déjà une solide notoriété derrière lui ; il a publié *Les Poèmes saturniens* et les *Fêtes galantes*, deux recueils qui contiennent quelques-uns des plus beaux poèmes de notre langue. Jugez plutôt ; voici les fameux poèmes « Chanson d'automne » et « Mon rêve familier », chanté au XXe siècle par Léo Ferré...

« Chanson d'automne »

Les sanglots longs
Des violons
De l'automne
Blessent mon cœur
D'une langueur
Monotone.
Tout suffocant
Et blême, quand
Sonne l'heure,
Je me souviens
Des jours anciens
Et je pleure ;
Et je m'en vais
Au vent mauvais
Qui m'emporte
Deçà, delà,
Pareil à la
Feuille morte.

« Mon rêve familier »

Je fais souvent ce rêve étrange et pénétrant
D'une femme inconnue, et que j'aime, et qui m'aime,
Et qui n'est, chaque fois, ni tout à fait la même
Ni tout à fait une autre, et m'aime et me comprend.

Car elle me comprend, et mon cœur, transparent
Pour elle seule, hélas ! cesse d'être un problème
Pour elle seule, et les moiteurs de mon front blême,
Elle seule les sait rafraîchir, en pleurant.

Est-elle brune, blonde ou rousse ? Je l'ignore.
Son nom ? Je me souviens qu'il est doux et sonore
Comme ceux des aimés que la Vie exila.

La petite histoire

Saviez-vous que la première strophe du poème « Chanson d'automne » avait été utilisée par Radio Londres peu avant le débarquement de Normandie pour informer les résistants que celui-ci aurait lieu dans les heures suivant sa diffusion ?

Son regard est pareil au regard des statues,
Et, pour sa voix, lointaine, et calme, et grave, elle a
L'inflexion des voix chères qui se sont tues.

Mais la réputation de notre poète ne tient pas qu'à ses vers : Verlaine, né à Metz et parisien, est connu dans les tavernes du Quartier latin. La boisson, malheureusement, le rend d'abord gai puis triste, et parfois violent. Sa mère le sait bien, elle qu'il a manqué d'étrangler plusieurs fois !

Arthur Rimbaud, poète et fugueur

Rimbaud – encore une légende, dans ce siècle qui en compte tant ! – naît en 1854 à Charleville. L'adolescent est surdoué, à tel point qu'il impressionne son professeur de rhétorique, Georges Izambard, qui lui donne accès à sa bibliothèque.
En 1870, alors que la France est en guerre contre la Prusse, Arthur veut fuir une région qu'il n'aime pas, connaître Paris. Il fugue, prend le train... et se retrouve en prison à Paris, d'où Izambard le fait libérer. Retour au bercail. Nouvelle fuite. Le voici de nouveau à Paris, où on le retrouve communard. C'est de cette période que date l'un des poèmes les plus fameux de Rimbaud, « Ma bohème ».

« Ma bohème » (extrait)

Je m'en allais, les poings dans mes poches crevées ;
Mon paletot soudain devenait idéal ;
J'allais sous le ciel, Muse, et j'étais ton féal ;
Oh ! là, là ! que d'amours splendides j'ai rêvées !

Arthur, le « voyant »

Quelques mois plus tard, nouveau retour d'Arthur à Charleville : l'armée le dégoûte. Il continue à rêver d'ailleurs, et sa poésie affirme son caractère original. Rimbaud, les 13 et 15 mai 1871, va écrire deux lettres fameuses, dites « Lettres du voyant ». L'une est adressée au poète Paul Demeny ; l'autre à Georges Izambard. De nouvelles voies sont possibles en poésie, hors du romantisme et des conventions du moment.

« Je est un autre »

Les deux « Lettres du voyant » contiennent une formule fameuse qui participe à la gloire de Rimbaud : « Je est un autre. » Plaît-il ? Oui, le poète se dédouble, et c'est une voix intérieure qui lui inspire son œuvre.

La petite histoire

La boisson de Verlaine
C'est l'absinthe, qu'on ne produit plus guère aujourd'hui en France.

À Georges Izambard

Maintenant, je m'encrapule le plus possible. Pourquoi ? Je veux être poète, et je travaille à me rendre Voyant : vous ne comprendrez pas du tout, et je ne saurais presque vous expliquer. Il s'agit d'arriver à l'inconnu par le dérèglement de tous les sens. Les souffrances sont énormes, mais il faut être fort, être né poète, et je me suis reconnu poète. Ce n'est pas du tout ma faute. C'est faux de dire : Je pense : on devrait dire : On me pense. – Pardon du jeu de mots.
Je est un autre. Tant pis pour le bois qui se trouve violon, et nargue aux inconscients, qui ergotent sur ce qu'ils ignorent tout à fait !

10 septembre 1871 : la rencontre des deux poètes
Et puis vient la rencontre entre Arthur et Paul. Rimbaud a envoyé ses poèmes à Verlaine, qui l'invite à Paris. Paul est fasciné par le jeune homme, qui se comporte très mal chez lui... et partout ailleurs dans la capitale. En 1872, Arthur doit rentrer à Charleville, mais il revient à Paris et sème la zizanie dans le ménage parisien. Cette fois, lorsque l'auteur du *Bateau ivre* se met à nouveau en route pour sa ville natale, Paul le suit.

La fuite à Bruxelles et à Londres
L'épisode le plus fameux de cette rencontre : les amants passent quelque temps à Bruxelles, puis embarquent pour Londres. Paul est en plein divorce. Les relations sont difficiles entre les deux poètes. Verlaine, pendant cette période, ne compose pas grand-chose ; Rimbaud, à 18 ans, a déjà son œuvre derrière lui !

Et c'est le coup de revolver fameux
Les deux hommes se séparent, se retrouvent à Bruxelles, où Paul attend sa mère qui doit le ramener à Paris dans l'espoir d'une réconciliation avec Mathilde. Arthur veut être du voyage, Paul refuse. Le 10 juillet 1873, il achète un pistolet et tire sur son amant, qui sera blessé à la main. Madame Verlaine intervient. Tout le monde se retrouve à la gare après un passage par l'hôpital, mais Paul sort à nouveau son arme : un policier est là, on se retrouve au poste.

Verlaine, condamné à deux ans de prison
Dans sa cellule, Verlaine s'est converti. Il a composé *Sagesse*. À Stuttgart, en 1875, les deux poètes se retrouvent. Pas pour longtemps, « deux jours et demi », écrit Rimbaud. Ils ne se reverront plus. Verlaine va poursuivre son œuvre et sa descente aux enfers de l'alcool jusqu'à sa mort, à 52 ans ; Rimbaud est en route pour sa légende.

La petite histoire

Saviez-vous que Rambo, le personnage romanesque américain, devenu héros d'une série de films célèbres, devait son nom à Rimbaud, admiré par son auteur d'outre-Atlantique ?

Rimbaud, la légende de « l'homme aux semelles de vent »

Cette légende a été alimentée par le fait que cet « homme aux semelles de vent », comme le nomme Verlaine dans *Les Poètes maudits*, a renoncé à la poésie très tôt. À partir de 1875, il voyage, fait le tour du monde, se retrouve à Java, à Rome, puis à Chypre ; il finit à Aden, puis au Harar, en Abyssinie. Il fait du commerce, devient géographe, trafiquant d'armes.

Tombé malade, Rimbaud rentre à Marseille, où on l'ampute d'une jambe. Il part pour Charleville, revient à Marseille... Rimbaud meurt le 10 novembre 1891, d'un cancer.

Verlaine et Rimbaud en quelques œuvres et quelques vers

Verlaine

- *Poèmes saturniens* (1866)
- *Fêtes galantes* (1869)
- *La Bonne Chanson* (1870)
- *Romances sans paroles* (1874)
- *Sagesse* (1880)
- *Jadis et naguère* (1884)
- *Les Poètes maudits* (1884)

Rimbaud

- « Jadis, si je me souviens bien, ma vie était un festin où s'ouvraient tous les cœurs, où tous les vins coulaient » (« Une saison en enfer », 1873).
- « Elle est retrouvée ! / Quoi ? l'éternité. / C'est la mer mêlée / Au soleil » (« L'Éternité »)
- *Illuminations* (1873-1875)
- *Poésies complètes* (1895)
- « Comme je descendais des Fleuves impassibles, / Je ne me sentis plus guidé par les haleurs / Des Peaux-Rouges criards les avaient pris pour cibles, / Les ayant cloués nus aux poteaux de couleurs » (« Le Bateau ivre »).
- « C'est un trou de verdure où chante une rivière, / Accrochant follement aux herbes des haillons / D'argent ; où le soleil, de la montagne fière, / Luit : c'est un petit val qui mousse de rayons » (« Le Dormeur du val »).
- « A noir, E blanc, I rouge, U vert, O bleu : voyelles » (« Voyelles »).

Pour en savoir plus

Les poètes maudits

Tristan Corbière, Arthur Rimbaud, Stéphane Mallarmé, Marceline Desbordes-Valmore, Villiers de l'Isle-Adam, voilà les noms que Verlaine passe en revue dans son ouvrage Les Poètes maudits. *On y trouve une notice sur chacun d'eux et une présentation de leurs poèmes. Un nom manque à cette liste : celui de Pauvre Lelian, qui n'est autre que Paul Verlaine lui-même !*

Mallarmé l'obscur et Cros l'inventeur

Stéphane Mallarmé (1842-1898) : à n'y rien comprendre ?

Mallarmé est l'auteur d'un fameux sonnet auquel il est difficile d'attacher un sens clair. En voici les deux premières strophes...

Ses purs ongles très-haut...

Ses purs ongles très-haut dédiant leur onyx,
L'Angoisse, ce minuit, soutient, lampadophore,
Maint rêve vespéral brûlé par le Phénix
Que ne recueille pas de cinéraire amphore

Sur les crédences, au salon vide : nul ptyx,
Aboli bibelot d'inanité sonore,
(Car le Maître est allé puiser des pleurs au Styx
Avec ce seul objet dont le Néant s'honore.)

Mallarmé l'obscur

Mallarmé l'obscur : voilà l'expression qui vient aux lèvres dès qu'on évoque le nom du poète symboliste. On dit de la poésie mallarméenne qu'elle est hermétique, fermée, qu'elle ne se laisse pas appréhender facilement. Quelques portes d'entrée conduisent cependant à cette œuvre difficile, exigeante. De nombreux poèmes sont abordables. Voici un extrait du célèbre « Brise marine ».

« Brise marine »

La chair est triste, hélas ! et j'ai lu tous les livres.
Fuir ! là-bas fuir ! Je sens que des oiseaux sont ivres
D'être parmi l'écume inconnue et les cieux !
Rien, ni les vieux jardins reflétés par les yeux
Ne retiendra ce cœur qui dans la mer se trempe
Ô nuits ! ni la clarté déserte de ma lampe
Sur le vide papier que la blancheur défend
Et ni la jeune femme allaitant son enfant.
Je partirai ! Steamer balançant ta mâture,
Lève l'ancre pour une exotique nature !

La petite histoire

Mallarmé chahuté

Saviez-vous que Mallarmé, professeur d'anglais, était tellement chahuté par ses élèves qu'il devait s'abriter derrière des livres pour assurer ses cours ?

Mallarmé en quelques dates...

1842 Naissance à Valvins, en Seine-et-Marne.

1860 Découverte de l'œuvre de Baudelaire.

1863 Mariage avec Maria Gerhard, une Allemande. Voyage en Angleterre, puis retour en France. Premier poste de professeur d'anglais, en Ardèche.

1871 Mallarmé enseigne au lycée Fontane (aujourd'hui Condorcet).

1880 Le poète réunit chaque mardi chez lui, rue de Rome, les artistes de l'époque.

1886 Mallarmé s'impose comme chef de file du symbolisme, défini par Jean Moréas.

L'art de Mallarmé, « donner un sens plus pur aux mots de la tribu »

L'hermétisme de Mallarmé, aux yeux de ses défenseurs, n'est pas gratuit. L'écrivain assigne à son art un rôle très haut : la poésie doit manifester l'Idée, l'Essence. Le poète est une sorte de prêtre qui s'adresse à des initiés. Il s'agit, en somme, d'atteindre l'Éternité par le Beau. Une formule fameuse tirée du *Tombeau d'Edgar Poe* semble résumer le dogme mallarméen : « donner un sens plus pur aux mots de la tribu ». Mais ce dogme a sans doute des limites : on peut reprocher à Mallarmé un goût de la pure forme stérile. Les admirateurs du poète rétorqueront qu'on peut se contenter de la beauté sonore des mots.

Charles Cros (1842-1888), inventeur et poète

L'Académie Charles-Cros décerne chaque année un prix à des disques de qualité, mais connaissez-vous l'homme Cros ? Vous avez peut-être lu l'un de ses poèmes : « Le Hareng saur ».

> Il était un grand mur blanc – nu, nu, nu,
> Contre le mur une échelle – haute, haute, haute,
> Et, par terre, un hareng saur – sec, sec, sec.

Charles Cros fut aussi un inventeur : on lui doit le phonographe ! Mais seul Thomas Edison, qui travaillait sur le même projet, put mettre au point l'invention fameuse.

La petite histoire

Prince des poètes !

Ce titre honorifique n'a été décerné en France qu'à de rares auteurs : Ronsard, Verlaine et Mallarmé furent les trois premiers ; plus près de nous, furent honorés Léon Dierx, Paul Fort et Jules Supervielle.

En résumé

Baudelaire, notamment à travers sa théorie des correspondances, apparaît comme le père de la poésie moderne en cette seconde moitié du siècle. Après lui, Verlaine oriente cet art vers la musicalité et la nuance, Rimbaud et Mallarmé assignent au poète un rôle très haut : pour l'un, il doit être un voyant, pour l'autre, une sorte de prêtre vouant un culte à la Beauté pure. Ces grands artistes, qu'on dit peut-être à tort « symbolistes » puisque l'essentiel de leur œuvre est composé avant le manifeste lancé par Moréas, ont une stature que ne parviennent pas à égaler les poètes parnassiens, dont l'art nous apparaît aujourd'hui comme artificiel.

INTRODUCTION

Le siècle en un clin d'œil

Comment ne pas voir, cependant, que les deux guerres mondiales ont profondément marqué les esprits ? Le théâtre connaît de profonds changements : on part des pièces de boulevard pour aboutir à un nouveau théâtre, qui fait éclater les formes traditionnelles. La poésie entre dans le temps des manifestes littéraires. Le roman, genre dominant, jusqu'à éclipser tous les autres aujourd'hui, cherche à rendre compte des guerres, à témoigner de l'engagement possible des hommes dans le siècle, ou tente d'oublier les atrocités en se concentrant sur son art, indépendant des contraintes d'une époque.

La *NRF*, Gide, Gallimard, Paulhan

Une fois n'est pas coutume, voici un *bis* à notre introduction : car l'histoire littéraire du siècle est liée aussi à une revue où, de Proust à Camus ou Sartre, se sont côtoyés la plupart des noms qui comptent, une revue qui a vu naître tous les mouvements importants : la *NRF* (*Nouvelle Revue française*).

Le 1er février 1909 paraît le premier numéro de la revue, dirigée par Gide, qui va être un des piliers de cette aventure littéraire. L'autre pilier, c'est Gaston Gallimard, devenu gérant en 1911. À partir de 1912, Jacques Copeau, assisté de Jacques Rivière, dirige la *Revue*. Le critique Albert Thibaudet rejoint l'équipe et y reste jusqu'à sa mort, en 1936. Pendant la Première Guerre, la *Revue* cesse de paraître. En 1919, l'aventure reprend, avec Rivière à sa tête, mais celui-ci meurt en 1925, et Gallimard est nommé directeur. Jean Paulhan sera rédacteur en chef avant de remplacer Gaston à son poste de commandement (1935) et de donner une impulsion décisive à l'entreprise littéraire. En 1940, la *Revue* est suspendue, avant de reparaître, dirigée par Drieu La Rochelle et contrôlée par la censure allemande. Interdite après la guerre, la *NRF* reparaît en 1953, dirigée par Paulhan et Arland.

6

➔ Le XXe siècle : comment survivre à deux guerres

1 En attendant la der des ders, la Belle Époque

Les débats politiques, en ce début de siècle, sont houleux : l'opposition est très marquée entre un Barrès ou un Maurras, fervents nationalistes, et des personnalités cosmopolites, comme Romain Rolland. Plus à gauche, c'est Jaurès, assassiné en 1914, qui prend la tête du mouvement socialiste.
Bientôt, l'inimitié entre la France et l'Allemagne va prendre de l'ampleur et conduire à la Première Guerre mondiale, mais la littérature semble jusque-là vouloir se montrer optimiste : le théâtre de boulevard propose ses pièces comiques ; la poésie, entrée d'abord dans le sillage des symbolistes, se propose de célébrer la vie et de s'ouvrir au monde et à l'aventure. Apollinaire magnifie le monde moderne, renouvelle la poésie et se place à l'avant-garde. D'autres poètes – Péguy et Claudel – se tournent vers Dieu et donnent une nouvelle vigueur à la poésie religieuse. Le roman voit apparaître deux personnalités fortes : Gide et Proust, surtout, qui orientent l'art romanesque vers la recherche du moi profond.

Au théâtre : des cocus à Ubu

On rit, sur les Boulevards, devant les comédies de Feydeau et de Courteline. Jarry, avec *Ubu*, renouvelle le genre de la farce, tandis que le *Cyrano* de Rostand pointe le bout de son nez.

Le vaudeville : le mari, la femme, l'amant

Le théâtre de boulevard tient son nom de ce qu'il était joué dans les salles qui bordaient les Grands Boulevards. En ce début de siècle, c'est le vaudeville qui en fait les beaux jours : dans ces comédies légères, le comique est fait de quiproquos, de coups de théâtre permanents. Sur un rythme endiablé, se succèdent sur scène mari, femme, amant. Les maîtres de ce genre qu'on dit mineur sont Georges Feydeau (1862-1921) et Georges Courteline (1858-1929), qui prennent la suite d'Eugène Labiche (1815-1888) et de sa fameuse pièce *Un chapeau de paille d'Italie*.

Le mot savant

Vaudeville : *les pièces en vaudevilles, au XVIIIe siècle, désignaient des pièces dans lesquelles on insérait des chansons légères, gaies, originaires du val de Vire.*

Le vaudeville en quelques pièces

• De Feydeau, on pourra lire – et surtout aller voir ! – *Le Dindon* (1896), *La Dame de chez Maxim* (1899), *Occupe-toi d'Amélie* (1908), *On purge Bébé* (1910), *Mais ne te promène donc pas toute nue* (1912).
• De Courteline, vous apprécierez *Boubouroche* (1893), *Un client sérieux* (1896), *Monsieur Badin* (1897) et *La Paix chez soi* (1903), mais aussi un roman, *Messieurs les ronds-de-cuir* (1893).

Edmond Rostand (1868-1918) : Cyrano et son nez

Nous avons déjà rencontré Cyrano – le vrai ! – dans notre parcours littéraire. L'autre, imaginaire, est plus célèbre : la pièce de Rostand est jouée chaque année au théâtre, est recommandée par les programmes scolaires, et Rappeneau l'a portée à l'écran avec Depardieu dans le rôle de Cyrano. *Cyrano de Bergerac* (1897) fut le grand succès de Rostand ; sa pièce *L'Aiglon* (1900) est moins connue ; quant à *Chanteclerc* (1910), ce fut un échec sur toute la ligne.
Souvenez-vous : Cyrano, intelligent et fin discoureur, est amoureux de sa belle cousine Roxane ; mais il est laid, son nez est... très long. Roxane est amoureuse de Christian de Neuvillette, beau, mais fort bête. Cyrano propose ses services à son rival : il restera dans l'ombre, composera les lettres et fera les tirades qui séduiront la belle. Peu après, Christian périt au siège d'Arras, où Roxane est allée le rejoindre...
Ceux qui aperçoivent Cyrano rient volontiers de son nez ; mais ils ne savent pas que notre homme est aussi fin bretteur que fin discoureur : il manie à la perfection l'épée et la langue. Ils en sont alors pour leurs frais.
Le passage le plus fameux de la pièce est celui qu'on appelle la « tirade du nez ». Moqué, Cyrano ridiculise son adversaire, qui vient de lui dire, très platement, que son nez est très long. Le héros le prend à son propre jeu, en même temps qu'il lui fait goûter de son épée !

> Agressif : « Moi, monsieur, si j'avais un tel nez,
> Il faudrait sur-le-champ que je me l'amputasse ! »
> Amical : « Mais il doit tremper dans votre tasse
> Pour boire, faites-vous un hanap ! »
> Descriptif : « C'est un roc !... c'est un pic !... c'est un cap !
> Que dis-je, c'est un cap ?... C'est une péninsule ! »

Pour en savoir plus

Boubouroche à *l'Académie*
Ne vous y trompez pas : le vaudeville n'est pas un genre si mineur que cela ! Dès 1910, Boubouroche *entre au répertoire de la Comédie-Française. Feydeau aussi est régulièrement joué par les comédiens français.*

Alfred Jarry (1873-1907) : « merdre » et « cornegidouille ! »

Jarry est passé à la postérité avec une seule pièce, une farce énorme, comme on la qualifie souvent, *Ubu roi*, représentée pour la première fois en 1896. Le reste de son œuvre – des poèmes symbolistes, quelques romans – est méconnu. Il faut dire aussi que Jarry meurt jeune, d'avoir trop bu d'absinthe, « l'herbe sainte », disait-il.

Ubu, une création collective

Les circonstances de la composition d'*Ubu*, autant que la pièce elle-même, sont fameuses : Rennes, 1888, Alfred arrive au lycée, où M. Hébert, le professeur de physique, est chahuté. Les élèves, dans des textes comiques de leur composition, le surnomment père Ébé, Ébance, Ébouille... Jarry s'empare de l'un d'eux – *Les Polonais*, composé par Charles Morin, où Hébert figurait en roi de Pologne –, le transforme et donne naissance à *Ubu*, farce en cinq actes. Alfred a 15 ans, ou un peu plus !

Ubu, un nouveau Gargantua ?

On compare souvent Ubu à Gargantua : comme lui, il parcourt le monde en quête d'aventures. Mais l'aventure de cette farce, c'est aussi, comme chez Rabelais, celle du langage, plein d'inventions, de gouaillerie : « De par ma chandelle verte, je me suis rompu l'intestin et crevé la bouzine ! » La « bouzine », chez Rabelais, c'est une cornemuse. Ici, avec « boudouille » et « gidouille », le terme désigne le ventre du père Ubu.

Ubu roi

L'histoire ? Le capitaine Ubu est poussé par sa femme, la mère Ubu, à tuer Venceslas, roi de Pologne, pour s'emparer de son trône. On exécute la famille royale. Un seul en réchappe, Bougrelas, qui se vengera. Pour accroître ses richesses, Ubu se livre au massacre, tuant nobles, magistrats et financiers...

Le début de la pièce est fameux. Pourquoi ? C'est que la première réplique du père Ubu est un « merdre ! » retentissant ! Et sa femme lui répond illico : « Oh ! voilà du joli, Père Ubu, vous estes un fort grand voyou. »

Pour en savoir plus

Ubu *doit beaucoup à l'influence de Rabelais, mais l'œuvre se présente aussi comme une parodie du drame shakespearien.*

Zoom

Il existe en fait trois Ubu : Ubu roi *(1896),* Ubu enchaîné *(1900) et* Ubu sur la Butte *(1906). Ces trois textes ont été fondus en un seul, en 1960, par le TNP.*

Zoom

Quelques œuvres

Pelléas et Mélisande, *de Maeterlinck, inspirera à Debussy une partition qui fera date dans l'histoire de la musique du XXe siècle. Les* Ballades françaises *de Paul Fort, dernier à porter le titre de « prince des poètes », comptent quarante volumes ! Le* Cœur innombrable *apporte la renommée à Noailles, dès 1901.* Les Villes tentaculaires *(1895) rendirent Verhaeren célèbre dans toute l'Europe. Jammes, en 1898, donne son recueil* De l'angélus de l'aube à l'angélus du soir.

La poésie tournée vers le monde et vers les cieux

Les figures poétiques d'importance sont nombreuses, en ce début de siècle. Le Belge Émile Verhaeren (1855-1916), Maurice Maeterlinck (1862-1949),

Paul Fort (1872-1960), entre autres, assument l'héritage symboliste, tandis qu'Anna de Noailles (1876-1933) et Marie Noël (1883-1967) représentent la poésie féminine. Francis Jammes (1868-1938), lui, veut célébrer « la Vérité qui est la louange de Dieu ».

Blaise Cendrars (1887-1961) : le bourlingueur

Bourlinguer (1948) est le titre d'un fameux ouvrage de Frédéric-Louis Sauser, alias Blaise Cendrars, Suisse de naissance. C'est qu'il a aimé voyager, Blaise, et célébrer le monde : Russie, Arménie, Chine, Brésil, Argentine, New York... *La Prose du Transsibérien et de la petite Jehanne de France* (1913) reste son recueil poétique le plus célèbre, dans lequel il revit un voyage à travers la Mandchourie : « Je suis en route / J'ai toujours été en route / Je suis en route avec la petite Jehanne de France / Le train fait un saut périlleux et retombe sur ses roues. »
De Cendrars, il faut lire aussi *Anthologie nègre* (1921) et les romans *L'Or* (1925), *Moravagine* (1926) ou *Rhum* (1930), tous animés par le souffle épique de l'aventure et du voyage.

> **La petite histoire**
>
> *Cendrars est la contraction de « braise » et de « cendres ».*

Guillaume Apollinaire (1880-1918), lyrique et moderne

Guillaume Apollinaire de Kostrowitzky, fils naturel d'une Polono-Italienne et d'un officier italien, ne survécut pas à la Première Guerre mondiale : blessé à la tête dans les tranchées en 1916 puis trépané, il succombe en 1918 à la redoutable épidémie de grippe espagnole qui décima alors l'Europe.

> **La petite histoire**
>
> *Apollinaire est aussi l'auteur de romans pornographiques. Le plus célèbre ?* Les Onze Mille Verges *(1907).*

Le poète chante les femmes

Les femmes ont beaucoup compté dans la vie du poète : Annie Playden, une gouvernante anglaise rencontrée en Rhénanie, où il était précepteur, lui inspire *La Chanson du mal-aimé* ; la rupture avec Marie Laurencin, peintre, donne naissance au plus célèbre de ses poèmes, « Le Pont Mirabeau », publié dans le recueil *Alcools* (1913) ; pour Louise de Coligny-Châtillon, Guillaume compose le fameux poème acrostiche « Lou » (voir la rubrique « Le mot savant » ci-contre).

> **Le mot savant**
>
> ***Poème acrostiche***
> *La première lettre de chaque vers compose un mot, lu verticalement :*
> *Le soir descend*
> *On y pressent*
> *Un long destin de sang.*

Le poète se met à l'avant-garde

L'amoureux délaissé, ami des peintres (Picasso, entre autres), lié aux mouvements picturaux d'avant-garde (le mouvement cubiste), fut aussi un poète novateur, qui annonça même le surréalisme en transcrivant ses rêves dans *Onirocritique*. Sa trouvaille la plus fameuse ? En corrigeant les épreuves du recueil *Alcools*, il finit par supprimer toute ponctuation : cela contribue à donner à ses poèmes une fluidité inégalée. Autre chose ? Il invente des « poèmes-conversations » composés de fragments de dialogues réunis au hasard, publie les *Calligrammes* (1918), des poèmes dont la disposition forme un dessin qui correspond au sujet évoqué (colombe, jet d'eau...).

« Le Pont Mirabeau », *Alcools*, 1913 (extrait)

Sous le pont Mirabeau coule la Seine
Et nos amours
Faut-il qu'il m'en souvienne
La joie venait toujours après la peine
Vienne la nuit sonne l'heure
Les jours s'en vont je demeure

Paul Claudel (1868-1955) : « Je veux être un vainqueur »

Si l'on cherche des raisons pour ne pas lire Claudel, on en trouvera beaucoup : l'homme est controversé ; on l'accuse d'avoir laissé mourir sa sœur, la grande Camille Claudel, dans un asile de fous ; on lui trouve volontiers un caractère intransigeant (« La tolérance ? il y a des maisons pour cela ! », disait-il). Et puis, ce qui en agace beaucoup aussi, c'est que Claudel s'affirme comme poète et dramaturge catholique : aux yeux de certains, cela suffit à disqualifier son œuvre et à le ranger parmi les réactionnaires. Et pourtant... la poésie et le théâtre de Claudel possèdent un souffle unique et gigantesque, qui le fait échapper à toutes les écoles et donne à son œuvre une portée universelle.

Une conversion mémorable

Le jeune Claudel, comme beaucoup d'hommes de sa génération, marquée par le positivisme et l'esprit matérialiste, a renoncé au christianisme. Pourtant, le 25 décembre 1886, alors qu'il se tient « près du second pilier à l'entrée du chœur » de Notre-Dame, il est soudain touché par la grâce : « En un instant, mon cœur fut touché et je crus. » Paul sort de la cathédrale converti au catholicisme.

Dès lors, toute sa vie va être marquée par l'effort de faire coïncider sa vocation poétique naissante et sa foi chrétienne ; il ne veut pas être seulement un chrétien qui écrit des vers et du théâtre, mais un poète et dramaturge chrétien. Plus tard, il affirmera que son objectif fut d'« être un vainqueur », d'échapper au pessimisme et à l'esprit décadent des poètes qui l'avaient précédé, Verlaine en tête. Quant à Mallarmé, il juge sa recherche esthétique stérile.

La petite histoire

Camille Claudel, la sœur de Paul, fut une sculptrice géniale, dont les œuvres sont exposées au musée Rodin. Camille fut l'élève puis la maîtresse de Rodin ; délaissée par lui, elle deviendra folle et mourra en 1943, dans un asile.

Écrivain et diplomate

Mais il faut vivre et travailler. Paul passe le concours des Affaires étrangères, est reçu premier, devient consul, puis ambassadeur : son métier lui fait parcourir le monde. Ses nominations successives aux États-Unis (New York) et en Chine furent déterminantes pour sa vie et son œuvre. Quarante-sept ans de diplomatie, de vie sentimentale houleuse marquée par des amours impossibles à l'homme marié, avant de finir son existence dans son château de Brangues, en Isère, où il lit et médite la Bible.

Claudel poète

L'œuvre poétique, en vers ou en prose, est immense, mais on peut retenir un titre majeur : *Cinq grandes odes* (1904-1910). Le poète y met au point ce vers particulier qu'on nomme le « verset claudélien », ample, sans rime, inspiré du verset biblique. Un peu à l'image d'Hugo, Claudel confie au poète la vocation de marcher en tête du cortège des hommes ; plus ambitieux encore, il doit continuer la Création divine en nommant le monde.

Claudel homme de théâtre

C'est surtout le théâtre qui fait aujourd'hui encore le succès de Claudel, un théâtre marqué par la question du péché et de la rédemption : *L'Échange* (1893), *Partage de midi* (1906), *L'Annonce faite à Marie* (1912) sont régulièrement mises en scène ; la trilogie des Coûfontaine – *L'Otage* (1910), *Le Pain dur* (1918), *Le Père humilié* (1919) – et *Le Soulier de satin* (1919-1925) sont moins jouées.

***Le Soulier de satin,* ou le marathon théâtral**

L'histoire se passe en Espagne au XVIe siècle, mais la scène, dans ce théâtre total, est aussi bien l'univers. Dona Prouhèze et Rodrigue s'aiment, mais leur amour est contrarié. Séparés sur terre, ils se retrouveront au ciel. Le chef-d'œuvre de Claudel est la pièce la plus longue du répertoire français : cette immense fresque, mystique, bouffonne et baroque, compte des centaines de pages, des dizaines de personnages... Peu de metteurs en scène ont le courage de monter une pièce si longue. Antoine Vitez d'abord, Olivier Py tout récemment, se sont attelés à la tâche : un spectacle de neuf ou dix heures ! En 1943, Claudel et Jean-Louis Barrault présentèrent au public une version abrégée de la pièce.

Charles Péguy (1873-1914), l'autre grand poète chrétien

On voit à quel point les guerres, au XXe siècle, jouent un rôle déterminant dans l'histoire littéraire : la vie de Péguy, autre grande voix chrétienne contemporaine de Claudel, fut arrêtée par les combats dès 1914.

Toutes les clés

Zoom

Lecteur de Rimbaud

La découverte de Rimbaud est un choc pour Claudel, qui voit en lui un poète « mystique à l'état sauvage » ayant dépassé le pessimisme de son compagnon Verlaine.

Zoom

La voix de Claudel

Claudel a confié sa vie à Jean Amrouche dans des entretiens radiophoniques célèbres et savoureux, publiés ensuite sous le titre de Mémoires improvisés *: à lire ou à écouter !*

La petite histoire

Partage de midi, *ou la passion sublimée*

À Fou-Tcheou, en Chine, Claudel rencontre Rose Vetch, une femme mariée. Adultère et tourments. Ce drame, il va le faire revivre dans Partage de midi *et, plus tard, dans* Le Soulier de satin.

Pamphlétaire et critique

Défenseur de Dreyfus, Péguy s'éloigne peu à peu du parti socialiste, dont il avait contribué à diffuser les idées. Il fonde *Les Cahiers de la quinzaine*, met en garde son époque contre la guerre, qu'il juge imminente (*Notre patrie*, 1905), revient à la foi catholique en 1908. Pamphlétaire et critique de grand talent (*Notre jeunesse, L'Argent, Clio*), Péguy est aussi un poète mystique : *Mystère de la charité de Jeanne d'Arc* (1910), *Le Porche du mystère de la deuxième vertu* (1911), *Le Mystère des saints Innocents* (1912).

Péguy en quelques citations tirées de *Notre jeunesse* (1910)

- « Tout parti vit de sa mystique et meurt de sa politique. »
- « Il y a des ordres injustes, qui cachent les pires désordres. »
- « En politique, on ne s'entendra jamais. Mais c'est peut-être ce que demandent les partis. C'est peut-être le jeu des partis. »
- « La seule force, la seule valeur, la seule dignité de tout ; c'est d'être aimé. »
- « La politique se moque de la mystique, mais c'est encore la mystique qui nourrit la politique même. »
- « La mystique est la force invincible des faibles. »
- « Il faut tout de même voir qu'il y a des ordres apparents qui recouvrent, qui sont les pires désordres. »

Victor Segalen (1878-1919), immense styliste des *Stèles*

Ségalen, brestois de naissance, médecin, débarqua à Tahiti en 1903 avant de passer une bonne partie de sa vie en Chine, où il rencontra Claudel, mais sans partager sa foi chrétienne. En Orient, Claudel reste français, Segalen se veut chinois : il apprend la langue, cherche à se confronter avec ce pays inconnu qui le fait sortir de lui-même et de sa vision occidentale du monde. De Segalen, il faut lire *Stèles* (1912), mais aussi un roman, *René Leys* (1922). On découvrira un immense styliste, dont les phrases ciselées ont la fulgurance de proverbes.

Pour en savoir plus

Péguy fut un grand admirateur de Pierre Corneille. Il évoque admirablement le dramaturge dans son Victor-Marie, comte Hugo *(1910). Péguy, encore, a composé un poème de 8 000 vers,* Ève *(1913), où il médite sur le mystère du salut, qui passe par la femme, comme chez Claudel.*

Le roman vers le moi profond

Pendant que la poésie se tourne vers le monde et le ciel, une des voies du roman, en ce début de siècle, est celle de l'introspection : voici venir le grand Proust ; à ses côtés, Gide affirme déjà une personnalité qui rayonnera jusque dans les années 50. L'envergure de ces deux figures majeures de leur époque laisse cependant la place à bien d'autres talents, parmi lesquels ceux de Barrès ou d'Alain-Fournier.

Maurice Barrès (1862-1923) contre les « barbares »

Le Culte du moi est un cycle de trois romans : *Sous l'œil des barbares* (1888), *Un homme libre* (1889), *Le Jardin de Bérénice* (1891). Barrès y fait l'éloge de la solitude, s'en prend aux « barbares » qui s'opposent à un culte égotiste de notre sensibilité. Mais la cible de Barrès, ce sont aussi d'autres « barbares », les Allemands, qui ont envahi la Lorraine. Barrès prend la défense de sa terre natale et de ses morts. L'égotiste revendique alors l'enracinement dans sa province, devient nationaliste, promoteur d'une foi traditionnelle. Député de droite, Barrès prendra position contre Dreyfus, voit dans la guerre l'occasion, pour un homme, de manifester son héroïsme. Les livres les plus célèbres de l'auteur restent *Les Déracinés* (1897) et *La Colline inspirée* (1913).

Alain-Fournier (1886-1914) : un rêve éveillé, *Le Grand Meaulnes*

Henri Alban Fournier n'a pas eu le temps de beaucoup écrire : il meurt dès le début de la Première Guerre mondiale, en 1914. Il laisse un roman unique, et qui continue à faire rêver ses lecteurs, adolescents ou adultes, *Le Grand Meaulnes* (1913).

Souvenez-vous : Sainte-Agathe, en Sologne. L'arrivée d'Augustin Meaulnes a bouleversé l'atmosphère de la classe où étudie le narrateur, François. Peu avant Noël, Meaulnes disparaît pendant trois jours. Il rapporte à François son aventure étrange et, pour le lecteur, inoubliable. Perdu dans un endroit « désolé », il parvient dans un domaine qui semble échapper au temps présent et vit une sorte de rêve éveillé où l'attend une belle et mystérieuse jeune fille, Yvonne de Galais...

Zoom

D'autres titres de romans

Avant la Première Guerre mondiale, Anatole France publie Les dieux ont soif *(1912), Paul Bourget, avant lui, avait fait paraître* Le Disciple *(1889) et Romain Rolland écrit les volumes de son roman-fleuve,* Jean-Christophe *(1904-1912), dans lequel il s'inspire de la vie de Beethoven.*

Marcel Proust (1871-1922) : « La vraie vie... c'est la littérature. »

« Longtemps, je me suis couché de bonne heure. »

Cette simple phrase est l'une des plus fameuses de notre littérature : elle ouvre le chef-d'œuvre de Proust, *À la recherche du temps perdu.* À personne mieux qu'à cet homme ne semble convenir le titre de grand écrivain, lui dont la vie se confond avec une œuvre. Pour être banale, l'expression ici convient parfaitement : *À la recherche du temps perdu,* c'est l'œuvre d'une vie et une vie dans une œuvre. Contre Sainte-Beuve, Proust soutient que la biographie d'un écrivain ne nous apprend rien de l'art d'un écrivain ; son œuvre est issue de son moi profond.

Un enfant fragile

Le jeune Marcel, enfant fragile, asthmatique, naît à Auteuil. Il passe ses vacances à Illiers-Combray, en Eure-et-Loir, choyé par sa mère et par sa grand-mère. Le jeune homme, plutôt snob, fréquente les salons et se veut écrivain. Son premier livre, *Les Plaisirs et les Jours* (1896), est un échec.

Le temps de la légende

En 1905, la mère de Marcel meurt, et l'asthme de ce dernier s'aggrave. Dès lors commence la légende : quinze ans de vie recluse, dans sa chambre tapissée de liège, à composer un monument littéraire. En 1913 paraît *Du côté de chez Swann*, le premier volume de la *Recherche*. En 1919, c'est au tour du deuxième volume, *À l'ombre des jeunes filles en fleurs*. L'heure du succès a sonné : le prix Goncourt couronne l'ouvrage. La course contre le temps est engagée par cet homme qui sait qu'il lui reste peu d'années à vivre : sans relâche, porte fermée, servi par sa fidèle Céleste, il écrit, rature, récrit, sur des petits bouts de papier – ses paperolles –, difficiles à déchiffrer pour son éditeur. Proust meurt en 1922 sans avoir vu toute son œuvre publiée, mais certain qu'il avait composé quelque chose de grand.

La petite histoire

Marcel duelliste

Le critique Jean Lorrain fut si sévère avec Les Plaisirs et les Jours *que Proust le provoqua en duel, au pistolet ! Les deux hommes en sortent heureusement indemnes.*

***À la recherche du temps perdu*, la vie sauvée par la mémoire**

Proust adulte se penche sur son passé, et, recourant à la mémoire profonde, parvient à faire revivre toute une vie à partir de sensations présentes, auxquelles sont attachés des souvenirs qui resurgissent sans qu'on le veuille. Ainsi, au moment où il marche sur des pavés disjoints, Marcel se retrouve dans la cour de l'hôtel de Guermantes, qu'il fréquenta jadis. Plus que l'art de faire revivre les souvenirs passés, l'art de Proust est un engagement total, que résume parfaitement une fameuse phrase du *Temps retrouvé* : « La vraie vie, la vie enfin découverte et éclaircie, la seule vie par conséquent réellement vécue, c'est la littérature. » Non seulement la littérature permet d'éclairer une vie passée, mais, mieux encore, cette vie n'a pas été réellement vécue si elle n'a pas été gravée dans une œuvre littéraire.

Zoom

André Gide, « hélas ! »

L'histoire est célèbre : Du côté de chez Swann *fut refusé par plusieurs éditeurs, dont les éditions de la Nouvelle Revue française, futures éditions Gallimard. Quel lecteur osa renvoyer son manuscrit à Proust ? André Gide, dont nous allons parler bientôt, le même Gide qui affirmait qu'Hugo – « hélas ! » – était le plus grand écrivain français !*

Un monument littéraire

À la recherche du temps perdu, ce sont sept volumes, des milliers de pages, deux cents personnages qui reviennent d'un livre à l'autre, comme chez Zola ou Balzac. De la même façon que ceux de Balzac, les personnages proustiens sont devenus des types, qui incarnent des invariants humains (jalousie, mesquinerie, ambition, snobisme...). Monument dont les héros sont le temps et la mémoire, la *Recherche* est aussi une œuvre d'une extraordinaire acuité critique, qui dresse le portrait cruel de toute une société humaine.

1913 *Du côté de chez Swann* : le bonheur à Combray ; les promenades du côté de Méséglise ou de Guermantes ; Swann, son épouse Odette de Crécy, leur fille Gilberte.

1919 *À l'ombre des jeunes filles en fleurs* : Gilberte et Marcel adolescents ; la rencontre d'Albertine, à Balbec.

1920 *Le Côté de Guermantes I* : le salon snob des Verdurin, bourgeois riches aux prétentions intellectuelles.

1921 *Le Côté de Guermantes II* : Paris, Oriane, la duchesse de Guermantes ; la liaison avec Albertine, le salon des Guermantes.

1922 *Sodome et Gomorrhe I et II* : les mœurs de M. de Charlus, le frère du duc de Guermantes. L'homosexualité supposée d'Albertine.

1923 *La Prisonnière* : Albertine est séquestrée par le narrateur.

1925 *Albertine disparue* : Albertine s'enfuit ; elle meurt en Touraine.

1927 *Le Temps retrouvé* : l'art va permettre le retour salvateur vers le passé.

« La petite madeleine »

S'il est un passage emblématique dans cet « édifice immense du souvenir », c'est bien celui qu'on appelle « la petite madeleine » : une simple madeleine imbibée de thé fait revivre au narrateur ses dimanches matin à Combray, lorsque sa tante Léonie lui proposait cette même pâtisserie qu'elle avait trempée dans sa tasse. Vous pouvez lire ce fameux passage dans le premier volume de la *Recherche Du côté de chez Swann.*

> Et tout d'un coup, le souvenir m'est apparu. Ce goût, c'était celui du petit morceau de madeleine que le dimanche matin à Combray (parce que ce jour-là, je ne sortais pas avant l'heure de la messe), quand j'allais lui dire bonjour à sa chambre, ma tante Léonie m'offrait après l'avoir trempé dans son infusion de thé ou de tilleul. La vue de la petite madeleine ne m'avait rien rappelé avant que je n'y eusse goûté ; peut-être parce que, en ayant souvent aperçu depuis, sans en manger, sur les tablettes des pâtissiers, leur image avait quitté ces jours de Combray pour se lier à d'autres plus récents ; peut-être parce que, de ces souvenirs abandonnés si longtemps hors de la mémoire, rien ne survivait, tout s'était désagrégé ; les formes – et celle aussi du petit coquillage de pâtisserie, si grassement sensuel sous son plissage sévère et dévot – s'étaient abolies, ou, ensommeillées, avaient perdu la force d'expansion qui leur eût permis de rejoindre la conscience.

Zoom

Pour le lecteur, Albertine est une femme ; pour Proust, c'est en fait un homme. Il transpose ici sa propre homosexualité en attribuant ce caractère à son héroïne féminine.

André Gide (1869-1951), le « contemporain capital »

Commencée dans cette drôle de période qui précède la Première Guerre mondiale, l'œuvre de Gide rayonne bien au-delà. Ce « contemporain capital », comme on disait de lui, a tenu une des premières places dans la vie littéraire et intellectuelle de la première moitié du siècle.

Le grand bourgeois inquiet

Issu d'une famille de grands bourgeois protestants, Gide reçoit une éducation austère, qui le marquera toute sa vie mais dont il n'aura de cesse de chercher à se libérer. Le jeune homme fréquente les milieux littéraires symbolistes, se lie avec Valéry et part soigner sa tuberculose en Tunisie, voyage qui marque une première étape dans son affranchissement personnel.
À son retour, Gide épouse sa cousine Madeleine : le jeune écrivain est tiraillé entre une conscience inquiète, en quête de spiritualité, et une personnalité qui cherche toujours à fuir les contraintes. Les années 20 sont celles de la libération : Gide, dans un livre qui fit scandale – *Corydon* (1924) –, affirme enfin son homosexualité et sa liaison avec Marc Allégret, le futur cinéaste . Celui-ci lui sert de secrétaire lors du fameux voyage au Congo, en 1925.

L'homme engagé

La période qui va jusqu'à la Seconde Guerre mondiale marque une phase d'engagement : contre le colonialisme, en faveur du pacifisme (lors du Congrès mondial pour la paix de 1932). L'année 1936 est importante : de retour d'URSS, le Gide communiste raconte sa déception face à une idéologie devenue totalitaire.

La gloire

Exilé en Afrique du Nord pendant l'occupation allemande, Gide revient en France après la guerre. Sa renommée est à son comble, avec l'attribution du prix Nobel en 1947.

Gide en quelques œuvres

Le *Journal*, qui commence à paraître en 1939 et dans lequel l'auteur se définit comme un « inquiéteur », constitue déjà à lui seul un monument littéraire, qui donne accès à cinquante ans d'existence. Mais l'inquiéteur fut aussi un grand passeur : Gide contribua à faire connaître en France de nombreux écrivains, notamment russes : son *Dostoïevsky* paraît en 1923.

1897 *Les Nourritures terrestres* : « Nathanaël, je t'enseignerai la ferveur. » Marcel Schwob, on s'en souvient, se plaignit que Gide, en composant ce livre, ait plagié son *Livre de Monelle.*

Pour en savoir plus

Gide contre Claudel

Dans ses Mémoires improvisés, *Claudel, avec qui Gide entretint une correspondance, dresse un portrait assez dur de notre auteur. Claudel, qui chercha à ramener Gide au christianisme, voyait en lui un homme perdu, un esthète désabusé.*

1902 *L'Immoraliste* : l'ouvrage est très largement autobiographique. Michel, le protagoniste, a épousé Marcelline. Lors d'un voyage en Afrique, il découvre son attirance pour les hommes.

1909 *La Porte étroite* : l'héroïne, Alissa, est amoureuse de Jérôme ; mais sa vocation mystique la fait se détacher de lui.

1914 *Les Caves du Vatican* : Lafcadio veut accomplir un « acte gratuit », se débarrasser d'Amédée Fleurissoire en le poussant d'un train en marche.

1919 *La Symphonie pastorale* : Gertrude est aveugle ; elle est amoureuse d'un pasteur, à qui elle doit la vie. Bientôt, elle recouvrera la vue.

1920 *Si le grain ne meurt* : le livre des souvenirs d'enfance et de jeunesse.

1925 *Les Faux-Monayeurs* : Gide utilise le procédé de la mise en abyme ; Édouard écrit un roman dont le titre est *Les Faux-Monnayeurs.*

En résumé

Malgré des débats politiques qui laissent entrevoir la guerre, toute proche, les premières années du siècle sont marquées, au théâtre, par l'insouciance du vaudeville (Courteline, Feydeau).

• La poésie s'ouvre au monde (Cendrars), trouve de nouvelles voies (Apollinaire) et se tourne aussi vers le ciel (Claudel, Péguy).

• L'art du roman est marqué par une œuvre magistrale, *À la recherche du temps perdu*, de Proust.

• C'est aussi en ce début de siècle que Gide, « contemporain capital », commence une carrière qui rayonnera pendant un demi-siècle.

Le mot savant

Mise en abyme : *le roman dans le roman, ou le théâtre dans le théâtre...*
Le procédé littéraire de la mise en abyme consiste à composer une œuvre dans laquelle un ou des personnages composent eux-mêmes une œuvre, qui renvoie souvent au titre choisi par l'auteur. Ce procédé est fréquent au théâtre : à l'intérieur de la pièce, on joue une autre pièce. Shakespeare l'utilise, par exemple dans Hamlet. *Pirandello (1867-1936), dramaturge italien, a fait de ce procédé une règle pour son théâtre.*

2 D'une guerre à l'autre : la poésie manifeste et le roman prospère

L'entre-deux-guerres est romanesque, et voici que pointent déjà de grandes figures, qui, après Gide et Proust, vont tenter d'ouvrir de nouvelles voies à une humanité en quête de sens : Malraux et Saint-Exupéry proposent l'héroïsme de l'action, Mauriac et Bernanos, celui de la sainteté ; d'autres, tels Giono ou Colette, engagent le roman dans les chemins de la nature. Le personnage le plus atypique de la bande est sans doute Céline, immense romancier, mais très controversé. Il reste une place pour la poésie et le théâtre dans cette époque romanesque : la poésie entre dans le temps des manifestes, dadaïste et surréaliste ; le théâtre, avec Giraudoux, traduit les inquiétudes du temps, alors que Pagnol propose sa fameuse trilogie marseillaise.

Le temps des manifestes

Dans la lignée des poètes de la Pléiade ou bien des poètes romantiques, les écrivains dadaïstes et surréalistes publient des manifestes et se constituent en écoles littéraires. « Le surréalisme, affirme Breton, repose sur la croyance à la réalité supérieure de certaines formes d'associations négligées jusqu'à lui, à la toute-puissance du rêve, au jeu désintéressé de la pensée. »

Zoom

Jarry précurseur
Aussi bien les dadaïstes que les surréalistes ont vu en Jarry un précurseur. Pour Breton, Ubu roi *est une pièce décisive dans l'histoire du théâtre, « pavé dans la mare des conventions ».*

Tristan Tzara (1896-1963) et le dadaïsme

La Suisse, pendant la guerre, est épargnée par les combats. Dans les autres pays européens, une génération entière de jeunes hommes est décimée. Certains échappent à la tuerie et se trouvent en exil à Zurich. Parmi eux,

un certain Samy Rosenstock, d'origine roumaine, crie en 1916 son horreur de la guerre et de cette folie mondiale. Il décide de dénoncer l'horreur par la provocation et la dérision artistique.
En 1918, Rosenstock est devenu Tristan Tzara. Il publie son *Manifeste dada*, un manifeste anarchiste qui va jusqu'à revendiquer la disparition de l'expression artistique. Il s'agit, en abolissant le langage, de faire tomber l'ordre ancien, pourvoyeur de guerres et d'horreurs. Tzara et son groupe s'installent à Paris, où l'homme se lie d'amitié avec Breton et les surréalistes de la revue *Littérature*. Après quelques années de collaboration, dadaïstes et surréalistes se séparent, en 1922 : Breton voit dans le mouvement dada une impasse qui ne mène à rien sauf à la destruction.

André Breton (1896-1966), tyran surréaliste

Né dans l'Orne, Breton est étudiant en médecine lorsque la guerre arrive. Des rencontres capitales orientent son existence : celle d'Apollinaire, en 1915, celle d'Aragon, à l'hôpital du Val-de-Grâce, celle d'un certain Jacques Vaché, celle encore de Freud, par ses ouvrages sur la psychanalyse. En 1919, il publie avec Philippe Soupault *Les Champs magnétiques* dans la revue *Littérature* : dans ces récits de rêves, voici mise en œuvre l'écriture automatique.
Année clé, 1924 voit la parution du premier *Manifeste du surréalisme*. Breton devient le chef incontesté du mouvement naissant, rassemblant autour de lui Péret, Clevel, Artaud, Eluard, Aragon et bien sûr Soupault. En 1927, avec l'adhésion de Breton au parti communiste, le groupe se politise, mais cette orientation révolutionnaire ne fait pas l'unanimité : très vite le groupe éclate, et Artaud est le premier à en être exclu. Breton se comporte en maître intransigeant qui ne supporte pas la contestation ! En 1932, la rupture est consommée avec Aragon, dirigeant du parti, tandis que Breton se tourne vers le trotskisme. C'est à Mexico que le poète rencontre d'ailleurs Trotski lui-même, en 1938. Il est mobilisé en 1939, après son retour en France, puis s'installe aux États-Unis en 1941, où il continue à développer le surréalisme. Cinq ans plus tard, le voici de retour en France : la jeunesse semble voir en lui un modèle, rêvant de « changer la vie » et le monde.

➲ Le surréalisme en quelques mots

Le mot « surréalisme » est l'invention d'Apollinaire (1917). Ce mouvement de révolte prétend :
– rejeter les valeurs morales et sociales, faire table rase du passé en ne retenant que quelques noms (Jarry, Apollinaire, Rimbaud, Lautréamont) ;
– s'intéresser au rêve et faire émerger les couches inconscientes de l'être, seules authentiques (influence de la psychanalyse) ;

Le mot savant

Dada : *ce mot est une onomatopée qui ne signifie rien en particulier. On dit que Tzara, pour donner un nom à son mouvement contestataire, ouvrit un dictionnaire au hasard et tomba sur le mot... « dada ».*

Pour en savoir plus

Le dadaïsme en quelques formules
• Liberté : Dada, Dada, Dada, hurlement de douleurs crispées, entrelacement des contraires et de toutes les contradictions, des grotesques, des inconséquences de LA VIE.
• Je détruis les tiroirs du cerveau et ceux de l'organisation sociale.

– mettre au point une technique destinée à faire émerger cet inconscient, l'écriture automatique, qui doit exprimer « le fonctionnement réel de la pensée. Dictée de la pensée, en l'absence de tout contrôle exercé par la raison, en dehors de toute préoccupation esthétique et morale ».

Breton en quelques œuvres

1919 *Les Champs magnétiques*
1924 *Manifeste du surréalisme*
1928 *Nadja* (roman)
1929 *Second manifeste du surréalisme*
1935 *L'Amour fou* (roman)
1943 *Troisième manifeste du surréalisme*

Paul Eluard (1895-1952) : « La terre est bleue comme une orange »

Dans le sillage de Breton, voici Eluard, un temps membre du groupe surréaliste mais dont la poésie échappe finalement aux impératifs du mouvement lancé par l'auteur de *L'Amour fou.*

Eugène Grindel – c'est son véritable nom – naît à Saint-Denis dans une famille modeste. En 1912, malade, il interrompt ses études et se rend dans un sanatorium suisse, où il rencontre Gala (voir la rubrique « La petite histoire » ci-contre). Leur mariage est célébré en 1917. La guerre terminée – Paul y exerce la fonction d'infirmier et compose ses premiers textes –, notre jeune poète fréquente l'avant-garde artistique, et surtout les peintres, Ernst, Dali, Picasso. Son admiration pour ce dernier sera un des moteurs de sa propre création artistique. Dali bouleverse son existence d'une autre façon : en 1929, il fait sa vie avec Gala.

En 1934, Eluard se marie à nouveau, cette fois avec Maria Benz (dite Nusch). À cette période, le poète n'a pas encore rompu avec Breton (la rupture sera consommée en 1938), mais il a déjà été exclu du parti communiste, qu'il avait rallié avec le père du surréalisme. En 1942, pourtant, Eluard se rapproche à nouveau du parti et devient le poète de la Résistance que l'on connaît bien.

Nusch meurt en 1946, et Eluard aura beaucoup de mal à s'en remettre. Deux femmes cependant vont encore partager sa vie : Jacqueline, puis Dominique, qu'il épouse en 1951. Un an plus tard, il est terrassé par une crise cardiaque.

Eluard en quelques recueils d'amour

Capitale de la douleur (1926), *L'Amour la poésie* (1929), *Les Yeux fertiles* (1936), *Le Lit la table* (1944), *Corps mémorable* (1947) chantent l'amour, celui pour Gala et celui pour Dominique, mais aussi le deuil de Nusch.

Zoom

Une pièce surréaliste

Victor ou les Enfants au pouvoir, *de Roger Vitrac (1899-1952), est une pièce de théâtre surréaliste totalement loufoque et hilarante : Victor, qui fête ses 9 ans, décide de mourir pour ne pas devenir adulte. Il va ridiculiser tous les adultes présents sur scène et les pousser au suicide. À voir ! Créée en 1928 dans une mise en scène d'Artaud, la pièce doit attendre 1962 pour connaître le succès, grâce à Jean Anouilh, qui la reprend.*

La petite histoire

Gala, la muse

Gala, de son vrai nom, Helena Dimitrievna Diakonova est de ces femmes qui font succomber les artistes : Eluard, mais aussi Max Ernst et puis Dali, le peintre excentrique à la célèbre moustache, qui immortalise la belle dans ses toiles.

Eluard, poète engagé

En sortant du surréalisme, Eluard veut croire que les poètes « sont profondément enfoncés dans la vie des autres hommes, dans la vie commune ». Son engagement commence avec la guerre d'Espagne (1936-1939) et se poursuit pendant la Seconde Guerre mondiale : *Le Livre ouvert* (1942) ; *Poésie et vérité* (1942-43) ; *Au rendez-vous allemand* (1944).

Louis Aragon (1897-1982) : communiste des *Beaux Quartiers*

Les Beaux Quartiers (1936), *Les Cloches de Bâle* (1934), *Aurélien* (1944) : voilà trois romans célèbres de ce poète que fut aussi Aragon, fils bâtard de Louis Andrieux, personnage ambigu, notable, jadis lié à Gambetta. Mais comment penser à Aragon sans immédiatement songer à Elsa ?

Comme d'autres surréalistes, c'est la médecine que Louis choisit d'étudier d'abord, avant de devenir écrivain. En 1917, il rencontre Breton, partage donc l'aventure du surréalisme, puis, en 1927, entre au parti communiste, dont il deviendra un des dirigeants. En 1932, Breton et Aragon se fâchent : le surréalisme, avait affirmé Louis deux ans plus tôt, n'est qu'un idéalisme bourgeois ! Mais Elsa, alors ?

La voici : la rencontre a lieu en 1928. Elsa Triolet initie Louis à l'univers culturel russe. Ensemble, ils voyagent longuement en URSS, cette terre promise du militant communiste. Pendant la Seconde Guerre mondiale, Aragon devient un des poètes de la Résistance, qui célèbre la France éternelle foulée aux pieds par l'envahisseur allemand.

Aragon et les yeux d'Elsa

L'œuvre d'Aragon – poésie, théâtre, roman – est importante. L'homme écrivait facilement, d'une écriture limpide et sans ratures. Les romans méritent le détour ; mais Aragon, c'est Elsa (romancière elle-même), ses yeux, leur maison commune, avant la disparition de la compagne et muse, en 1970. Trois recueils, pas moins, célèbrent Elsa : *Les Yeux d'Elsa* (1942), *Elsa* (1959), *Le Fou d'Elsa* (1963).

Ferrat et Aragon

Jean Ferrat mit en musique les poèmes d'Aragon. *Que serais-je sans toi* a marqué de nombreuses mémoires.

> Que serais-je sans toi qui vins à ma rencontre.
> Que serais-je sans toi qu'un cœur au bois dormant.
> Que cette heure arrêtée au cadran de la montre.
> Que serais-je sans toi que ce balbutiement.

Zoom

Elsa Triolet a écrit notamment Les Amants d'Avignon, *un roman où elle évoque Vichy et l'Occupation.*

Zoom

Première phrase

*La première phrase d'*Aurélien *est célèbre : « La première fois qu'Aurélien vit Bérénice, il la trouva franchement laide. »*

La petite histoire

Drôle d'Andrieux

Louis Andrieux est un curieux personnage : il demande à Marguerite Toucas, la mère du poète, de se faire passer pour sa sœur ! C'est sa grand-mère qui sera officiellement, aux yeux de l'enfant, sa mère ! La supercherie dure jusqu'en 1917, où l'on avoue tout à Louis. Choc de la guerre et choc du mensonge...

Jean Cocteau (1889-1963) : tous les talents

Poète (*Vocabulaire*, 1922 ; *Plain-Chant*, 1923 ; *Opéra*, 1927 ; *Clair-Obscur*, 1954), romancier (*Thomas l'Imposteur*, 1923 ; *Les Enfants terribles*, 1929), dramaturge (*Antigone*, 1921 ; *Orphée*, 1927 ; *La Machine infernale*, 1934 ; *Les Parents terribles*, 1938), cinéaste (*L'Éternel retour*, 1943 ; *La Belle et la Bête*, 1946 ; *Orphée*, 1950), mais aussi musicien, peintre, voici Jean Cocteau, touche-à-tout de grand talent, l'ami de tous les artistes qui ont marqué la première moitié du siècle.

Dans les années qui suivent la Première Guerre, c'est le célèbre cabaret le Bœuf sur le Toit qui accueille toute cette belle société d'artistes : les peintres Modigliani et Picasso, mais aussi les musiciens Milhaud, Poulenc, Honegger, Auric, Tailleferre et Durey (voir la rubrique « La petite histoire » ci-contre). Cocteau mène son œuvre et collabore avec ses amis. Avec Picasso, il crée par exemple le ballet *Parade* (1917).

La petite histoire

Le groupe des Six
C'est Cocteau qui donne son nom au fameux groupe des Six (les six musiciens nommés ci-contre).

Reverdy, Jacob et Supervielle : secrets et mystiques

Loin de l'exubérance d'un Cocteau, voici trois poètes plutôt discrets et volontiers mystiques.

Pierre Reverdy (1889-1960)

Reverdy, né à Narbonne, est un poète qui recherche le secret (*Poèmes en prose*, 1915 ; *La Lucarne ovale*, 1916 ; *La Guitare endormie*, 1919 ; *Sources du vent*, 1929…). Reverdy fréquente le milieu artistique de Montmartre, anticipe le surréalisme, mais, à 37 ans, voilà qu'il se retire du monde et va vivre à l'abbaye de Solesmes, jusqu'à sa mort.

Jules Supervielle (1884-1960)

Supervielle, né à Montevideo, en Uruguay, perd ses parents à l'âge de 8 mois. Son oncle et sa tante, qui assurent son éducation, lui cachent cette disparition jusqu'à l'âge de 9 ans. Le choc est rude. D'abord influencé par le symbolisme et par Jules Laforgue, lui aussi né à Montevideo, Supervielle penche enfin pour une poésie simple, non hermétique.

Poète (*Poèmes de l'humour triste*, 1919 ; *Gravitations*, 1925 ; *Le Forçat innocent*, 1930), Supervielle est aussi connu pour ses romans. À lire ou à relire : *L'Homme de la pampa* (1923), *L'Enfant de la haute mer* (1931).

Max Jacob (1876-1944)

Maître du poème en prose (*Le Cornet à dés*, 1917), essayiste et romancier (*Le Phanérogame*, 1918 ; *Le Roi de Béotie*, 1921), moraliste (*Méditations religieuses*, 1947), Jacob vécut un singulier destin : né juif, il se convertit

Zoom

Raymond Radiguet (1903-1923)
La figure de Cocteau appelle celle de Jean Marais, l'ami, l'amant et inoubliable interprète de La Belle et la Bête, *mais l'artiste touche-à-tout appelle une autre figure du siècle : Radiguet, rencontré en 1918. Le jeune homme a tout juste 15 ans, et Cocteau identifie en lui un génie. En 1923, voici que paraît* Le Diable au corps, *un roman toujours au programme des classes de français : Radiguet y évoque les amours d'une femme mariée avec un soldat parti à la guerre et d'un adolescent. Scandale assuré, mais aussi grand succès !*
Auteur d'un autre roman – Le Bal du comte d'Orgel *–, Radiguet meurt de la fièvre typhoïde à 20 ans.*

au christianisme à la suite d'une vision, après avoir fréquenté le milieu artistique de Montmartre. Il finit par se retirer à l'abbaye bénédictine de Saint-Benoît-sur-Loire, où la Gestapo vient le chercher pour le conduire au tristement célèbre camp de Drancy, où il meurt en 1944.

Paul Valéry (1871-1945) : Mallarmé recommencé

« Nous autres, civilisations, savons désormais que nous sommes mortelles. » Disciple de Mallarmé, Valéry s'impose, à travers une œuvre poétique exigeante et une activité de critique inlassable, comme une figure incontournable de la vie intellectuelle française.

L'enfant de Sète

La petite ville de Sète a vu naître au moins deux célébrités : Georges Brassens et Paul Valéry, tous deux poètes. Tous deux aussi en partie d'origine italienne. Fanni Grassi, la mère du petit Paolo – Paul – a épousé un Corse : Barthélemy Valéry. Paolo grandit, fait ses études de droit à Montpellier et pense entrer à l'École navale, mais on n'échappe pas si facilement à sa vocation de poète ! Paul rencontre l'écrivain Pierre Louÿs (1870-1925), lit Rimbaud et Mallarmé, qui lui donnent le goût des vers.

Le mardi chez Mallarmé

À Paris où il s'est installé, Paul est assidu aux célèbres mardis de Mallarmé, le maître à penser de la génération symboliste. La route semble tracée, qui fera de lui un héritier du poète hermétique.

« La nuit de Gênes »

Oui, mais « Dieu écrit droit par des lignes courbes », comme dit le proverbe portugais mis en épigraphe par Claudel au début du *Soulier de satin.* La nuit du 4 au 5 octobre 1892, Valéry prend une décision étrange : il renoncera à la poésie et à la littérature ! Désormais, sa vie sera faite de l'étude des mathématiques. Pourquoi ? C'est que Paul a décidé de se livrer à une sorte d'ascèse intellectuelle par laquelle il espère connaître le fonctionnement de son être intérieur et de sa pensée. Son modèle ? Léonard de Vinci, à qui il consacre un livre (*Introduction à la méthode de Léonard de Vinci*, 1895). Ce parcours, il en donnera une idée dans son « antiroman » *La Soirée avec M. Teste* (1896). Outre ces deux livres, Valéry écrit quotidiennement ses pensées, qui donneront naissance aux fameux *Cahiers.*

Retour au poème

Pour faire vivre sa famille, Paul devient secrétaire du directeur général de l'agence Havas, Édouard Lebey, mais ses amis écrivains (Gide surtout)

La petite histoire

Max a vu Dieu

Le 22 septembre 1909, Max Jacob voit apparaître sur le mur de sa chambre Dieu, sous la forme d'un ange ! Peu après, Max est baptisé et reçoit le nom de Cyprien. Son parrain est Pablo Picasso.

se mettent de la partie et le poussent à publier ses poèmes de jeunesse. Paul se remet au travail, reprend goût à la poésie et, en 1917, paraît *La Jeune Parque.* Le succès est au rendez-vous. En 1922, il est le père d'un second recueil, *Charmes.*

La gloire

Celui qui voulait renoncer à la littérature devient bientôt un homme de lettres célèbre, élu à l'Académie française (1925), conférencier, professeur au Collège de France, auteur de nombreux articles critiques. À sa mort, la France lui prépare des obsèques nationales.

Valéry en quelques œuvres

• 1917 : *La Jeune Parque*

Un hommage à notre langue « fait de ses mots les plus purs et de ses formes les plus nobles ». Valéry l'affirme : « Je ne veux pas être obscur. » Il faut bien reconnaître que ce long poème est plutôt hermétique et que les spécialistes le déchiffrent difficilement, mais il possède une perfection formelle évidente.

• 1922 : *Charmes*

Dans ce recueil de vingt-deux poèmes, Valéry exprime son « art poétique » : recherche de la forme pure, élaboration patiente du poème.

« Le Cimetière marin » : vingt-quatre strophes en décasyllabes

Voici la pièce la plus fameuse du recueil *Charmes.* Brassens l'évoque dans une de ses chansons (*Supplique pour être enterré sur la plage de Sète*). Ce cimetière, c'est bien sûr celui de sa ville natale. Voici la première et la dernière strophes, parmi les plus connues du poème…

> Ce toit tranquille, où marchent des colombes,
> Entre les pins palpite, entre les tombes ;
> Midi le juste y compose de feux
> La mer, la mer, toujours recommencée
> Ô récompense après une pensée
> Qu'un long regard sur le calme des dieux !
>
> […]
>
> Le vent se lève !… Il faut tenter de vivre !
> L'air immense ouvre et referme mon livre,
> La vague en poudre ose jaillir des rocs !
> Envolez-vous, pages tout éblouies !
> Rompez, vagues ! Rompez d'eaux réjouies
> Ce toit tranquille où picoraient des focs !

La petite histoire

512 vers et 600 pages…

« Qui pleure là, sinon le vent simple, à cette heure / Seule, avec diamants extrêmes ? » Quatre années de travail (1913-1917), au terme desquelles Valéry aboutit aux 512 vers de La Jeune Parque. *Pour composer ces vers, le poète a rédigé cent brouillons : au total, 600 pages !*

Le théâtre : le rire ou le drame ?

On sait rire, entre les deux guerres, avec Pagnol ou Romains, mais on sait aussi, avec Giraudoux et Artaud, prendre la mesure des drames qui traversent le monde.

Jules Romains : « Ça vous chatouille ou ça vous grattouille ? »

Auteur prolifique (plus de cent livres !), Romains publie un roman-fleuve : *Les Hommes de bonne volonté*. Au théâtre, son plus grand succès, une pièce toujours beaucoup jouée aujourd'hui, c'est *Knock* (1923). Cette farce, dans la grande tradition de Molière, se moque du charlatanisme des médecins. Le docteur Knock – qui fut immortalisé par Louis Jouvet – a repris la clientèle de Parpalaid à Saint-Maurice. Il donne d'abord des consultations gratuites, pour appâter les clients, puis il met en action son plan : il s'agit de persuader chacun des villageois qu'il est malade ! Et ça marche !

Acte II, scène 1, extrait d'une scène mythique...

Louis Jouvet a formidablement incarné le personnage de Knock ; si vous avez l'occasion de visionner un enregistrement, n'hésitez pas ! Fabrice Luchini a récemment repris le rôle avec succès.

LE TAMBOUR : Quand j'ai dîné, je sens une espèce de démangeaison ici. Ça me chatouille, ou plutôt, ça me grattouille.
KNOCK : Attention. Ne confondons pas. Est-ce que ça vous chatouille, ou est-ce que ça vous grattouille ?
LE TAMBOUR : Ça me grattouille. Mais ça me chatouille bien un peu aussi.
KNOCK : Désignez-moi exactement l'endroit.
LE TAMBOUR : Par ici.
KNOCK : Par ici... où cela, par ici ?
LE TAMBOUR : Là... entre les deux.
KNOCK : Juste entre les deux ?... Est-ce que ça ne serait pas plutôt un rien à gauche, là où je mets mon doigt ?
LE TAMBOUR : Oui.
KNOCK : Ça vous fait mal quand j'enfonce mon doigt ?
LE TAMBOUR : Ça me fait mal.
KNOCK : Ah ! ah ! Est-ce que ça ne vous grattouille pas davantage quand vous avez mangé de la tête de veau vinaigrette ?
LE TAMBOUR : Je n'en mange jamais. Mais il me semble que si j'en mangeais, effectivement, ça me grattouillerait plus.

Le mot savant

L'unanimisme *: du latin* una, *« une », et* anima, *« âme ». L'unanimisme de Jules Romains désigne ces mouvements de foule, ces états d'âme collectifs qui ôtent à l'individu tout libre arbitre : ils jouent à plein dans les périodes de guerre. Ici, la contagion gagne tout le village, où chacun guette les signes de sa maladie.*

Marcel Pagnol (1895-1974) : un tiers de théâtre, un de roman, un de cinéma

Le fils d'instit à l'Académie

Pagnol, fils d'instituteur, finira à l'Académie française. Ils doivent être rares ceux qui n'ont pas, d'une façon ou d'une autre, eu connaissance d'une de ses œuvres... Marcel est l'auteur de deux trilogies fameuses. Dans l'une, il a raconté son enfance : *La Gloire de mon père* (1957), *Le Château de ma mère* (1957), *Le Temps des secrets* (1960). L'autre trilogie est théâtrale : *Marius*, *Fanny*, *César*.

Le Vieux-Port de Marseille. Marius rêve de prendre le large et d'abandonner le café de son père, César. Mais Fanny l'aime, et il aime Fanny. Voir le monde ou rester auprès d'elle ? Il s'en va (*Marius*) ! Lorsqu'il revient, Fanny est enceinte de lui. Elle a épousé Panisse (pour l'honneur !), mais les deux jeunes gens s'aiment toujours (*Fanny*). Vingt ans plus tard, Césariot apprend, à l'occasion de la mort de Panisse, que Marius est son père.

Père et fils se rencontrent et tout finit bien, puisque Fanny et Marius peuvent enfin vivre leur amour, demeuré intact (*César*).

La petite histoire

Raimu

Jules Muraire (Rai-mu) est un immense acteur. César est un de ses rôles les plus célèbres. Ah ! la partie de cartes avec Panisse (Fernand Charpin), Escartefigue (Paul Dullac) et M. Brun (Pierre Asso) ! Marius, c'est Pierre Fresnay. Fanny, Orane Demazis, la propre épouse de Pagnol.

Marcel fait son cinéma

La passion de l'écrivain, c'est le grand écran. En 1932, il installe ses propres studios à Aubagne et tourne ses films : *Angèle* (1934), *César* (1936), *Regain* (1937), adapté du roman de Giono...

Quelques répliques fameuses de la trilogie marseillaise

CÉSAR : Quand tu me parles sur ce ton, quand tu m'espinches comme si j'étais un scélérat... Je ne dis pas que je vais pleurer, non, mais moralement, tu me fends le cœur.

ESCARTEFIGUE : Il se peut que tu aimes la marine française, mais la marine française te dit m...

PANISSE : Non, Félix, non, ça ne me fait pas peur. Veux-tu que je te dise la vérité ? De mourir, ça ne me fait rien. Mais ça me fait peine de quitter la vie.

Zoom

En 1990, Yves Robert porte au cinéma La Gloire de mon père *et* Le Château de ma mère.
En 1986, Claude Berri tourne (avec Montand, Depardieu et Auteuil) Jean de Florette *et* Manon des sources, *deux autres grands succès de Pagnol.*

Jean Giraudoux (1882-1944) : la guerre, la guerre, toujours recommencée ?

Élève brillant, normalien, passionné de culture antique et germanique, Giraudoux devient diplomate tout en poursuivant sa carrière d'écrivain, comme Claudel. Il commence par composer des romans (*Suzanne et le Pacifique*...), mais c'est le théâtre qui va le rendre célèbre. La rencontre avec Louis Jouvet est déterminante : en 1928, Jean adapte pour le comédien illustre son roman *Siegfred.* Énorme succès ! Pourtant, on est bien loin du vaudeville, avec cet auteur. L'intellectuel et soldat de 14 n'a pas forcément le cœur à rire. Et le diplomate sent la Seconde Guerre mondiale approcher. En 1939, Giraudoux est commissaire à l'information et choisit de ne pas soutenir cette guerre qui se prépare. Trois ans après sa retraite, il meurt : empoisonnement alimentaire, dit-on (voir la rubrique « La petite histoire » ci-contre).

Un théâtre qui reflète une époque

Deux sources principales d'inspiration servent ce théâtre qui permet à son auteur de mettre en scène son époque et de réfléchir à la destinée humaine : l'Antiquité et la culture germanique. Giraudoux passe d'un sujet antique à un sujet moderne. Les premières pièces sont plutôt optimistes : la paix est encore possible et nous pouvons échapper au tragique de la guerre. Le ton est volontiers humoristique, l'atmosphère parfois fantastique. Bientôt pourtant, le ton se fait plus tragique : la guerre serait-elle une fatalité, imposée par les puissants et le pouvoir de l'argent ? Et puis, peut-on laisser le criminel agir sans broncher ? Ce théâtre poétique et exigeant semble proposer néanmoins une sagesse : la destinée humaine est bien amère, mais il faut la vivre : dans *Amphitryon 38,* lorsque Jupiter propose l'immortalité à Alcmène, celle-ci la refuse. Il vaut mieux être une « simple femme ».

Giraudoux en quelques œuvres

1929 *Amphitryon 38* : Jupiter, qui aime Alcmène, prend l'apparence d'Amphitryon, son mari, mais la jeune femme parvient à se moquer de lui.

1933 *Intermezzo* : Isabelle, institutrice, rencontre un Spectre sous le regard incrédule de l'Inspecteur, fonctionnaire borné.

1935 *La guerre de Troie n'aura pas lieu* : Hector revient de guerre et veut la paix, mais son frère Pâris a enlevé Hélène et les Grecs veulent à tout prix en découdre. La guerre, la guerre toujours recommencée...

1937 *Électre* : Électre veut venger la mort de son père, Agamemnon, tué par sa mère, Clytemnestre, et par l'amant de celle-ci, Égisthe.

1939 *Ondine* : la reprise d'un célèbre conte allemand.

L'auteur en citations

- « Le privilège des grands, c'est de voir les catastrophes d'une terrasse » (*La guerre de Troie n'aura pas lieu*).
- « Devenir immortel, c'est trahir, pour un humain » (*Amphitryon 38*).

La petite histoire

Le témoignage d'Aragon

Aragon prétend que Giraudoux a été tué par la Gestapo, pour ses activités secrètes de résistance.

Antonin Artaud (1896-1948), « le suicidé de la société »

Premier choc : une nuit, sur Radio France, une voix profonde, rocailleuse, lit un texte d'une violence et d'une beauté inouïes. Cette voix, c'est celle du comédien Alain Cuny. Le texte ? *Van Gogh, le suicidé de la société,* d'Artaud. Le grand peintre est présenté comme une victime du docteur Gachet, qui suivit sa folie et contribua, selon Artaud, à l'y enfoncer. En fait, c'est à lui-même que l'auteur pense aussi : après des années d'asile, Artaud croit comprendre qu'on veut l'abattre et il crie sa rage. Deuxième choc : deux photographies. Sur la première, Artaud jeune, magnifique, au temps où il est acteur de cinéma (*Napoléon,* d'Abel Gance). Sur l'autre, Artaud a à peine plus de 40 ans et il a l'apparence d'un vieillard. Entre les deux photos, la maladie (ou la folie) a fait son ouvrage.

De Marseille à Rodez

Artaud naît à Marseille. Il souffre rapidement de troubles nerveux et, soigné à Paris, il fréquente le milieu du théâtre, rencontre les grands metteurs en scène Charles Dullin et Georges Pitoëff, devient donc comédien et acteur. Un temps membre du groupe surréaliste, il prend ses distances et participe à des expériences théâtrales d'avant-garde. En 1935, il est seul sur scène et joue sa pièce *Les Cenci* : quatre ans plus tôt, il avait découvert le théâtre balinais, théâtre de gestes, de mouvements, sans mots. En 1936, le voici au Mexique, chez les Indiens tarahumaras, où il fume du peyotl, un cactus hallucinogène. Ce sera ensuite l'Irlande, à la recherche du savoir perdu des druides. À son retour, il est interné : Rodez, le docteur Ferdière, qui le soumet aux électrochocs. La guerre est là, et il ne fait pas bon du tout être interné pendant cette période.

La fin de vie d'Artaud, génie littéraire, est d'une tristesse infinie : il a recouvré la liberté grâce à ses amis, mais il meurt d'un cancer.

Un théâtre de la cruauté

En 1938 paraît *Le Théâtre et son double,* un recueil d'essais fondamental pour la mise en scène contemporaine. Artaud y milite pour un « théâtre de la cruauté », qui doit faire participer le spectateur à une expérience fondamentale, une souffrance capable de le purifier. Ce théâtre total, inspiré de la tradition orientale, que l'auteur juge supérieure à la nôtre – « gestes, bruits, couleurs, plastiques » –, doit renouer avec « son aspect religieux et métaphysique ».

Artaud en quelques œuvres

L'œuvre est immense. On y trouve des textes plein d'imprécations étranges, scatologiques (*Pour en finir avec le jugement de Dieu,* enregistré en 1947

Pour en savoir plus

Artaud en deux citations

Pour l'écrivain, le théâtre doit être « une véritable opération de magie ». Il aspire à retrouver « la vieille tradition mythique du théâtre ».

par l'auteur), mais le meilleur est dans ce *Van Gogh, le suicidé de la société* (1947), dans *Les Tarahumaras* (1945) ou dans les nombreuses lettres composées par l'auteur.

Misère et grandeur de l'homme : le roman

Faire le tour, en quelques mots, du roman publié entre les deux guerres n'est pas une mince affaire, car les auteurs sont nombreux. Martin du Gard, Duhamel et Romain se lancent dans des cycles romanesques de grande ampleur, vastes fresques qui permettent de restituer cette époque troublée. Avant eux, des romanciers avaient témoigné des terribles massacres auxquels ils avaient assisté pendant la Première Guerre : Henri Barbusse (1873-1935) avait publié *Le Feu*, Maurice Genevoix, l'auteur de *Raboliot*, évoqué *Ceux de quatorze*... Mais de grandes figures nous attendent : Céline, Malraux, Giono, Bernanos et bien d'autres.

Louis-Ferdinand Céline (1894-1961) : le Rabelais antisémite

Autant le savoir, nombreux sont ceux qui refusent d'ouvrir un livre de Céline, écrivain infréquentable, antisémite notoire, qui publia des pamphlets violents contre les juifs. Il est vrai que certains livres sont absolument insupportables (*Bagatelles pour un massacre*, 1937). Pourtant, ses deux premiers romans, *Voyage au bout de la nuit* (1932) et *Mort à crédit* (1936), comptent parmi les plus grands romans du siècle. *D'un château l'autre* (1957) et *Nord* (1960) valent aussi largement le détour...

D'abord le pire...

Bagatelles pour un massacre laissait craindre le pire, qui eut lieu pendant l'Occupation : Céline s'affiche collaborateur, fuit la France en 1944 en même temps que les Vichyssois, direction Sigmaringen. En 1945, ce sera le Danemark, où l'attend la prison, pour un an. Il ne retrouve la France qu'en 1951, après un procès où il est condamné par contumace puis amnistié. Céline reprend alors son autre métier : il installe son cabinet à Meudon.

... avant le meilleur

Car Louis-Ferdinand Destouches, né à Courbevoie, est aussi médecin. Ses études, il les terminera après la Première Guerre, où il est blessé dès 1915. Londres l'attend ensuite, puis le Cameroun. Son premier cabinet, il l'installera à Clichy.

Zoom

Des romans-fleuves
Le roman prend ses aises entre les deux guerres : Les Thibault, *de Roger Martin du Gard (1922-1940), racontent en huit volumes la vie d'une famille de la bourgeoisie ;* Vie et aventures de Salavin *(1920-1932) et* Chronique des Pasquier *(1931-1945), de Georges Duhamel (1884-1966), comptent respectivement cinq volumes et dix volumes. La palme revient à Jules Romains (1885-1972) avec* Les Hommes de bonne volonté, *vingt-sept volumes entre 1932 et 1947, une fresque gigantesque où se détachent les figures de Jallez et de Jerphanion, humanistes convaincus, comme leur créateur.*

La petite histoire

Martin du Gard reçoit le très convoité prix Nobel de littérature en 1937.

La parution du *Voyage*, en 1932, est un choc éditorial. Les milieux littéraires flairent un génie derrière ce drôle de médecin, qui bientôt devra quitter les postes successifs qu'il occupe à cause de ses opinions politiques extrémistes.

Céline, l'immense styliste

Céline, c'est une langue inimitable, baroque, au souffle épique, picaresque, pleine d'inventions (néologismes, mots-valises), de points de suspension, d'exclamations. L'argot y côtoie le pornographique. Céline, c'est une voix, celle de Bardamu, un double grotesque et fidèle de l'auteur.

***Voyage au bout de la nuit*, un regard noir sur la condition humaine**

Qu'elle est sombre, l'humanité vue par Céline ! Pourtant, elle est magnifiée par un style grandiose. Ferdinand Bardamu traverse la guerre (« immense, universelle moquerie », la guerre et ses « grands abattoirs »), découvre l'Afrique, l'Amérique. Ses voyages sont l'occasion d'une peinture des mœurs impitoyable : la boucherie des tranchées, le colonialisme, l'*american way of life...*

Le *Voyage*, c'est Bardamu, mais c'est aussi Bébert, Robinson, Lola, le commandant Pinçon... « Ça a débuté comme ça. » Telle est la première phrase, célébrissime, du roman. Pour la suite, précipitez-vous en librairie : choc littéraire garanti.

André Malraux (1901-1976) : « L'homme n'est pas ce qu'il est, il est ce qu'il fait »

Tous les combats

Cet homme qui participa à la guerre civile chinoise, combattit les fascismes et s'engagea dans le camp des républicains pendant la guerre d'Espagne (1936-1939), qui fut un héros de la Résistance sous le nom de colonel Berger, organisa les maquis du Sud-Ouest, fut emprisonné à Toulouse et prit la tête de la brigade Alsace-Lorraine qui libéra l'Alsace en 1944, cet homme, c'est André Malraux, né à Paris dans un milieu modeste, installé, enfant, dans l'épicerie de sa grand-mère à Bondy.

Pas un jour sans De Gaulle

Le destin de cet homme d'action est lié, à partir de 1945, à celui de De Gaulle. Ministre de l'Information dans le cabinet du Général (1945-1946), Malraux est ensuite, et jusqu'en 1952, délégué à la propagande du RPF (Rassemblement du peuple français). En 1958, lorsque De Gaulle est rappelé au pouvoir, Malraux devient ministre d'État chargé des affaires culturelles. Il multiplie les initiatives : expositions, mise en place des maisons de la culture... Ses discours officiels sont célèbres (*Oraisons funèbres*, 1971).

La petite histoire

Céline est le troisième prénom de la mère de Ferdinand.

Zoom

Jean Moulin !

« Entre ici, Jean Moulin, avec ton terrible cortège... » Le discours le plus célèbre de Malraux fut prononcé pour le transfert des cendres de Jean Moulin au Panthéon, le 19 décembre 1964.

À l'étranger, il rencontre les grandes figures de l'époque : Kennedy, Gandhi, Mao... Sa carrière politique s'achève en même temps que celle du général de Gaulle, après 1968.

Malraux en ses œuvres : le roman de la grandeur humaine

L'homme d'action n'a pas éclipsé l'écrivain, et c'est avant tout pour ses œuvres que Malraux passe à la postérité.

Les trois premiers romans sont marqués par la jeunesse aventureuse d'André Malraux en Asie :

– *Les Conquérants* (1928) ;
– *La Voie royale* (1930 ; prix Interallié) ;
– *La Condition humaine* (1933 ; prix Goncourt).

Les trois suivants évoquent successivement l'Allemagne hitlérienne des premiers temps, la guerre civile espagnole et, enfin, la Seconde Guerre mondiale :

– *Le Temps du mépris* (1935) ;
– *L'Espoir* (1937) ;
– *Les Noyers de l'Altenburg* (1943).

L'art, témoin de ce que peut l'homme

L'homme d'action, le romancier, est aussi un grand historien de l'art. *Les Voix du silence* (1951), *La Métamorphose des dieux* (1957), *L'Irréel* (1974), *L'Intemporel* (1976) constituent un inventaire merveilleux du patrimoine artistique mondial. Malraux voudrait que les hommes soient conscients de tenir là ce qu'ils ont de plus précieux et qui fait leur grandeur.

***La Condition humaine* et ses personnages**

En 1927, pendant la guerre civile chinoise, Tchen, Kyo et le Russe Katow sont des terroristes communistes. Après le pacte signé par Tchang Kai-shek (Jiang Jieshi) avec les capitalistes, ils subissent la répression : Tchen se suicide ; Kyo et Katow doivent périr brûlés vifs. Le premier absorbe une dose de cyanure et échappe à la torture, mais le second va se sacrifier pour deux de ses camarades en leur donnant sa réserve de poison...

Antoine de Saint-Exupéry (1900-1944) : le « petit prince » s'abîme en mer

Saint-Ex. Une légende ! Pilote pour l'Aéropostale sur la ligne Toulouse-Casablanca-Dakar à partir de 1926, ensuite pilote de guerre, mobilisé en 1939, puis en 1943, à partir d'Alger. Son avion, on le sait, est abattu par un avion allemand au cours de sa neuvième mission de guerre : le « petit prince » s'est abîmé en mer, le 31 juillet 1944, entre la Corse et Marseille.

La petite histoire

André coffré

La grande passion de Malraux fut, dès sa jeunesse, l'art khmer cambodgien. En 1923, cette passion lui coûte cher : ruiné après avoir placé en bourse la fortune de sa femme, Clara Goldschmidt, le jeune homme décide tout bonnement... de voler les bas-reliefs du temple de Bentaï Srei ! Bilan de l'opération : André est arrêté et coffré à Phnom Penh pendant près d'un an !

Pour en savoir plus

Guilloux, Guéhenno, Leiris et les autres

Entre les deux guerres, le roman foisonne. Louis Guilloux (1899-1980) fut un ami de Malraux et de Jean Guéhenno (1890-1978). En 1935, il publie son chef-d'œuvre, Le Sang noir, *où le héros Cripure (*Critique de la raison pure*), professeur de philosophie, s'en prend à la bêtise. Pierre Mac Orlan (1882-1970) compose* Le Quai des brumes *(1927), qui deviendra un film célèbre. Julien Green (1900-1998) publie* Mont-Cinère *(1926) et bien d'autres romans importants. Michel Leiris (1901-1990) donne sa singulière autobiographie* L'Âge d'homme *(1939).*

Un autre romancier de l'héroïsme humain

Courrier-Sud (1930), *Vol de nuit* (1931), *Terre des hommes* (1939), *Pilote de guerre* (1942), autant d'occasions, pour Saint-Ex, de retracer son parcours d'aviateur comme d'essayer une sagesse, un humanisme. L'avion est pour lui un trait d'union entre les hommes, un « outil » qui vise à explorer la terre et l'héroïsme dont ses habitants sont capables.

Le Petit Prince (1943)

La force de certains livres, c'est qu'ils peuvent être lus à tous les âges de la vie. Tel est ce *Petit Prince*, compris par les plus petits et aimé par les plus anciens parce qu'il est une parabole simple et directe, pleine de poésie, sur l'amour humain.

Un aviateur, un petit garçon voyageant de planète en planète et qui a quitté la sienne, trop petite, un renard du désert qui lui demande de l'apprivoiser, une rose... Et des phrases simples et inoubliables. « Adieu, dit le renard. Voici mon secret. Il est très simple : on ne voit bien qu'avec le cœur. L'essentiel est invisible pour les yeux. »

La petite histoire

Best-seller

Plus de 30 millions d'exemplaires vendus dans le monde, 160 traductions, pour Le Petit Prince !

Bernanos (1888-1948) contre les « imbéciles »

- « La seule différence entre un optimiste et un pessimiste, c'est que le premier est un imbécile heureux et que le second est un imbécile triste. »
- « L'intellectuel est si souvent un imbécile que nous devrions toujours le tenir pour tel jusqu'à ce qu'il nous ait prouvé le contraire. »
- « Se connaître est la démangeaison des imbéciles. »
- « Être informé de tout et condamné ainsi à ne rien comprendre, tel est le sort des imbéciles. »
- « La science ne saurait être rendue responsable de l'illusion des imbéciles qui prétendent, on ne sait pourquoi, qu'elle doit assurer leur bonheur. »

Ceux qu'il appelle les imbéciles, les a-t-il assez fustigés, Bernanos, dans ses pamphlets ! À qui s'en prend-il ? À tous ceux, les « bien-pensants », qui acceptent béatement les opinions courantes et pensent faire partie d'un monde où seul le visible compte au mépris du surnaturel, un monde matérialiste qui divinise le progrès et la technique, seuls horizons. En réalité, Bernanos se montre d'autant plus virulent que sa cible peut exercer une influence dans la société : hommes de pouvoir, intellectuels. Les premiers, il les accuse par exemple de sacrifier les soldats sur l'autel sanglant de la guerre tandis qu'eux – les hommes du derrière – restent tranquillement à l'arrière !

Zoom

Pan ! sur l'Académie !

Bernanos refusa plusieurs fois d'entrer à l'Académie française, comme il refusa sans cesse tous les honneurs. « Quand je n'aurai plus qu'une paire de fesses pour penser, disait-il, j'irai l'asseoir à l'Académie française » (Correspondance inédite, *1934-1948).*

Une conscience libre et indépendante

La facilité consisterait à classer d'emblée Bernanos, monarchiste dans sa jeunesse, pourfendeur des démocraties, catholique déclaré, parmi les vieux réactionnaires, mais la chose n'est pas si simple : l'homme échappe aux catégories prédéfinies, il est à droite quand on l'attend à gauche, à gauche lorsqu'on l'espère à droite. En réalité, Bernanos est une conscience libre, qui veut « marcher à l'honneur comme on marche au canon » et refuse tout compromis. Installé aux Baléares, il est témoin de l'horreur de la guerre espagnole et s'en prend violemment aux franquistes. Un des premiers, il voit clair en Hitler et dresse un portrait accablant du despote nazi. Malraux – qui vint le trouver quelques jours avant sa mort – et De Gaulle – qui lui proposa, en vain, de participer à un gouvernement, après 1945 – ont su reconnaître la grandeur de cet écrivain inclassable et jugé à tort infréquentable.

Bernanos en ses œuvres

• Le pamphlétaire dans la lignée de Bloy et de Péguy

La Grande Peur des bien-pensants (1931), *Les Grands Cimetières sous la lune* (1938), *Scandale de la vérité* (1939), tels sont quelques-uns des essais et écrits de combat donnés par Bernanos.

• Le romancier de la sainteté contre le mal

Ce polémiste redoutable fut aussi et surtout un romancier : *L'Imposture* (1927), *La Joie* (1929), *Un crime* (1935), *Nouvelle histoire de Mouchette* (1937). Mais les deux romans les plus célèbres restent *Sous le soleil de Satan* (1926) et *Journal d'un curé de campagne* (1936). *Monsieur Ouine*, roman inachevé où l'auteur cherche à rendre un monde rongé de l'intérieur par le mal et l'ennui, est considéré par certains comme son chef-d'œuvre, la somme de son esthétique romanesque et de sa quête personnelle.
Le prêtre – tenté par le désespoir, saint ou renégat – est la figure centrale des romans de Bernanos. Soldat de l'avant, il est au cœur du combat entre le bien et le mal, Dieu et Satan, qui s'affrontent dans le cœur de l'homme.

Bernanos en citations

• L'enfer, c'est de ne plus aimer (*Journal d'un curé de campagne*).
• Chacun de nous est tour à tour, de quelque manière, un criminel ou un saint (*Sous le soleil de Satan*).
• Le mal, comme le bien, est aimé pour lui-même et servi (*Sous le soleil de Satan*).
• Un monde gagné par la technique est perdu pour la liberté (*La France contre les robots*).
• On ne comprend absolument rien à la civilisation moderne si l'on n'admet pas tout d'abord qu'elle est une conspiration universelle contre toute espèce de vie intérieure (*La France contre les robots*).
• La masse des catholiques que nous voyons à la messe chaque dimanche ne désire, au fond, savoir de la religion que ce qui peut les confirmer dans la bonne opinion qu'ils ont d'eux-mêmes (*Le Chemin de la Croix-des-Âmes*).

La petite histoire

Zweig et Bernanos
Au Brésil, où il s'était installé avec sa femme et ses six enfants pendant la guerre, Bernanos rencontre un autre exilé, Stefan Zweig (1881-1942), le grand écrivain juif autrichien. Les deux hommes s'embrassent fraternellement. Quelques jours plus tard cependant, Zweig, qui ne s'est pas remis de l'horreur nazie, se suicide avec sa femme.

Zoom

Bernanos au cinéma et en musique
Robert Bresson, au cinéma, a fait un chef-d'œuvre de ce chef-d'œuvre qu'est le Journal d'un curé de campagne. *Maurice Pialat, plus récemment, a porté à l'écran* Sous le soleil de Satan *(avec Depardieu dans le rôle du curé Donissan), pour lequel il a reçu la Palme d'or à Cannes. Francis Poulenc a fait un opéra de la seule pièce de Bernanos,* Dialogues des carmélites *(1949).*

François Mauriac (1885-1970) : un catholique méchant ?

Un talent littéraire certain, un engagement contre le fascisme, contre la guerre d'Espagne, aux côtés de la Résistance et pour la décolonisation, une plume de polémiste redoutable, de critique intelligent lorsque l'on se fait chroniqueur au *Figaro* et à *L'Express* dans les années 50 et 60 (le fameux « bloc-notes »), tout cela est un peu terni par la méchanceté légendaire de l'homme, Mauriac, dont l'œuvre, importante, est tout entière vouée à l'illustration du péché contre la grâce.
Souvenir. Une émission de radio. On entend la voix – pénible, d'ailleurs – de Mauriac, interrogé par un journaliste. Ce sont des archives. Puis un témoin raconte : il se rend chez Mauriac le jour de la mort prématurée et tragique de Camus. « Vous avez vu, lance Mauriac, il est mort ! Il est mort, avant moi ! » Et de partir d'un rire étrange et inconvenant – inquiétant ? Camus est mort et Mauriac rit ! Cela donne à penser... Une hypothèse : Mauriac, jaloux de Camus, de son prix Nobel, de son succès, de son pouvoir de séduction...

Mauriac en romans... quand même !

Le péché, le mal, l'ennui, tels sont les thèmes de prédilection de l'univers mauriacien. Des créatures qui s'enfoncent dans le crime, des enfants qui subissent la méchanceté et le sadisme des adultes...
Le chrétien Mauriac pense cependant que, parvenus au bout de l'ennui, du péché, ses personnages peuvent espérer le rachat, la grâce. Le criminel même est un saint en puissance, car tout sert, même le péché (*etiam peccata*, disait saint Augustin), lorsqu'il s'agit de conduire la créature vers Dieu. Lecteur de Baudelaire, Mauriac pense que chaque homme est soumis à une double postulation, vers le mal et vers le bien, qui se disputent son cœur.
Le Baiser au lépreux (1922), *Genitrix* (1923), *Thérèse Desqueyroux* (1927), *Le Nœud de vipères* (1932), *Le Mystère Frontenac* (1933), *Le Sagouin* (1951)...

Thérèse Desqueyroux

Thérèse a épousé Bernard, mais sa vie de bourgeoise provinciale ne la satisfait pas : son mari ne la comprend pas. Elle tente alors de l'empoisonner, en vain. Bernard veut étouffer l'affaire et obtient un non-lieu pour son épouse.

La petite histoire

Sartre et Mauriac

Une anecdote fameuse, au sujet de la méchanceté de Mauriac : « Sartre ? Incurablement inoffensif ! » Mais Jean-Paul s'est vengé : « Dieu n'est pas un artiste. Monsieur Mauriac non plus. » Et puis encore : « Mauriac, l'eau bénite qui fait pschitt ! »

Zoom

Mauriac obtient le prix Nobel de littérature en 1952.

Jean Giono (1895-1970) : Virgile romancier

« Pour moi, soutenait Malraux, les trois meilleurs écrivains de cette génération sont Montherlant, Bernanos et Giono. » Nous avons croisé Bernanos,

voici Giono, un romancier gigantesque, un Virgile ou un Homère provençal, qui chante le monde et la nature comme personne, sait animer un paysage, faire chanter un arbre, loin de la guerre qu'il a vécue et qu'il tient désormais en horreur.
La vie de Giono tient presque tout entière à une ville, Manosque, qu'il ne quittera quasiment jamais, sauf pour quelques courts voyages, notamment en direction de l'Italie, d'où sa famille est originaire.

Giono pacifiste

À 19 ans, Giono est à Verdun. La boucherie des tranchées le révulse : il sera désormais pacifiste. La vie à Manosque reprend : mariage, deux filles (Aline et Sylvie) et, surtout, la grande nouveauté, le rythme quotidien de l'écriture, loin de Paris, afin de composer les premiers romans. Le succès fait de lui une sorte de maître provençal, entouré de disciples qui se réunissent autour de lui dans la ferme du Contadour. On s'y engage à rester pacifiste, on s'y exerce à revenir aux valeurs traditionnelles de la terre, à prôner l'individualisme et l'humanisme contre une civilisation techniciste et guerrière.
En 1939, Giono va payer cher cet engagement contre la guerre : il est emprisonné une première fois comme antimilitariste et objecteur de conscience. En 1945, deuxième arrestation : cette fois, les communistes l'accusent – sans fondement – d'avoir collaboré au régime de Vichy ! Pendant trois ans, il sera interdit de publication. Mais bientôt le succès revient et, en 1954, voici Giono à l'académie Goncourt.

Giono en œuvres : de Virgile à Stendhal

On identifie généralement deux périodes dans l'œuvre romanesque de Jean Giono :
– la période virgilienne, épique, lyrique, celle qui chante une Provence imaginaire, austère, proche de la nature et du paganisme, avec *Colline* (1928), *Un de Baumugnes* (1929), *Regain* (1930), *Le Grand Troupeau* (1931), *Le Chant du monde* (1934), *Que ma joie demeure* (1935) ;
– la période stendhalienne, à partir de la Seconde Guerre mondiale. Le décor reste provençal, mais le style se fait plus sobre, plus précis : *Un roi sans divertissement* (1947), *Le Hussard sur le toit* (1951), *Le Moulin de Pologne* (1952)...

Quatre romans à lire ou à relire absolument

Un roi sans divertissement et *Le Hussard sur le toit*, déjà nommés, mais aussi *Les Âmes fortes* et *Deux cavaliers de l'orage*. Le hussard, c'est le fameux Angelo, hommage à l'Italie des ancêtres de l'auteur, mais aussi à Stendhal et à son Fabrice Del Dongo de *La Chartreuse de Parme*.

Zoom

Henri Bosco (1888-1976)
À côté de Giono ou de Pagnol, Bosco signe lui aussi une œuvre qui évoque la vie provençale. Vous pouvez vous plonger dans la lecture de L'Âne Culotte *(1937),* L'Enfant et la rivière *(1945) et* Le Mas Théotime *(1945).*

La petite histoire

Gide intervient
C'est grâce à l'intervention de Gide auprès de Daladier que Giono est libéré en 1939.

Zoom

Le Hussard sur le toit *a été porté à l'écran par Rappeneau, avec, entre autres, l'actrice Juliette Binoche.*

Charles-Ferdinand Ramuz (1878-1947) : styliste suisse

Ramuz – c'est justice – est entré depuis peu dans la collection prestigieuse de Gallimard, la Pléiade. C'est justice, car nous tenons avec lui un des plus grands stylistes de notre langue ; un styliste suisse, vaudois plus précisément.

S'enraciner dans un terroir pour atteindre à l'universel

Monté à Paris pour y poursuivre des études de lettres bientôt abandonnées, Ramuz répond à l'appel de sa vocation littéraire. Après des années de recherche, il forge son style, à la fois réaliste et fantastique, poétique et paysan. Ramuz, dans ses meilleurs moments, est de la trempe d'un Claudel ou d'un Giono, deux auteurs qui l'admiraient.
L'écrivain, théoricien de la littérature et de l'art – ses écrits sur la peinture, notamment sur Cézanne, sont remarquables –, a compris qu'un artiste se devait d'être enraciné dans son milieu pour atteindre à l'universel. C'est pourquoi Ramuz est tout à la fois l'écrivain de son terroir suisse et le romancier des valeurs humaines de toujours.

Ramuz en quelques œuvres

• Romans

1909 *Jean-Luc persécuté*
1912 *Aimé Pache, peintre vaudois*
1917 *La Guérison des maladies*
1925 *Joie dans le ciel*
1926 *La Grande Peur dans la montagne*

• Essais

1914 *L'Exemple de Cézanne*
1936 *Taille de l'homme*
1939 *Besoin de grandeur*

Zoom

Marcel Aymé (1902-1967)
Le Passe-Muraille *et* La Jument verte *sont deux films qui ont donné l'occasion à Bourvil de montrer ses talents d'acteur, en 1951 et 1959, mais savez-vous que ces deux longs métrages sont tirés de romans de Marcel Aymé, le célèbre auteur des* Contes du chat perché *(1934-1958) ?*

Colette (1873-1954)

Originaire de Bourgogne, Gabrielle Colette se sépare de Sido, sa mère, et monte à Paris. Son premier mari, Willy, exige qu'elle écrive ses souvenirs d'enfance et les publie sous son nom à lui ; séparée de Willy, elle se lance dans le music-hall, fait scandale en se montrant nue, se remarie, donne naissance à sa fille « Bel-Gazou », divorce et se marie une troisième fois. Après la guerre, Colette devient une gloire des milieux littéraires et entre à l'académie Goncourt (1945).
À lire : *Le Blé en herbe* (1923), *La Naissance du jour* (1928), *Sido* (1928).

Toutes les clés

En résumé

Entre les deux guerres, la poésie retrouve des forces et s'affirme à travers le dadaïsme puis le surréalisme (Tzara, Breton), qui font école. Valéry, Reverdy, Supervielle, Jacob font, eux, entendre une voix singulière.
Au théâtre, le rire du *Knock* de Jules Romains côtole les inquiétudes d'un Giraudoux, pour qui le monde semble n'échapper à une guerre que pour retomber dans la fatalité d'une autre.
Le roman, lui, foisonne, comme il le fait depuis le siècle précédent : roman de la guerre qui s'achève (Genevoix, Romains, Barbusse...) ; roman de la grandeur et de la misère humaines (Céline, Malraux, Saint-Exupéry) ; roman chrétien désirant explorer les frontières du bien et du mal (Bernanos). Des figures comme Giono, Colette ou Ramuz se tournent vers la nature et retrouvent le « chant du monde ».

3 Peut-on écrire après Auschwitz ?

Le traumatisme de la Seconde Guerre mondiale et la découverte de l'horreur des camps de concentration ont un retentissement important sur l'expérience littéraire à partir de 1945. La poésie, pendant le conflit, s'était faite militante, aux côtés de la Résistance ; les hostilités achevées, la question primordiale, pour les écrivains, va être celle de l'engagement ou du retrait, face au monde et à ses conflits, au moment où se préparent déjà la guerre froide et les guerres de décolonisation. Deux positions semblent entrer en concurrence : celle de Sartre, qui, dans *Qu'est-ce que la littérature ?* (1947), prend parti pour une littérature de l'engagement politique ; celle de Blanchot (1907-2003), qui, dans *La Part du feu* (1949), propose la figure aristocratique de Sade comme modèle de « l'écrivain par excellence ». La littérature, selon Blanchot, n'a pas à témoigner du destin de l'homme ; elle est une aventure solitaire et absolument libre. Mais c'est peut-être d'Allemagne, en la personne du philosophe et musicologue Adorno (1903-1969), que nous vient la voix qui résume le mieux le malaise des écrivains après la guerre : Adorno va jusqu'à affirmer, dans une formule célèbre, qu'« on ne peut pas écrire après Auschwitz ».

La poésie : de la Résistance à l'hermétisme ?

Difficile de dégager des écoles poétiques à partir de 1939-1945 ; il est plus juste de parler de grandes tendances. Les figures de la Résistance, puis des poètes comme Prévert et Queneau, ou encore des chansonniers comme Brel, Brassens, Trenet, Ferré, ont le souci d'une poésie proche de leurs contemporains, qui sait trouver un langage simple pour parler au cœur. D'autres voix (Jouve, La Tour du Pin, Renard, Emmanuel) choisissent la poésie pour exprimer leur ferveur religieuse, tandis que Guillevic et Ponge prennent le parti des objets ou des choses. La poésie va aussi se montrer l'instrument privilégié des écrivains francophones en quête d'identité : Senghor et Césaire ne seraient-ils pas, d'ailleurs, les deux poètes majeurs de cette seconde moitié du siècle ? D'autres préféreront peut-être les voix singulières d'un Michaux ou d'un Saint-John Perse. Est-ce parce qu'elle s'est engagée sur la voie de l'hermétisme que la poésie, aujourd'hui, semble réservée à un public d'initiés ? Faut-il plutôt parler d'exigence littéraire, d'un genre qui refuse la facilité (Bonnefoy) ? Peut-être, mais c'est aussi que le roman, de nos jours, écrase toutes les autres formes de littérature.

Poètes de la Résistance

Eluard et Aragon, mais aussi Robert Desnos (1900-1945) et René Char (1907-1988) ont pour point commun d'avoir participé à l'aventure surréaliste, mais il existe entre eux un autre lien : ils sont quatre poètes de la Résistance. Desnos, emprisonné par la Gestapo, meurt en déportation. Char, entré dans la Résistance en 1940 sous le nom de « capitaine Alexandre », fut le chef de la section « atterrissage parachutage région 2 » (dans les Basses-Alpes).

La poésie engagée en quelques strophes

- « Révolte contre Hitler et mort à ses partisans ! » (R. Desnos)
- « Liberté » (Eluard, *Au rendez-vous des Allemands*, 1944)

Voici un extrait du poème le plus célèbre d'Eluard, « Liberté », avec lequel le poète prétendait faire de la poésie pour tous.

> Sur mes cahiers d'écolier
> Sur mon pupitre et les arbres
> Sur le sable sur la neige
> J'écris ton nom
>
> Sur toutes les pages lues
> Sur toutes les pages blanches
> Pierre sang papier ou cendre
> J'écris ton nom...

- « Je vous salue ma France... » (Aragon, *Le Musée Grévin*, 1943)

En 1943, Aragon compose ce poème pour les déportés et les prisonniers. Le recueil dans lequel il figure fut publié clandestinement.

> Je vous salue ma France où les vents se calmèrent
> Ma France de toujours que la géographie
> Ouvre comme une paume aux souffles de la mer
> Pour que l'oiseau du large y vienne et se confie.

Zoom

Le centenaire de Char

De nombreuses manifestations, notamment en Avignon, ont célébré le centenaire de la naissance du grand René Char. Le fameux festival de théâtre d'Avignon - le saviez-vous ? - est une idée du poète-résistant.

• « La Rose et le Réséda » (Aragon, *La Diane française*, 1945)

Celui qui croyait au ciel
Celui qui n'y croyait pas
Tous deux adoraient la belle
Prisonnière des soldats
Lequel montait à l'échelle
Et lequel guettait en bas
Celui qui croyait au ciel
Celui qui n'y croyait pas.

• « Ce cœur qui haïssait la guerre... » (Desnos, *L'Honneur des poètes*, 1943)
Desnos a signé ce poème du nom de Pierre Andier.

Ce cœur qui haïssait la guerre voilà qu'il bat
Pour le combat et la bataille !
Ce cœur qui ne battait qu'au rythme des marées,
À celui des saisons, à celui des heures du jour et de la nuit,
Voilà qu'il se gonfle et qu'il envoie dans les veines
Un sang brûlant de salpêtre et de haine...

• *Feuillets d'Hypnos*
Au maquis, en 1943-1944, Char ne se sépare jamais d'un carnet dans lequel il a consigné un journal poétique, les *Feuillets d'Hypnos*, 237 textes, dont voici quelques extraits...

AUX PRUDENTS : il neige sur le maquis et c'est contre nous chasse perpétuelle. Vous dont la maison ne pleure pas, chez qui l'avarice écrase l'amour, dans la succession des journées chaudes, votre feu n'est qu'un garde-malade. Trop tard. Votre cancer a parlé. Le pays natal n'a plus de pouvoir.

Je n'écrirai pas de poème d'acquiescement.

Le poète, conservateur des infinis visages du vivant.

Le mot savant

Hypnos : *dans la mythologie grecque, Hypnos, le Sommeil, est le fils de l'Érèbe (ténèbres) et de Nyx (la Nuit), et le jumeau de Thanatos (la Mort). Hypnos attend l'aube, comme le poète attend la lumière qui suivra la nuit de la guerre.*

Une définition de la poésie selon Char

La poésie, affirme René Char, est « fureur et mystère » et doit nous permettre de conquérir la liberté. L'engagement du poète dépasse donc largement celui, ponctuel, de l'acte de résistance, pendant la guerre.

Jacques Prévert (1900-1977) : la poésie en tête des ventes

Quel est donc le point commun entre *Le Crime de monsieur Lange* (1935), *Le Quai des brumes* (1938), *Le jour se lève* (1939), *Les Visiteurs du soir* (1941) et *Les Enfants du paradis* (1944) ? Tous ces films célèbres ont le même scénariste. Son nom ? Prévert, Jacques, né à Neuilly, mort à Omonville-la-Petite, dans la Manche, où il est enterré.
Les Feuilles mortes, chantées par Montand, *Barbara,* interprétée par Greco, et bien d'autres... C'est Prévert, encore, qui tient la plume, tandis que Joseph Kosma (1905-1969) compose la musique.
Prévert, finalement, réussit ce prodige d'être un des rares poètes populaires, connu de presque tous.

Raymond Queneau (1903-1976) : la jubilation des mots

Un temps surréaliste, créateur de l'OuLiPo (voir la rubrique « Le mot savant » ci-contre), Queneau a passé sa vie à jouer avec le style et les mots. Romancier, il se rend célèbre en publiant *Le Chiendent* (1933), et surtout *Zazie dans le métro* (1959). Zazie et son fameux « doukipudonktan » ! Poète, Queneau compose l'inoubliable *Cent mille milliards de poèmes* (1961), un jeu littéraire étonnant : à partir d'un sonnet, il propose des vers interchangeables, à l'infini !
Queneau aime s'amuser, affectionne les exercices de style. Son ouvrage le plus lu reste justement les fameux *Exercices de style* (1947). Souvenez-vous : une anecdote insignifiante (ci-dessous) et quatre-vingt-dix-neuf variantes !

> Dans l'autobus parisien S (devenu plus tard 84), un jeune homme, muni d'un chapeau, échange avec un autre voyageur quelques propos acides, puis il va s'asseoir dans la voiture. Peu après, au terminus, il sera vu en conversation avec un ami qui lui conseille de déplacer... un bouton de son pardessus.

Eugène Guillevic (1907-1997)

Né à Carnac dans le Morbihan, Guillevic est traduit dans des dizaines de langues. Pendant la Seconde Guerre mondiale, il est un des proches d'Eluard, à qui il dédie *Exécutoire* (1947). *Terraqué* (1942) reste son œuvre la plus connue. D'autres titres ? *Sphère* (1963), *Avec* (1966), *Euclidiennes* (1967)...

La petite histoire

Paroles
Déjà très populaire, Prévert rassemble ses poèmes dans un recueil, Paroles *(1946), lequel s'est vendu, depuis, à plus de 2 millions d'exemplaires ! D'autres titres ?* Histoires *(1946),* Spectacle *(1951),* La Pluie et le Beau Temps *(1955)...*

Le mot savant

OuLiPo *: l'Ouvroir de Littérature Potentielle est créé en 1960 par Queneau et le mathématicien François Le Lionnais. Aujourd'hui, c'est Jacques Roubaud, poète et lui aussi mathématicien, qui est à la tête du groupe, lequel se propose, depuis l'origine, d'explorer les jeux possibles à partir des bâtons, des chiffres et des lettres, comme dirait Queneau. Il s'agit de composer des textes à partir de contraintes définies d'avance, comme le lipogramme (composer un texte en s'astreignant à ne pas utiliser une ou plusieurs lettres de l'alphabet). Une des plus belles réussites de l'OuLiPo est le roman de Queneau* Les Fleurs bleues *(1965).*

Francis Ponge (1899-1988) : amoureux des objets et des choses

L'ambition de Ponge était de parvenir à des « définitions-descriptions » : celle d'un pré, d'un verre d'eau, d'une crevette... Ponge prend le parti des choses, et c'est d'ailleurs le titre de son recueil le plus fameux, *Le Parti pris des choses* (1942). Ponge affectionne le poème en prose, ou « proème » (de prose et poème), qui vise à montrer toutes les faces possibles d'un objet et à dégager sa charge poétique. Quels objets, animés ou inanimés ? Pré, verre d'eau, crevette donc, mais des poèmes fameux sont intitulés « Le Savon », « La Cruche », « L'Orange », « Le Cageot »...

Zoom

Jouve, La Tour du Pin, Renard, Emmanuel : la poésie se fait prière, prophétique et mystique
De Pierre-Jean Jouve (1887-1976), on lira par exemple Noces *(1928),* Sueur de sang *(1933),* Kyrie *(1938),* Gloires *(1942) ; de Patrice de La Tour du Pin (1911-1975),* La Quête de la Joie *(1933),* La Vie recluse en poésie *(1938),* La Genèse *(1945),* Le Jeu du seul *(1946) ; de Pierre Emmanuel (1916-1984),* Tombeau d'Orphée *(1941),* Jour de colère *(1942),* Le Poète et son Christ *(1942). Jean-Claude Renard, né en 1922, a publié notamment* Cantiques pour des pays perdus *(1947),* Métamorphose du monde *(1951),* Père, voici que l'homme *(1955) et* En une seule vigne *(1959).*

Henri Michaux (1899-1984) : voyageur du dehors et du dedans

Belge de naissance, naturalisé français à 55 ans, Michaux est le poète du voyage : voyage à travers le monde, tout d'abord (*Ecuador*, 1929 ; *Voyage en Grande Garabagne*, 1936), voyage intérieur, ensuite (*Lointain intérieur*, 1938 ; *L'Espace du dedans*, 1944 ; *Épreuves, Exorcismes*, 1945). C'est la pensée chinoise, en particulier le taoïsme, qui semble avoir marqué le plus le poète ; mais sa curiosité, son goût des expériences l'ont aussi porté vers les drogues, et notamment la mescaline (*Misérable miracle*, 1956 ; *L'Infini turbulent*, 1957 ; *Connaissance par les gouffres*, 1961).

Saint-John Perse (1887-1975) : sur les traces de Claudel

Éloge (1911), *Anabase* (1924), *Vents* (1946), *Amers* (1957), tels sont quatre des recueils poétiques de Saint-John Perse, pseudonyme d'Alexis Léger, dit Alexis Saint-Léger Léger, né en Guadeloupe, poète exigeant et difficile, dans la lignée de Claudel, dont il se rapproche par le style ample.
Autre point commun avec Claudel, il fut un brillant diplomate, qui fit carrière en Extrême-Orient avant d'être déchu de la nationalité française par le gouvernement de Vichy. Exilé en 1940, il s'installe alors aux États-Unis jusqu'en 1958. Le prix Nobel de littérature lui est attribué en 1960.

La petite histoire

Rendez-vous des poètes
Au lycée Louis-le-Grand, Senghor retrouve d'autres futurs écrivains, comme Paul Guth (1910-1997) ou Henri Queffélec (1910-1992), mais aussi Georges Pompidou, futur président et grand amateur de poésie.

Léopold Sédar Senghor (1906-2001) : l'« Orphée noir »

Premier partout

Celui que Sartre surnomma l'« Orphée noir » se distingue par sa capacité à ouvrir des voies nouvelles : premier président du Sénégal indépendant (1960-1980), premier Africain à obtenir l'agrégation, puis à siéger à l'Académie française (1983).

La négritude

Après la guerre, Senghor mène un autre combat fameux, contre l'esclavage et la colonisation. En 1932, avec Césaire, il avait fondé la revue *L'Étudiant noir*, qui accueillait les jeunes écrivains, chantres de la négritude.

Le père de la francophonie

Senghor est considéré comme un des fondateurs de la francophonie, entendue comme une « conscience francophone », celle de partager une langue et une culture communes.

Le poète

Grand théoricien de la poésie, Senghor a su effectuer une synthèse prodigieuse des cultures européennes et africaines. Il a mis en évidence les parentés entre les courants majeurs de la poésie française, de Rimbaud à Claudel, et ceux de la pensée « nègre ». De Rimbaud au poète négro-africain, il existe des fleuves secrets qui se rejoignent. C'est que l'esprit africain fonctionne par analogies, par juxtaposition d'images, de symboles.

Totalement africaine et totalement française, la poésie de Senghor enrichit notre langue de nouvelles images, d'intuitions fécondes. Poésie totale, elle se veut à la fois « chant, parole et musique ».

Senghor en recueils et en quelques vers fameux

- 1945 *Chants d'ombre*

Femme nue, femme noire
Vêtue de ta couleur qui est vie,
de ta forme qui est beauté !
J'ai grandi à ton ombre ; la douceur
de tes mains bandait mes yeux (« Femme noire »).

Femme, pose sur mon front tes mains balsamiques,
tes mains douces plus que fourrure.
Là-haut les palmes balancées qui bruissent dans la haute brise nocturne
À peine. Pas même la chanson de nourrice.
Qu'il nous berce, le silence rythmé (« Nuit de Sine »).

- 1948 *Hosties noires*
- 1956 *Éthiopiques*
- 1961 *Nocturnes*
- 1979 *Élégies majeures*

Zoom

La négritude selon Senghor

Dans Négritude et humanisme *(1964), le poète donne cette définition : « La négritude, c'est l'ensemble des valeurs culturelles du monde noir, telles qu'elles s'expriment dans la vie, les institutions et les œuvres des Noirs. Je dis que c'est là une réalité : un nœud de réalités. » Cette position fut contestée. Sartre parla de « racisme antiraciste ».*

La petite histoire

« J'ai honte »

Lorsque Senghor meurt, en Normandie (sa deuxième femme est normande), ni Chirac ni Jospin n'assistent à son enterrement. Dans un article, un grand admirateur de l'Afrique, Erik Orsenna – Une comédie française *(1980),* La Grammaire est une chanson douce *(2001),* Madame Bâ *(2003) – écrit alors : « J'ai honte. » Honte à la France qui n'a pas su honorer un de ses plus grands poètes…*

Aimé Césaire (né en 1913) : pour un retour au pays natal

Ce grand Martiniquais, chantre de la négritude (il invente le mot), fondateur de la revue *L'Étudiant noir* avec Senghor, puis de *Tropiques* (1941), jadis ami de Breton, continue de vivre à Fort-de-France, dont il a été longtemps maire et député.

La négritude, avec Césaire, s'exprime de façon plus radicale que chez Senghor : je suis un déraciné, un fils d'esclave, un Africain déporté, voilà ce que pense Césaire. Le militantisme commencé dans les années 30 s'accentue plus tard, dans les années 60.

Césaire est poète mais aussi dramaturge. Un théâtre engagé, notamment contre le néocolonialisme. Action et littérature, chez l'auteur, ont la même source. Transposant la notion de tragique dans son œuvre, Césaire affirme que c'est la politique qui tient lieu de destin à l'époque moderne.

Césaire au théâtre

1963 *La Tragédie du roi Christophe* : la figure tragique et mythique de Christophe, libérateur d'Haïti en compagnie de Toussaint Louverture.

1967 *Une saison au Congo* : la figure du dictateur Patrice Lumumba.

1969 *Une tempête* : la pièce de Shakespeare, adaptée, devient une évocation du « monde européen campé en face du monde magique, du monde primitif ».

Césaire poète de l'incantation et de la révolte

1939 *Cahier d'un retour au pays natal*, un des points de départ de la négritude.

> Ma négritude n'est pas une pierre, sa surdité ruée contre la clameur du jour
> ma négritude n'est pas une taie d'eau morte sur l'œil mort de la terre
> ma négritude n'est ni une tour ni une cathédrale.

1960 *Ferrements*

1961 *Cadastre*

Césaire pamphlétaire anticolonialiste

1950 *Discours sur le colonialisme* : comment le colonialisme rend les Européens à leurs instincts primaires, enfouis ; comment la violence, l'injustice, refusées sur le continent, se déchaînent dans les colonies.

> Il faudrait d'abord étudier comment la colonisation travaille à déciviliser le colonisateur, à l'abrutir au sens propre du mot, à le dégrader,

Pour en savoir plus

Voici ce que disait Breton à propos de Cahier d'un retour au pays natal *: « La cuve humaine portée à son point de plus grand bouillonnement. »*

à le réveiller aux instincts enfouis, à la convoitise, à la violence, à la haine raciale, au relativisme moral, et montrer que, chaque fois qu'il y a au Viêt-nam une tête coupée et un œil crevé et qu'en France on accepte, une fillette violée et qu'en France on accepte, un Malgache supplicié et qu'en France on accepte, il y a un acquis de la civilisation qui pèse de son poids mort, une régression universelle qui s'opère, une gangrène qui s'installe, un foyer d'infection qui s'étend, et qu'au bout de tous ces traités violés, de tous ces mensonges propagés, de toutes ces expéditions punitives tolérées, de tous ces prisonniers ficelés et interrogés, de tous ces patriotes torturés, au bout de cet orgueil racial encouragé, de cette jactance étalée, il y a le poison instillé dans les veines de l'Europe et le progrès lent, mais sûr, de l'ensauvagement du continent.

Yves Bonnefoy (né en 1923) : la quête poétique

Bonnefoy, auteur d'ouvrages essentiels sur la peinture (sur Giacometti, notamment), longtemps professeur au Collège de France, s'est imposé, depuis son premier recueil, comme un des poètes majeurs de son temps, un poète doté d'un tempérament de philosophe, qui fait de sa recherche poétique une quête de l'être et du sens. Une poésie exigeante, donc, mais qui sait aussi trouver la simplicité et la limpidité.
Bonnefoy en quelques recueils : *Hier régnant désert, Du mouvement et de l'immobilité de Douve, Dans le leurre du seuil, Pierre écrite, Rue Traversière, Ce qui fut sans lumière, L'Arrière-Pays,* tels sont quelques-uns des recueils publiés par le poète, aujourd'hui au programme du baccalauréat.

Pour en savoir plus

D'autres poètes importants
René-Guy Cadou (1920-1951), André du Bouchet (1924-2001), Philippe Jaccottet (né en 1925), Michel Deguy (né en 1930), Louis-René des Forêts (1918-2000), Alain Bosquet (1919-1998), Georges Perros (1923-1978), Andrée Chedid (née en 1925) : d'autres noms à retenir, d'autres auteurs à lire si l'on veut saisir ce que la poésie contemporaine fait de meilleur.

Au théâtre, du nouveau

Du théâtre de la cruauté au théâtre de l'absurde

Les grands noms de l'entre-deux-guerres – Giraudoux, Artaud et Claudel pour les auteurs, Pitoëff, Dullin, Jouvet et Baty du côté des metteurs en scène – disparaissent et vont laisser la place à une nouvelle génération, qui s'attache aussi bien à faire vivre la tradition qu'à lancer les pièces nouvelles : Jean Vilar et Georges Wilson prennent en charge le Théâtre national populaire ; le grand Antoine Vitez officiera à Ivry, puis à Chaillot. À partir des années 40, les formes théâtrales sont variées. Le théâtre de boulevard reste vivant, avec Marcel Achard (1899-1974) qui fait jouer

La petite histoire

Vilar en Avignon
Jean Vilar crée en 1947 le célèbre Festival d'Avignon, qui accueille aujourd'hui encore des centaines de troupes pendant quinze jours tous les ans au mois de juillet.

Patate (1957) et *L'Idiote* (1959), et André Roussin (1911-1987), qui donne *Les Glorieuses* (1960). Le théâtre bourgeois et littéraire voit s'imposer les figures de Montherlant et d'Anouilh. Camus et Sartre portent au théâtre la question de l'engagement, Genet, Adamov ou Arrabal créent la polémique. La nouveauté vient surtout de Beckett et de Ionesco, qui donnent naissance à un « nouveau théâtre ».

La petite histoire

Becket ou Beckett ?
Ne confondons pas Samuel Beckett, le dramaturge et romancier que nous évoquerons un peu plus loin, et Thomas Becket (1117-1170) ! C'est de ce dernier dont il est question chez Anouilh. Becket entra en conflit avec le roi d'Angleterre Henri II Plantagenêt au sujet des droits et privilèges de l'Église catholique romaine, et il fut assassiné.

Jean Anouilh (1910-1987) : grandir, c'est s'avilir

Il n'a pas encore 20 ans et déjà, au contact de Jouvet, dont il est le secrétaire, il prend conscience de sa vocation théâtrale. Le succès se fait un peu attendre, mais quand il est là, il est énorme ; et les pièces s'enchaînent, nombreuses.

Théâtre « rose » ou « noir » ?

Anouilh classait lui-même ses pièces en « roses », « noires », « grinçantes », « brillantes » et « costumées ». Ses personnages sont souvent des êtres purs, innocents, que le monde vient ternir. Grandir, participer à la vie sociale, c'est bien souvent s'avilir. Argent, plaisir, vie bourgeoise sont des sources de corruption pour les êtres.
Quelques titres ? *Le Bal des voleurs* (1932), *Le Rendez-vous de Senlis* (1935), *Le Voyageur sans bagages* (1937). Mais le grand succès, mérité, jamais démenti, d'Anouilh, c'est *Antigone* (1944), auquel il faut ajouter une autre pièce majeure, *Becket ou l'Honneur de Dieu*, en 1959 (voir la rubrique « La petite histoire » ci-contre).

Zoom

Henri de Montherlant (1895-1972)
Passionné de sport et de tauromachie, d'abord reconnu comme un grand romancier entre les deux guerres, Montherlant se consacre surtout au théâtre après 1945. La Reine morte *(1942),* Le Maître de Santiago *(1948) et* Port-Royal *(1954) restent ses pièces les plus connues.*

Antigone

La tragédie de Sophocle (496-406 avant Jésus-Christ) est reprise par Anouilh. Étéocle et Polynice, les deux fils d'Œdipe, se sont entretués. Antigone, leur sœur, brave la loi de Thèbes en jetant un peu de terre sur le corps de Polynice qui, considéré comme un traître, n'a pas le droit à une sépulture. Elle est condamnée à mort. Créon, son oncle, veut la sauver, mais elle refuse.

Jean Genet (1910-1986), « comédien et martyr »

Enfant de l'Assistance publique, Genet défraie la chronique, est emprisonné maintes fois pour vol ; pourtant, il fait l'admiration de Cocteau. Romancier, mais surtout dramaturge engagé, il parvient à créer la polémique autour de ses pièces, dans lesquelles certains ne voient que provocation. Sartre prendra parti en composant son *Saint Genet, comédien et martyr* (1952). Le théâtre de Genet reflète les combats d'une époque, et s'affirme volontiers anticolonialiste et antiraciste.

La petite histoire

Genet risqua la prison à vie. C'est Cocteau qui lui sauve la mise en le présentant, lors de son procès, en 1944, comme le plus grand écrivain de son époque !

Genet en quelques œuvres : *Notre-Dame des Fleurs* (roman, 1946) ; *Les Bonnes* (1947) ; *Le Balcon* (1956) ; *Les Nègres* (1958) ; *Les Paravents* (1965).

Jean-Paul Sartre (1905-1980) : le maquis à Saint-Germain-des-Prés

Toute une époque

Le Flore, les Deux Magots et la brasserie Lipp ; pendant la Seconde Guerre mondiale et bien après, les cafés de Saint-Germain deviennent des institutions littéraires où se donnent rendez-vous Sartre et Simone de Beauvoir – la compagne et l'auteur féministe du *Deuxième Sexe* (1949) –, mais aussi Queneau, Vian, Mouloudji, Gréco…

L'écrivain engagé

L'enfant choyé, le jeune homme plutôt individualiste au tempérament anarchiste de Normale sup, reçu premier à l'agrégation de philosophie, découvre la solidarité humaine pendant la guerre. Depuis, Sartre est devenu une sorte de figure emblématique de l'intellectuel de gauche engagé : contre la guerre d'Indochine, contre l'impérialisme américain, contre la guerre d'Algérie. C'est la guerre de Corée qui le pousse du côté du parti communiste, qu'il quittera cependant en 1956 lorsque les chars russes écrasent l'insurrection de Budapest. En 1968, Sartre est encore actif aux côtés des étudiants et des ouvriers.
Plus tard, c'est la cause palestinienne qui le retient. C'est un Sartre usé par l'alcool, le tabac et les drogues qui fonde, avec Serge July et d'autres, le quotidien *Libération* (1973), qu'il dirige, comme il avait dirigé sa fameuse revue, *Les Temps modernes*.

Le refus des honneurs

En 1964, Sartre refuse le prix Nobel de littérature, comme il avait refusé la Légion d'honneur en 1945. L'intellectuel, dit-il, doit être libre.

Une polémique et des obsèques grandioses

Les dernières années de Sartre sont marquées par une polémique : Benny Levy, le secrétaire qui est à ses côtés depuis qu'il est aveugle, aurait réussi à convertir l'athée proclamé que fut Sartre. Beauvoir et d'autres ont soutenu par la suite que le témoignage de Levy était un faux.
Les obsèques de Sartre, le 19 avril 1980, rassemblent des dizaines de milliers de personnes.

Sartre en quelques œuvres

Dramaturge, romancier, critique, philosophe (*L'Être et le Néant*, 1943), Sartre a beaucoup écrit.

Zoom

Les deux « A »

Arthur Adamov (1908-1970) fait jouer Le Ping-Pong *en 1955. Fernando Arrabal (né en 1932) publie des pièces provocatrices :* Le Cimetière des voitures *(1958),* Le Jardin des délices *(1969),* Sur le fil *(1975).*

Zoom

Jean-Sol Partre

Boris Vian (1920-1959), dans L'Écume des jours *(1947), fait un portrait drôle et irrespectueux de son ami Sartre sous le nom de « Jean-Sol Partre ». Colin, Chloé, Chick, Nicolas, Alise, Isis, tels sont les personnages du roman de Vian. Chloé et le nénuphar qui pousse dans son poumon, la maison qui rapetisse… Vian fut, écrivain, jazzman et auteur de 460 chansons, dont le fameux* Déserteur, *traduit en quarante-quatre langues et interdit pendant longtemps sur les ondes.*

• **Le théâtre**

1943 *Les Mouches* : une reprise moderne de l'*Orestie* d'Eschyle.

1944 *Huis clos* : « L'enfer, c'est les autres. » Les autres constituent un enfer si nous dépendons de leur jugement.

1948 *Les Mains sales* : le problème de l'engagement de l'intellectuel.

• **Les romans**

1938 *La Nausée*, le roman philosophique : Roquentin découvre l'existence, qu'il choisit d'assumer.

1945 *Les Chemins de la liberté* : trois parties, *L'Âge de raison, Le Sursis, La Mort dans l'âme.*

• **La critique**

1971-1972 *L'Idiot de la famille* : le grand livre sur Flaubert, écrivain admiré.

Les Mots (1964)

Même ceux qui n'aiment pas Sartre apprécient généralement ce chef-d'œuvre autobiographique que sont *Les Mots* : Sartre y revient sur son enfance, choyée, celle d'un garçon élevé dans le culte des livres. La vocation apparaît au grand jour : « Poulou », surnommé ainsi par le grand-père Charles Schweitzer, figure dominante du livre, savait depuis toujours qu'il serait écrivain. Mais le fils unique, l'orphelin (Sartre perd très tôt son père) sait se montrer ironique envers l'enfant qu'il fut, refuse la complaisance. L'enfant ? « Ce monstre qu'ils [les adultes] fabriquent avec leurs regrets. »

La petite histoire

Amour nécessaire et amours contingentes : « Poulou » et son Castor

*D'abord jeune fille rangée (*Mémoires d'une jeune fille rangée*, 1958), le Castor – c'est le surnom de Beauvoir –, en vivant avec Sartre, devient une femme très libérée. Le couple découche souvent, entame des relations triangulaires : une jeune fille couche avec Sartre puis avec Simone ! Beauvoir a raconté cela dans* La Cérémonie des adieux *(1981). Sartre, lui, faisait la différence entre son « amour nécessaire » et ses « amours contingentes ».*

Eugène Ionesco (1912-1994) et Samuel Beckett (1906-1989), ou la face horrible du rire

• « Je puis dire que mon théâtre est un théâtre de la dérision. Ce n'est pas une certaine société qui me paraît dérisoire. C'est l'homme » (Ionesco).
• « Rien n'est plus drôle que le malheur... c'est la chose la plus comique du monde » (Beckett).

Un nouveau théâtre ou théâtre de l'absurde

L'un est d'origine roumaine, l'autre est natif d'Irlande, mais tous les deux écrivent en français (Beckett a commencé son œuvre en anglais). Tous les deux, encore, imposent un nouveau théâtre, mal reçu au début, mais devenu un théâtre classique. Le théâtre de l'absurde, c'est d'abord, surtout chez Ionesco, une parodie du théâtre conventionnel : débarrassé de l'intrigue, il met à mal la dramaturgie classique. Notre univers logique, cartésien, n'est-il pas seulement une façade derrière laquelle se cachent l'angoisse, le non-sens, bref, l'absurde ?

Zoom

Sartre contre Camus

Amis pendant la guerre, Sartre et Camus se séparent sur la question du communisme : pour ce dernier, les crimes staliniens et le terrorisme sont injustifiables ; pour Sartre, l'idéologie marxiste prime. De même, Sartre justifie le terrorisme palestinien face à l'État, légitime mais injuste, selon lui, d'Israël.

Comique ou tragique ? Un « guignol tragique »

Qu'on se rassure : en lisant ou en écoutant Beckett et Ionesco (Ionesco surtout), on rit, mais comique et tragique ne sont-ils pas des conventions artificielles ? Le génie de ces auteurs consiste à dévoiler que derrière le comique se cache en fait le tragique de l'existence : les personnages s'accrochent au langage comme à un dernier soutien qui doit leur permettre de ne pas sombrer, mais le langage lui-même n'est-il pas devenu un outil vidé de toute substance, de tout sens ? Parlant entre eux, les protagonistes sont en réalité enfermés dans un soliloque sans fin et ne parviennent pas à communiquer. Dès lors, chez Ionesco, leurs propos partent dans tous les sens, le langage, devenu incontrôlable, entre en folie. Chez Beckett, le langage s'effondre et les dialogues ne sont plus constitués que de bribes de phrases.
Le théâtre de Ionesco et de Beckett est finalement une interrogation sur le sens du langage et la place de l'homme dans un univers qui menace de se désunir, de perdre son sens et de se vouer à l'absurde.

Ionesco en quelques pièces

1950 *La Cantatrice chauve*
1951 *La Leçon*
1952 *Les Chaises*
1958 *Rhinocéros*
1959 *Le roi se meurt*

La Cantatrice chauve

La première pièce de Ionesco, célébrissime, met en scène les Smith et les Martin, le Pompier et Mary, la bonne, des personnages qui parlent pour ne rien dire. La semaine fait trois jours : mardi, jeudi, mardi. La pendule dans le salon... Au sujet de la composition de la pièce, une anecdote est restée fameuse : l'idée de *La Cantatrice chauve* est venue à Ionesco alors qu'il parcourait la méthode Assimil « anglais ». La pièce, intitulée d'abord *L'Anglais sans peine*, changea de titre au cours d'une répétition, le comédien qui jouait le pompier s'étant trompé dans une tirade et ayant remplacé une institutrice blonde par « cantatrice chauve ». Adopté !

Beckett en trois pièces fameuses

Beckett fut romancier (*Molloy*, *Malone meurt*, *L'Innommable*), mais son succès vient du théâtre et de trois pièces fameuses.

- 1953 *En attendant Godot* : pièce mise en scène par Roger Blin ; la première fit scandale.

Estragon et Vladimir, deux clochards, attendent, parlent. Qui attendent-ils ? Godot ! Et qui est ce Godot ? God (Dieu) ? Un personnage inconnu,

Zoom

L'existentialisme en quelques mots

L'homme se définit par ses actes, par ce qu'il fait, par son existence. Seul, l'homme est condamné à être libre. Cette liberté nous donne le vertige ? Il nous faut l'assumer, engagés que nous sommes dans des situations. « L'existence précède l'essence » est une formule célèbre d'une conférence de Sartre, « L'existentialisme est un humanisme » (1945).

Pour en savoir plus

Paul Nizan (1905-1940), le condisciple et l'ami

« J'avais vingt ans. Je ne laisserai personne dire que c'est le plus bel âge de la vie. » Cet incipit, c'est celui, fameux, du roman de Nizan Aden Arabie *(1931). Nizan – de même que le sociologue Raymond Aron (1905-1983) – est le condisciple de Sartre à Henri-IV, puis à Normale sup. À sa sortie de l'École, le jeune homme part vivre un an à Aden. Il en revient avec un roman autobiographique où il s'en prend à tous les conformismes. Nizan meurt prématurément en 1940, pendant la guerre, près de Dunkerque.*

qui doit leur apporter le salut ? « On se pendra demain, à moins que Godot vienne. » Mais Godot ne viendra pas.

• 1957 *Fin de partie*

Où ça ? On ne sait pas. Qui ? Ils sont quatre, tous handicapés : Hamm, aveugle et paraplégique ; Clov, son fils adoptif ; Nell et Nagg, parents de Hamm, qui ont perdu leurs jambes et vivent dans des poubelles ! Que font-ils ? Pas grand-chose. Que disent-ils ? Peu de chose...

• 1960 *Oh ! les beaux jours*

Un paysage de désert brûlé, une sonnerie qui retentit. Winnie se réveille. Son corps est enterré dans le sable jusqu'au-dessus de la taille, puis jusqu'au cou, mais elle fait comme si de rien n'était et semble insouciante, comme si elle vivait de beaux jours. À côté d'elle, mais invisible, son ami Willie, qui grogne de temps à autre.

La petite histoire

La Huchette

Chaque soir, pendant des dizaines d'années, on a joué La Cantatrice chauve *ou* La Leçon *au théâtre de la Huchette ! Plus de vingt mille représentations à ce jour !*

Albert Camus (1913-1960) : dépasser l'absurde par la révolte

Mort d'un homme

Le 6 janvier 1960, la voiture de Michel Gallimard s'écrase contre un arbre. À son bord, Camus. Une mort prématurée, absurde, trois ans après le prix Nobel. Cette mort précoce, c'est celle d'un homme engagé depuis longtemps dans son siècle, qui n'imaginait pas qu'une œuvre littéraire puisse ne pas servir son époque. Une conscience, littéraire et politique, qui avait encore beaucoup à dire : qu'aurait-il dit et pensé après l'indépendance de l'Algérie ? Qu'aurait-il pensé à la fin de la guerre froide ? Que lui inspirerait le terrorisme contemporain ?

La petite histoire

Le silencieux

Des témoins racontent que Beckett pouvait rester muet pendant des heures tandis qu'ils étaient assis en sa compagnie. En 1969, l'attribution du prix Nobel ne lui fait ni chaud ni froid.

« Je crois à la justice, mais je défendrai ma mère avant la justice »

La réponse à ces questions figure dans la plupart de ses œuvres. Camus aurait dit ce qu'il disait déjà en 1949 en composant *Les Justes* : que, quelles que soient la beauté et la justice de la révolte face à l'oppression, la fin ne justifie pas les moyens ; que l'acte terroriste, né du désespoir, ne doit pas conduire au sacrifice des vies humaines innocentes, et singulièrement des enfants. Il aurait affirmé bien haut que l'homme de l'absurde, dont la grandeur réside dans la révolte, doit garder devant les yeux l'humain, placé bien au-dessus de l'idée. La révolution est une idée, la tyrannie est une idée, la justice même est une entité abstraite qui s'efface devant le moindre regard humain. Oui, Camus, aujourd'hui encore, continuerait à dire, comme il le fit en 1957 au moment de recevoir le Nobel : « Je crois à la justice, mais je défendrai ma mère avant la justice. »

La petite histoire

M. Germain

Anecdote significative : au moment de recevoir le prix Nobel, en 1957, Camus remercie M. Germain, son instituteur en Algérie, qui lui permit d'obtenir une bourse afin de continuer ses études.

« Je fus placé à mi-chemin de la misère et du soleil »

C'est sans doute à son enfance algérienne qu'il faut remonter si on veut comprendre pourquoi un tel homme peut, malgré tout, avec beaucoup d'angoisse, de doutes, continuer à affirmer la prédominance de l'humain face à l'abstraction des idées. C'est qu'une enfance misérable, où l'on a côtoyé le peuple, les humbles, où l'on a vécu aux côtés d'une mère alors que le père était mort précocement, nous prédispose à la fraternité, placée au-dessus des débats intellectuels. La séparation entre Sartre et lui vient de ce que l'auteur des *Mains sales,* bourgeois, parisien, pouvait se payer de mots, le luxe des mots : il est facile de parler de révolution, de sacrifice, lorsque l'on prend le maquis du côté de l'Odéon, en regardant les autres mourir pour l'idée qu'on a lancée. Camus, intellectuel engagé, reste homme du peuple, qu'il faut continuer à aimer, à aimer concrètement, pas dans l'abstrait. Une phrase peut-être dit bien tout cela : « Je fus placé à mi-chemin de la misère et du soleil. La misère m'empêcha de croire que tout est bien sous le soleil et dans l'histoire. Le soleil m'apprit que l'histoire n'est pas tout. »

Camus en quelques œuvres

Camus séparait ses œuvres en deux séries : les œuvres publiées jusqu'à la guerre appartiennent au « cycle de l'absurde » ; celles qui viennent après 1945 entrent dans le « cycle de la révolte ». Un parcours philosophique qui va du *Mythe de Sisyphe* (1942) à *L'Homme révolté.*

• Le théâtre

1945 *Caligula* : Caligula découvre que la vie est un non-sens et veut s'affranchir de toute règle.

1949 *Les Justes* : un groupe de terroristes russes prépare un attentat, mais Kaliayev ne lance pas la bombe car, dans la calèche, il y a les enfants du « tyran ». La pièce sur les limites de l'engagement et de la révolte : la vie humaine est au-dessus des idées.

• Les romans

1942 *L'Étranger* : Meursault, employé de bureau à Alger, est condamné pour avoir tué un Arabe. En prison, il passe de l'inconscience à la révélation de l'absurde. Une première phrase à connaître : « Aujourd'hui, maman est morte. Ou peut-être hier, je ne sais pas. » Un style et un ton qui font date : sobriété, objectivité, qui traduisent l'indifférence du protagoniste face aux événements. « Écriture blanche », dira Roland Barthes.

1947 *La Peste* : une épidémie de peste à Oran. La vie est absurde, mais le docteur Rieux découvre la valeur du dévouement. L'homme révolté peut contribuer à aider son prochain et à soulager sa douleur.

Pour en savoir plus

Barthes (1915-1980)
*Critique et théoricien essentiel de la seconde moitié du XXe siècle (*Mythologies *[1957] ;* Sur Racine *[1963]...), Barthes parle notamment d'écriture blanche dans* Le Degré zéro de l'écriture *(1953).*

Zoom

La rupture avec Sartre et quelques engagements fameux
Pendant la guerre, Camus est résistant et rédacteur en chef de Combat.
1951 : Camus publie L'Homme révolté *et condamne sévèrement le marxisme, devenu selon lui un totalitarisme. Sartre se fâche et l'attaque dans* Les Temps modernes.
1956 : Camus lance un appel aux musulmans pour une trêve en Algérie.
1957 : Avec Koesler, il publie Réflexions sur la peine capitale *et milite pour l'abolition de la peine de mort.*

4 Le roman à foison

Que de romans ont été publiés en France depuis la Seconde Guerre mondiale ! Ce genre a confirmé que, depuis le siècle précédent, il était devenu le genre roi de la littérature. Impossible, dans ces quelques pages, de citer tout le monde. Il faudra se contenter de souligner quelques tendances, de privilégier certaines œuvres au détriment des autres. Mille excuses à ceux qui n'auront pas trouvé ici l'auteur ou le roman qu'ils affectionnent entre tous !

La petite histoire

Hachette et le Livre de Poche

En 1953, l'aventure de la lecture entre dans une nouvelle phase avec la parution du premier Livre de Poche. Nous le devons à Henri Filipacchi, secrétaire général de la librairie Hachette.

Zoom

Henri Troyat (1911-2007), Joseph Kessel (1898-1979) Françoise Sagan (1935-2004)

- *L'essentiel de l'œuvre de Kessel paraît entre les deux guerres, mais c'est en 1958 qu'il donne* Le Lion, *un de ses romans les plus célèbres. À Kessel et à son neveu Maurice Druon (né en 1918), on doit aussi le texte du fameux* Chant des partisans *(1943).*
- *Troyat vient de disparaître, après une vie consacrée au roman et à la biographie.* Aliocha *(1991) est un de ses romans les plus lus.*
- *De Françoise Sagan, on relira* Bonjour tristesse *(1954) ou* Aimez-vous Brahms ? *(1959).*

L'après-guerre : incertitude et angoisse

La période de l'après-guerre ouvre une ère d'incertitude et d'angoisse qui se traduit dans le roman comme elle l'a fait au théâtre. Nous vivons désormais avec la menace de la bombe nucléaire, et les témoignages des rescapés des camps commencent de paraître.
À Sartre et à Camus, qui militent pour l'engagement de l'écrivain dans ce monde difficile, répondent bientôt les « Hussards », inspirés par Morand, Chardonne et Aymé, qui veulent un roman écrit pour le plaisir du style et le divertissement.

Vers le nouveau roman

Mais bientôt, comme il y a eu un nouveau théâtre, s'impose un nouveau roman, dont Maurice Blanchot, Samuel Beckett et Louis-René des Forêts semblent les précurseurs. Nouveau roman et nouvelle critique aussi, relayée par des revues. Dans les années 80, ce nouvel art romanesque semble cependant montrer ses limites, et ses adeptes eux-mêmes reviennent à des formes plus traditionnelles, qui n'avaient d'ailleurs jamais disparu, comme en témoignent par exemple les œuvres de Kessel, de Troyat ou de Sagan. Finalement, comme toujours, ce sont des individualités très fortes, des génies particuliers, échappant à toute école, qui se révèlent et marquent les générations de lecteurs.

Littérature et déportation

« Mais comment raconter ce qui ne peut être raconté ? Impossible de trouver les mots. Mourir aurait été plus simple. » Cette citation du Russe Varlam Chalamov (1907-1982), rescapé des camps staliniens, auteur d'un livre immense, *Récits de la Kolyma* (1978), résume parfaitement l'état d'esprit de ceux, écrivains ou non, qui ont vécu l'expérience terrible des camps : contraints de témoigner, ils ne savent quels mots employer pour dire l'horreur. À ce dilemme, ceux parmi ces auteurs, qui sont romanciers en ajoutent un autre : le roman doit-il raconter, et comment ? Certains, tel Semprun, répondent en affirmant que seule la fiction, finalement, peut approcher l'horreur et dire les faits au plus près.

Quelques œuvres

1950 *Lazare parmi nous,* de Jean Cayrol (1911-2005), scénariste de *Nuit et Brouillard,* film d'Alain Resnais (1955).
1947 *L'Espèce humaine,* de Robert Antelme (1917-1990). Son épouse, Marguerite Duras, fera le récit du retour d'Antelme dans *La Douleur* (1985).
1958 *La Nuit,* d'Elie Wiesel (né en 1928).
1963 *Le Grand Voyage,* de Jorge Semprun (né en 1923). Du même, on lira *Quel beau dimanche !* (1980) et *L'Écriture ou la vie* (1994).

Oublier les camps : les Hussards

C'est Bernard Franck qui, dans un article de la revue *Les Temps modernes,* de Sartre, donne son nom au groupe d'écrivains qu'on appellera désormais les « Hussards », qui refusaient à la littérature la vocation de défendre des idées : Roger Nimier (1925-1962), Michel Déon, Jacques Laurent (1919-2000), Antoine Blondin (1922-1991).
Blondin : des romans à lire ou à relire : *Les Enfants du bon Dieu* (1952), *Un singe en hiver* (1959). Nimier ? *Le Hussard bleu* (1950), *Histoire d'un amour* (1953), mais aussi le scénario du film de Louis Malle *Ascenseur pour l'échafaud.*

Paul Morand (1888-1976), don Juan donne des nouvelles

Morand, ami de Giraudoux et de Proust, diplomate, grand voyageur, avait la santé : son journal, paru récemment, longtemps après sa mort, révèle un homme très porté sur le sexe et ses performances... Mais, en dehors de ses frasques de don Juan impénitent, Morand est un écrivain hors pair, qui écrit dans un style impeccable, dont il faut absolument lire biographies, romans et surtout nouvelles. Voyages, jazz, voitures de course... Morand est élu à l'Académie française en 1968.
Morand en quelques titres : *Tendres stocks* (1921), *Ouvert la nuit* (1922), *Fermé la nuit* (1923), *L'Homme pressé* (1941), *Hécate et ses chiens* (1954). D'autres titres ? *Fouquet ou le soleil offusqué, Venises, New York, Parfaite de Saligny...*

L'ère du soupçon : le nouveau roman

Entrer dans ce monde instable, menaçant de l'après-guerre, c'est entrer dans l'ère du soupçon, comme le dira Sarraute. L'homme contemporain,

La petite histoire

Une préface de Proust
Tendres stocks *fut préfacé par Marcel Proust : « Il est certain, écrit-il, que le style de Paul Morand est singulier. »*

Zoom

Levi, précurseur
Le livre qui a lancé tous les autres fut celui, poignant, incontournable, de l'écrivain juif italien Primo Levi (1919-1987) : Si c'est un homme *(1947). À lire absolument.*

La petite histoire

Roger Nimier, la mort au volant
« Nimier, c'était le printemps que je regardais pour la dernière fois. » Ainsi s'exprime Paul Morand à la mort de son ami Nimier. À 36 ans, Roger meurt de sa passion pour les belles voitures et la vitesse : son Aston Martin s'écrase contre un parapet sur l'autoroute de l'Ouest.

troublé, se sent étranger à la nature et à lui-même. Impossible, dans les œuvres de cette nouvelle génération, de saisir un personnage selon un unique point de vue ; de même, le réel ne peut être saisi dans sa totalité. Les « nouveaux romanciers » prétendent :

– abandonner les techniques romanesques des XVIIIe et XIXe siècles ;
– suivre les traces des auteurs américains (Dos Passos, Hemingway, Faulkner...) ou européens (Kafka, Dostoïevski, Woolf) ;
– s'inspirer des techniques cinématographiques (narration objective, le narrateur étant comme l'œil de la caméra).

En pratique, ces œuvres nouvelles refusent le personnage traditionnel du roman, au caractère fixe et déterminé d'avance, négligent l'intrigue et chamboulent la chronologie des événements.

Pour en savoir plus

Nouvelles revues, nouvelles critiques

Le romancier Philippe Sollers (né en 1936) fonde en 1960, avec d'autres, la revue Tel quel, *qui défend des auteurs alors méconnus ou très controversés (Artaud, Bataille, Derrida, Foucault...). En 1983, Sollers abandonne* Tel quel *et fonde* L'Infini. *À nouvelle revue, nouvelles critiques : Julia Kristeva (née en 1941), Roland Barthes (1915-1980) et Gérard Genette (né en 1930) demeurent, aux côtés de Maurice Blanchot, trois figures marquantes de cette nouvelle approche de la littérature.*

Alain Robbe-Grillet (né en 1922)

Les Gommes (1953) et *La Jalousie* (1957) restent les romans les plus célèbres de Robbe-Grillet, qui signe, avec *Pour un nouveau roman* (1963), un essai qui devient une sorte de manifeste littéraire. La bête noire de l'auteur ? Balzac ! Les romans de Robbe-Grillet proposent souvent toute une série de points de vue concurrents, ou plutôt une série de variations après un premier point de vue. Robbe-Grillet est aussi cinéaste et fut le scénariste de *L'Année dernière à Marienbad,* d'Alain Resnais.

Nathalie Sarraute (1900-1999)

Son essai fameux, *L'Ère du soupçon* (1956), sans être un véritable manifeste, contribue largement à imposer Sarraute, née en Russie, admiratrice de Dostoïevski et de Kafka, comme une des figures de proue du nouveau courant. Écrivain majeur, Sarraute sera un des rares auteurs à voir son œuvre publiée dans la Pléiade de son vivant. En 1983, elle publie son ouvrage le plus lu, *Enfance.* Ce récit autobiographique exprime bien la manière de Sarraute : le moi n'est pas fixé, c'est par petites touches qu'il se dessine.

Michel Butor (né en 1926)

Écrivain prolifique, romancier, essayiste et peut-être poète avant tout, Butor signe *La Modification* en 1957.

Le train Paris-Rome. Un homme va rejoindre sa maîtresse. L'utilisation du vouvoiement permet l'identification au personnage. Des pensées en mouvement, qui suivent le trajet du train...

Zoom

Le 30 mai 1968 meurt Jacques Chardonne (1884-1968), avec qui Morand entretint une correspondance quotidienne. Chardonne, de son vrai nom Jacques Boutelleau, fut le romancier de la vie conjugale : L'Épithalame *(1921),* Éva *(1930),* Claire *(1931)...*

Claude Simon (1913-2005)

Romancier intarissable, prix Nobel de littérature en 1985, Simon donne une œuvre difficile, exigeante, déroutante (des phrases longues, très longues, interminables), dont les plus beaux fleurons restent sans doute *La Route des Flandres* (1960) ou *Les Géorgiques* (1981).

Marguerite Duras (1914-1996)

L'Indochine, puis la métropole, l'écriture, inlassable, le cinéma aussi ; qu'on aime ou non l'œuvre de Duras, il est certain qu'elle s'est imposée comme une des contributions majeures à la littérature de la seconde moitié du XXe siècle. Que retenir d'un tel parcours ? Lisons ou relisons *Un barrage pour le Pacifique* (1950), *Moderato cantabile* (1958), *Le Ravissement de Lol V. Stein* (1964) et *L'Amant* (1984), couronné par le prix Goncourt. Au cinéma, on ira revoir *India Song* (1975).

Figures singulières

Toutes les œuvres sont singulières, mais, Perec excepté, on rattachera difficilement les écrivains qui suivent à une école, c'est pourquoi les voici à part.

Hervé Bazin (1911-1996)

Il publie *Vipère au poing* (1948), un roman largement autobiographique, qui sera traduit en quarante langues. Souvenez-vous : Folcoche, mère autoritaire, monstrueuse, martyrise son fils, surnommé « Brasse-Bouillon ». Bazin publiera la suite des aventures de Brasse-Bouillon, devenu adulte, dans *La Mort du petit cheval* (1950) et *Le Cri de la chouette* (1971).

René Barjavel (1911-1985), science-fiction et Provence

L'un des premiers à introduire le roman d'anticipation en France, Barjavel, c'est aussi Nyons et la Provence. Ses romans se lisent d'un trait, à l'adolescence ou plus tard. À relire : *Ravage* (1943), *La Nuit des temps* (1968) ou *Le Grand Secret* (1973) pour la science-fiction ; *Tarendol* (1944) ou *La Charrette bleue* (1981) pour la Provence et ses souvenirs.

Romain Gary (1914-1981) : deux en un

L'affaire est connue : Romain Kacew obtint deux fois le Goncourt sous des pseudonymes différents, celui de Romain Gary (*Les Racines du ciel*, 1956) et celui d'Émile Ajar (*La Vie devant soi*, 1975). Sous ce nom, il publiera trois autres romans (*Gros-Câlin*, *Pseudo* et *L'Angoisse du roi Salomon*). *La Promesse de l'aube* (1960), roman autobiographique extrêmement attachant, où Gary évoque longuement sa mère, russe, et sa vocation d'écrivain, avait apporté une renommée mondiale à l'auteur. Le livre devint un film, réalisé par Jules Dassin.

Georges Perec (1936-1982) : le style et son exercice

Les Choses (1965), *W ou le Souvenir d'enfance* (1975), *La Vie mode d'emploi* (1978), *Je me souviens* (1978), quatre livres, parmi d'autres, qui suffisent à faire de Perec un des grands auteurs du siècle. Perec, c'est un maître du style et de ses exercices, une littérature rieuse et douloureuse à la fois lorsqu'il s'agit d'évoquer le drame de la Seconde Guerre mondiale pour l'enfant juif qu'il avait été.

La petite histoire

Le père de Perec fut tué par un obus pendant la guerre, et sa mère mourut en déportation.

Zoom

Romans lipogrammatiques (des lettres qui disparaissent)
Associé à l'OuLiPo, Perec publie des romans avec des contraintes imposées. En 1969, il écrit La Disparition. *Quelle disparition ? Celle de la lettre « e », qui ne figure pas une fois dans les trois cent pages du roman ! En 1972,* Les Revenentes *utilisent une seule voyelle cette fois : le « e » !*

Pour en savoir plus

L'affaire Gary-Ajar
Elle fit scandale, le prix Goncourt ne pouvant être attribué qu'une fois à un même auteur ! Et puis, on n'accepte pas facilement de s'être fait berner.

Albert Cohen (1895-1981) : écrivain solaire

Citoyen suisse, diplomate, Cohen a donné à la littérature de langue française quelques-uns de ses romans les plus attachants et les plus drôles, animés d'un souffle emprunté en partie à celui de l'hébreu biblique. Les mêmes personnages reviennent d'un roman à l'autre depuis *Solal* (1930) jusqu'aux *Valeureux* (1970) en passant par *Mangeclous* (1938). Les deux livres les plus lus de Cohen restent cependant *Le Livre de ma mère* (1954), hymne bouleversant à la mère disparue, et *Belle du Seigneur* (1968). Adoré par beaucoup, détesté par d'autres, *Belle du Seigneur,* c'est Solal encore, don Juan impénitent et amoureux solaire, c'est Ariane, la femme aimée, l'amante. Un roman titanesque sur et contre la passion opposée à l'amour conjugal, préféré mais peut-être impossible.

Marguerite Yourcenar (1903-1987) : sommet littéraire de la seconde moitié du XXe siècle

Née d'une mère belge, première femme à entrer à l'Académie française (1980), Yourcenar s'impose, aux yeux de beaucoup, comme l'écrivain majeur de la seconde partie du siècle. Un style inégalé, une œuvre exigeante, composée de trois chefs-d'œuvre au moins : *Nouvelles orientales* (1939), *Mémoires d'Hadrien* (1951) et *L'Œuvre au noir* (1968).
Les *Nouvelles orientales,* ce sont dix récits ciselés, dix petits bijoux qui nous font parcourir le monde (Europe, Chine, Inde). Les *Mémoires* racontent les dernières années – imaginaires – d'un empereur bien réel, Hadrien. *L'Œuvre au noir* nous transporte au XVIe siècle, dans la vie, là aussi imaginaire, d'un alchimiste.

Georges Simenon (1903-1989) : don Juan écrit des romans

Il se vantait, dans son émission *Apostrophes* de Pivot, d'avoir connu des milliers de femmes, surpassant don Juan : Simenon était un compulsif, qui multipliait les frasques sexuelles et les romans. Simenon, c'est bien sûr Maigret et ses cinquante-deux enquêtes, ce sont des records de vente (des centaines de millions d'exemplaires), mais ce sont aussi bien d'autres romans, d'une grande qualité littéraire. Sait-on que le romancier prolifique faisait l'admiration d'écrivains aussi exigeants que Gide et Bernanos ? Non ? C'est fait. Simenon est désormais publié en deux volumes dans la Pléiade.

Frédéric Dard (1921-2000) : toujours en verve

Un peu moins célèbre que Maigret mais bien plus drôle, voici San-Antonio, un autre commissaire, créé par un Isérois bon vivant, Frédéric Dard. En lisant la série des San-Antonio, vous ferez connaissance avec Bérurier et l'inspecteur Pinaud. Vous découvrirez un auteur dont la verve est intarissable, un inventeur de mots incroyable, qui vous fera rire aux éclats.

La petite histoire

Belle du Seigneur *: huit cents pages, une ponctuation parfois inexistante (des dizaines de pages sans un seul point), dans l'esprit des manuscrits bibliques !*

La petite histoire

Le vrai nom de Marguerite Yourcenar ? Marguerite Antoinette Jeanne Marie Ghislaine Cleenewerck de Crayencour !

Les oubliés

Chaque siècle compte des écrivains de grande envergure qui n'ont pas forcément la reconnaissance qu'ils méritent. Les connaisseurs, cependant, ne s'y trompent pas, et les lisent avec avidité. Voici quelques-uns de ces oubliés...

Claude Seignolle (né en 1917)

Les amoureux du fantastique, de l'étrange, en même temps que du beau style connaissent sans doute Seignolle, écrivain de grande race qui commença par recueillir le patrimoine des régions de France, toutes ces histoires qui font frémir au coin du feu, à la veillée. De ce maître, il faut lire en priorité *La Malvenue* (1962), et puis toutes ces histoires rassemblées en trois volumes, chez Phébus, sous le titre *Les Malédictions.*

Guy Dupré

Dupré est un écrivain rare, un styliste incomparable, qui donne une œuvre importante au compte-gouttes, choisissant de « prêter l'oreille à [ses] voix », plutôt que de « devenir une main à plume ». Lisons donc *Les fiancées sont froides* (1953), jadis salué par Breton, par Gracq ou par Greene, *Le Grand Coucher* (1981) et *Les Mamantes* (1986).

Dominique de Roux (1935-1977)

Autre grand styliste, voici De Roux, écrivain inclassable, éditeur et polémiste qui fonda les célèbres *Cahiers de l'Herne* et fut un des premiers, en France, à découvrir des écrivains étrangers devenus des classiques (Pound, Borges). À lire, parmi d'autres romans : *L'Harmonika-Zug* (1963).

Gaston Leroux (1868-1927) et Maurice Leblanc (1864-1941)

Gaston Leroux et Maurice Leblanc ne sont pas des inconnus et le succès de leurs romans est immense, mais on ne trouve presque jamais leur nom dans les histoires littéraires, comme si leur œuvre était mineure.

- En 1907 paraît un roman destiné à une renommée immense et qui fait l'admiration des surréalistes : *Le Mystère de la chambre jaune,* de Gaston Leroux (1868-1927). Au château du Glandier a lieu un crime inexplicable, commis dans une chambre hermétiquement close. Qui va percer le mystère ? Joseph Rouletabille, jeune journaliste doté d'une puissance de raisonnement stupéfiante. De Leroux, on relira aussi *Le Parfum de la dame en noir* (1908), où l'on retrouve les mêmes personnages.
- Maurice Leblanc crée, en 1907, le personnage d'Arsène Lupin, « gentleman cambrioleur », qui met son « art » au service des plus faibles. Lupin apparaît dans de nombreux romans, mais le plus célèbre reste *L'Aiguille creuse* (1909). Le héros a sur sa route Isidore Beautrelet, étudiant et détective amateur de génie qui lui donne du fil à retordre.

La petite histoire

Simenon s'enfermait pendant une semaine et, au bout de ces quelques jours, il sortait de son isolement : un nouveau Maigret avait vu le jour ! Dard composait entre trois et cinq San-Antonio par an !

Raymond Roussel (1877-1933)

Roussel fut perçu, dès ses premières œuvres, comme un écrivain déroutant, inclassable. Pourtant, les surréalistes virent en lui un précurseur et il fut admiré par Breton. Roussel, affirmait-il, est « le plus grand des magnétiseurs des temps modernes ». On lira *Impressions d'Afrique* et *Nouvelles impressions d'Afrique* (1932), mais aussi *Comment j'ai écrit certains de mes livres* (1935).

La petite histoire

Cet inclassable de Roussel avait du mal à se faire publier : le titre Impressions d'Afrique *contient un jeu de mots. Il faut lire « d'à fric », car Roussel publia à compte d'auteur, à ses frais donc !*

Albert Cossery

Égyptien, il écrit pourtant en français. Albert Cossery est une figure légendaire de la vie à Saint-Germain-des-Prés. L'homme vit depuis un demi-siècle entre le café de Flore et la rue de Seine, où il occupe une modeste chambre d'hôtel. Lire absolument *Les Fainéants dans la vallée fertile* (1948), mais aussi tous ses autres romans.

Pistes pour le siècle en cours

05

Chaque fin de siècle aime à parler de décadence. Les Goncourt, au XIXe, annonçaient déjà la fin du roman ! Dire, aujourd'hui, que la littérature française est mourante relève de la facilité et de la paresse : de grands auteurs sont encore vivants, d'autres apparaissent déjà comme des écrivains confirmés, qui ont trouvé leur public.
Mais la production littéraire – surtout romanesque – est énorme : plus de six cents premiers romans sont publiés chaque année ! Impossible de savoir quels noms, parmi ces nouveaux venus à la littérature, resteront dans les décennies à venir.

Le roman : l'art de regarder le réel en face

Existe-t-il des tendances littéraires en ce début de siècle ? On parle, depuis Serge Doubrovsky, d'autofiction pour désigner une littérature qui mêle autobiographie et fiction. Loin de cette vague parfois nombriliste, des écrivains exigeants veulent privilégier le style ou continuer à faire du roman une arme de dérision face au monde contemporain et à ses ridicules. Si les écoles littéraires semblent avoir disparu – chaque écrivain de talent nous offre un monde singulier –, faut-il, avec l'essayiste canadien Lakis Proguidis, identifie, depuis ces dix dernières années un renouveau dans le champ romanesque français ? Sans se concerter, sans former école, des romanciers ont, plus que d'autres, le sens du réel et savent reconnaître chez l'homme contemporain une tendance à fuir la réalité dans l'abstraction, les conventions, la fiction. Curieusement, le roman ne serait donc pas un bel objet destiné à distraire, à fuir le réel dans le rêve, mais au contraire un art voué à donner sa place au monde comme il va et à nous contraindre de nous regarder en face. Nous vivons dans la fiction, nous nous jouons la comédie à nous-mêmes, et le roman nous oblige à nous tourner vers le réel.

Zoom

L'autofiction : dérive de l'autobiographie ?
Le succès de l'autofiction semble aller de pair avec le goût des contemporains pour l'exhibition de la vie qu'on qualifiait, jadis, d'intime. Le succès d'une Christine Angot peut s'expliquer par ce jeu entre « écrivain exhibitionniste » et « lecteur voyeur ». Comme on parle de téléréalité, on pourrait parler de « littéréalité ».

La nouveauté, cependant, nous arrive peut-être de l'étranger. Signe des temps, cette année, les prix Goncourt et Renaudot ont été attribués respectivement à un Américain et à un Congolais : Jonathan Littell, pour *Les Bienveillantes,* et Alain Mabanckou, pour *Mémoires de porc-épic.*

La petite histoire

Gracq rebelle

En 1950, l'écrivain publie La Littérature à l'estomac, *un pamphlet où il dénonce la littérature engagée, le rôle des critiques, et où il fulmine contre les prix littéraires. En 1951, le Goncourt lui est attribué pour* Le Rivage des Syrtes *: Gracq refuse le prix.*

Quelques grands vivants

Césaire et Bonnefoy sont toujours parmi nous, mais songer aux grands vivants, c'est peut-être avant tout penser à Julien Gracq, qu'on qualifie parfois de dernier des classiques. À côté de ce nom très estimable, pourquoi ne pas en faire figurer d'autres ? Ceux, par exemple, de Michel Tournier, de Jean-Marie Gustave (J.M.G.) Le Clézio, de Patrick Modiano, de Pascal Quignard ou même de Milan Kundera, dont l'œuvre, composée il est vrai en grande partie en tchèque, s'écrit désormais en français (les livres tchèques, pour leur traduction, ont tous été revus par l'auteur, si bien qu'ils appartiennent à la littérature française).

Plutôt que de donner une notice biographique pour chacun de ces auteurs à l'univers singulier, voici une sélection d'œuvres importantes. Nous donnons deux ou trois titres par auteur ; à vous d'aller y voir de plus près pour découvrir les autres ouvrages de ces écrivains !

Julien Gracq : *Le Rivage des Syrtes* (1951), *Un balcon en forêt* (1958).

Michel Tournier : *Vendredi ou les Limbes du Pacifique* (1967), *Vendredi ou la Vie sauvage* (1971), *Le Roi des aulnes* (1970).

Milan Kundera : *La Plaisanterie* (1967), *La Valse aux adieux* (1976), *L'Insoutenable Légèreté de l'être* (1984).

J.M.G. Le Clézio : *Désert* (1980), *Le Chercheur d'or* (1985).

Patrick Modiano : *Rue des boutiques obscures* (1978), *Dora Bruder* (1997).

Pascal Quignard : *Tous les matins du monde* (1991), *Terrasse à Rome* (2000).

Zoom

Kundera, l'art du roman

Grand romancier, Milan Kundera est aussi un théoricien du roman hors pair, qui sait donner comme personne l'envie de relire les classiques. À lire, notamment, L'Art du roman. *Pour Kundera, le roman est une arme redoutable et un viatique contre la pensée figée, et les plus grands auteurs, comme Rabelais, Cervantès, Dostoïevski, Musil ou Kafka, sont capables de juger leur époque avant tous les autres, de voir plus loin que les plus fins analystes, historiens, sociologues ou hommes politiques. L'art de Kafka et de Dostoïevski, par exemple, est une anticipation géniale de notre univers bureaucratique et totalitaire.*

Les écrivains confirmés

Quelle différence entre ceux que je nomme les « grands » et les « écrivains confirmés » ? Aucune, parfois : certains, dans la liste suivante, sont évidemment destinés à passer dans la précédente, mais la reconnaissance, pour les écrivains qui viennent, est souvent plus récente.

Les catégories ci-après sont quelque peu arbitraires et commodes, mais assumons-les ! Parmi ces écrivains confirmés, vous noterez que figurent deux auteurs disparus depuis peu : Muray et Koltès.

Les stylistes

Michon publie peu, mais il s'est imposé, dès son premier livre édité – sur le tard –, comme un maître du style. Une grande exigence anime aussi l'œuvre de Juliet, qui sait admirablement lire Beckett, qu'il connut, ou des peintres comme Giacometti ou Van Velde. Millet, originaire du Limousin, prend souvent pour cadre de ses romans sa terre natale ; *Ma vie parmi les ombres* se déroule en Corrèze. *Texaco*, de Chamoiseau, prix Goncourt, sillonne la Martinique sur trois générations. Echenoz, avec une douzaine de livres parus, collectionne les prix littéraires : *Je m'en vais* obtient le Goncourt en 1999.

Pierre Bergounioux : *Catherine* (1984), *Jusqu'à Faulkner* (2002).
Patrick Chamoiseau : *Texaco* (1992), *Une enfance créole* (1993-1994).
Jean Echenoz : *Je m'en vais* (1999), *Ravel* (2006).
Charles Juliet : *L'Année de l'éveil* (1989), *Lambeaux* (1995).
Pierre Michon : *Vies minuscules* (1984), *Vie de Joseph Roulin* (1988).
Richard Millet : *Ma vie parmi les ombres* (2003), *Le Goût des femmes laides* (2005).

L'aventure du roman

Si l'on aime les romans qui vous tiennent en haleine, on lira Benacquista ou Rufin, l'un pour ses romans policiers, l'autres pour ses thrillers, qui offrent une vision critique du monde contemporain, divisé entre un Nord opulent et arrogant et un Sud exsangue (Rufin, médecin engagé, un des fondateurs de Médecins sans frontières, n'est pas toujours tendre vis-à-vis des organisations humanitaires, qu'il connaît bien). Japrisot et Rouaud reviennent sur les conflits mondiaux qui ont marqué le siècle. Taillandier, grand spécialiste de Balzac, a entrepris, comme son modèle, de dresser un état des lieux de la société contemporaine et de mettre en évidence la comédie que nous nous jouons à nous-mêmes. Duteurtre, qui se fit connaître avec un pamphlet à recommander (*Requiem pour une avant-garde*, 1995), n'en finit pas d'ironiser sur nos travers – qui sont aussi les siens, les héros de Duteurtre étant souvent des sortes de doubles ironiques de lui-même – et sur les dérives de notre époque, soumise à une marche forcée vers le progrès. Marie NDiaye publie depuis l'âge de 18 ans. *Rosie Carpe* est, de l'avis de beaucoup, un chef-d'œuvre, qui narre le parcours d'une jeune femme de Brive-la-Gaillarde jusqu'en Guadeloupe, où elle va à la recherche de son frère.

Tonino Benacquista : *La Maldonne des sleepings* (1989), *Saga* (1997).
Emmanuel Carrère : *L'Adversaire* (2000), *Un roman russe* (2007).
Benoît Duteurtre : *Les Vaches* (1987), *Chemin de fer* (2006).
Philippe Forest : *L'Enfant éternel* (1997), *Toute la nuit* (1999).

Pour en savoir plus

Fortune du polar

Le policier, ou le polar, se porte bien au XXe siècle. Après Simenon, vous pourrez lire Léo Malet (1909-1996), qui commence sa série des aventures de Nestor Burma avec 120, rue de la Gare *(1943). Jean-Patrick Manchette (1942-1995), dialoguiste et scénariste, publie* La Position du tireur couché *en 1982. Jean-Claude Izzo (1945-2000) compose* Total Khéops *en 1995. Didier Daeninckx donne* Meurtres pour mémoire *(1984).*

Zoom

Du côté de la critique : René Girard

Mensonge romantique et vérité romanesque *(1961) est une révélation pour de nombreux lecteurs. Longtemps décrié par l'intelligentsia française, adulé par des cercles de plus en plus larges, Girard a fait sa carrière aux USA, dans les plus grandes universités. Aujourd'hui, ce penseur, anthropologue et critique de premier ordre semble enfin reconnu par la France : il siège à l'Académie française depuis 2005.*

Sébastien Japrisot : *Les Mal Partis* (1966), *Un long dimanche de fiançailles* (1991).
Marie NDiaye : *Rosie Carpe* (2001), *Mon cœur à l'étroit* (2007).
Daniel Pennac : *Au bonheur des ogres* (1985), *La Fée carabine* (1987).
Jean Rouaud : *Les Champs d'honneur* (1990), *Des hommes illustres* (1993).
Jean-Christophe Rufin : *Les Causes perdues* (1999), *Globalia* (2004).
François Taillandier : *Option paradis* (2005), *Telling* (2006).

Les polémistes

Qu'on les apprécie ou non, les quatre auteurs qui suivent sont de premier ordre.

Le cas Jourde

Romancier de talent, Pierre Jourde crée la polémique par ses romans et ses ouvrages critiques. La publication de *Pays perdu* lui a mis à dos le village d'où sa famille est originaire : les habitants ont cru déceler une critique cinglante dans cette évocation touchante et composée dans un grand style d'une Auvergne paysanne. Autre polémique : celle qui l'a opposé au journal *Le Monde* après la parution de *La Littérature sans estomac*, où l'écrivain dénonce la connivence qu'il croit identifier entre le supplément littéraire du quotidien et les milieux éditoriaux. À lire entre autres : *Pays perdus* (2003) et *Festins secrets* (2005).

> Zoom
>
> **L'Adversaire**
> *Le roman d'Emmanuel Carrère s'inspire de la vie très romanesque et incroyable de Jean-Claude Romand, cet homme qui, en 1993, assassine sa femme, ses enfants et ses parents au moment où ils allaient apprendre la vérité sur son existence : l'homme se faisait passer pour médecin auprès de sa famille depuis dix-huit ans !*

Le cas Dantec

Maurice G. Dantec est l'auteur de magnifiques polars métaphysiques, de romans apocalyptiques qui déroutent parfois jusqu'à ses admirateurs, mais aussi d'un journal qui défraie la chronique en raison de ses prises de position radicales (chrétiennes anti-islam notamment). Dantec se place dans la lignée de Léon Bloy pour dénoncer le matérialisme contemporain et la société de consommation. Comme Jourde, Dantec s'en prend volontiers aux médias. *Le Monde* devient *L'Immonde* et *Libération* devient *L'Aberration* sous sa plume ! À lire de Dantec : *La Sirène rouge* (1993) ; *Les Racines du mal* (1995).

> Pour en savoir plus
>
> ***Jourde fait rire***
> *Pierre Jourde n'est pas seulement un romancier de talent, il est aussi un polémiste drôle et redoutable. À lire, le désormais classique* Jourde et Naulleau. *Dans cette parodie du* Lagarde et Michard, *Jourde et son compère Éric Naulleau s'en prennent, extraits en mains, à plusieurs de nos – fausses ? – gloires littéraires.*

Le cas Houellebecq

Adulé ou détesté – il écrit bien ou très mal, selon les avis – Michel Houellebecq a le mérite d'avoir senti, mieux que beaucoup d'autres, une certaine décadence de notre époque et ses impasses, liées en partie, selon l'auteur, aux dérives de mai 1968. Houellebecq, qu'on se le dise, est vu par beaucoup comme un réactionnaire ! Tout est devenu consommation, nous dit-il entre autres, le sexe aussi : dérive, fuite en avant. Sous ses dehors nonchalants, l'écrivain est en fait un moraliste. Autre mérite de l'auteur : avoir réveillé le milieu éditorial français. La sortie de chacun de ses romans, vendus à des centaines de milliers d'exemplaires, fait l'objet d'une publicité très importante. À lire entre autres : *Extension du domaine de la lutte* (1994) et *Les Particules élémentaires* (1998).

Le cas Muray

Disparu en 2006, Philippe Muray fut un grand critique (son *Céline* est un classique), un grand romancier et un pamphlétaire jubilatoire, qui ridiculisa sans relâche la modernité et son goût idolâtre pour le « festif ». L'homme contemporain est un être de fête – culture, rollers, politique, *gay pride*... –, et tout, sous son regard superficiel, se transforme en grande parade et communion obligatoire. À lire par exemple : *Le XIXe Siècle à travers les âges* (1984) et *On ferme* (1997).

Les dramaturges

Bernard-Marie Koltès (1948-1989) est le dramaturge français contemporain le plus joué dans le monde. En 1970, il reçoit le théâtre comme un choc après une représentation de *Médée* avec Maria Casarès dans le rôle-titre. Avec *Retour au désert*, Koltès est entré au répertoire de la Comédie-Française, en 2007. De l'auteur, on lira aussi, entre autres, *Dans la solitude des champs de coton* (1985) et *Roberto Zucco* (1988).
Yasmina Reza connaît un succès international avec *Art* (1994). De Reza, on pourra lire aussi *Conversations après un enterrement* (1987).

La poésie

Né dans le Bas-Rhin, Claude Vigée est issu d'une famille juive, alsacienne depuis trois siècles. Réfugié aux États Unis à partir de 1943, le poète y enseigne longtemps la littérature française. Son premier recueil de poèmes, *La Lutte avec l'ange*, paraît en 1950. À lire aussi, entre autres livres, *Le Soleil sous la mer* (1972) et *Danser vers l'abîme* (2004).
Deux auteurs récemment disparus figurent parmi les grands noms de la poésie contemporaine : André du Bouchet (1924-2001) et Jean Grosjean (1912-2006). Du premier, on lira par exemple *Dans la chaleur vacante* (1961). Le second, poète mais aussi traducteur célèbre des textes bibliques et du Coran, a publié de nombreux recueils, depuis *Terre du temps* (1946) jusqu'à *La Rumeur des cortèges* (2005).
Philippe Jaccottet (né en 1925), enfin, s'est imposé depuis des décennies par sa double activité de traducteur et de poète. *Paysages avec figures absentes* (1976), parmi d'autres recueils, donne un aperçu de son œuvre, particulièrement exigeante.

La petite histoire

Le Théâtre des opérations ; journal métaphysique et polémique : *le titre du journal de Dantec énonce déjà tout un programme. Trois volumes sont parus à ce jour :* Manuel de survie en territoire zéro *(2000),* Laboratoire de la catastrophe générale *(2001) et* American Black Box *(2007).*

Zoom

Du côté des revues

Parmi les nombreuses revues littéraires actuelles, L'Atelier du roman, *revue trimestrielle coéditée par Flammarion et Boréal, mérite un coup de chapeau : lieu de réflexion sur le roman, comme son nom le laisse entendre, elle réussit le tour de force de proposer des articles à la fois très fouillés et d'une grande liberté de ton. Est-ce le hasard ? Quelques-uns des écrivains qui figurent dans nos listes composent ou ont composé pour la revue : Houellebecq, Duteurtre, Taillandier, Kundera et le regretté Muray.* L'Atelier du roman *est dirigée par l'essayiste Lakis Proguidis.*

Francophonie ou « littérature-monde » ?

Doit-on encore parler de francophonie pour désigner ces écrivains issus des Dom-Tom ou étrangers qui composent en français, ou bien faut-il préférer l'expression « littérature-monde » comme le recommandent aujourd'hui les signataires de ce que l'on appelle déjà le « manifeste des 44 » ?

Une communauté de destin

La francophonie a vécu, nous disent-ils, et continuer à classer les écrivains qui la composent sous cette catégorie revient à les ghettoïser. D'ailleurs, il est à noter qu'on réserve souvent le titre d'écrivains francophones à des auteurs noirs : Chamoiseau, francophone parce que martiniquais, et Semprun ou Nothomb, rangés dans les rayons de littérature française avec Hugo et les autres...
Le ton est donc polémique chez les signataires du manifeste, mais le concept de « francophonie » n'est pas seul en cause ici. Les « 44 » remettent en question, surtout, une littérature française contemporaine qu'ils jugent trop intimiste, centrée sur elle-même et le milieu éditorial parisien. Avec la « littérature-monde », notre langue doit s'ouvrir aux problèmes qui touchent d'autres territoires que la nation française. Une communauté de langue doit être une communauté de destin.

Pour en savoir plus

Incroyable cette facilité à écrire que possède Amélie Nothomb ! On dit qu'elle produit tellement qu'elle tient en réserve des dizaines de livres pas encore publiés ! Les mauvaises langues parleraient de graphomanie plutôt que d'écriture...

Quelques œuvres de littérature-monde

Voici, pour terminer, une sélection d'ouvrages de littérature-monde ! Ils nous viennent de Belgique ou de Suisse, du Québec ou du Mali. Certains sont célèbres (Nothomb, Makine, Kourouma, Hampaté Bâ, Huston, Bouvier), quelques-uns conjuguent célébrité et grands tirages (Nothomb, Makine), mais tous méritent le détour... Et la liste n'est pas exhaustive !

France

Gisèle Pineau : *Les Colères du volcan* (2004).
Anna Moï : *Parfum de pagode* (2003).
Simone Schwartz-Bart : *Ti-Jean l'horizon* (1998).

Belgique

Amélie Nothomb : *Stupeur et tremblements* (1999).
Jean Ray : *Malpertuis* (1943).

Zoom

Le manifeste des 44
C'est le Malouin Michel Le Bris, fondateur du festival Étonnants Voyageurs, qui a pris l'initiative, avec Jean Rouaud, de lancer ce manifeste, en mars 2007. De Le Bris, on lira par exemple D'or, de rêves et de sang *consacré, comme l'indique le sous-titre, à « l'épopée de la flibuste » (2004).*

Suisse
Nicolas Bouvier : *L'Usage du monde* (1963).
Jacques Chessex : *L'Ogre* (1973).

Russie
Andreï Makine : *Le Testament français* (1995).

Haïti
Lyonel Trouillot : *Bicentenaire* (2005).

Afrique
Tahar Ben Jelloun : *Moha le fou, Moha le sage* (1997).
Rachid Boudjedra : *La Répudiation* (1969).
Albert Cossery : *Les Couleurs de l'infamie* (1999).
Mohamed Dib : *Qui se souvient de la mer* (1962).
Emmanuel Dongala : *Johnny, chien méchant* (2002).
Amadou Hampaté Bâ : *L'Étrange destin de Wangrin* (1973).
Yasmina Khadra : *À quoi rêvent les loups* (1999).
Ahmadou Kourouma : *Allah n'est pas obligé* (2000).
Fouad Laroui : *De quel amour blessé* (1998).
Rachid Mimouni : *La Malédiction* (1993).
Sony Labou-Tansi : *La Parenthèse de sang* (1981).
Véronique Tadjo : *Reine Pokou, concerto pour un sacrifice* (2005).
Kateb Yacine : *Nedjma* (1956).

Canada
Réjean Ducharme : *L'Océantume* (1968).
Jacques Ferron : *Le Saint-Elias* (1972).
Nancy Huston : *Une adoration* (2003).
Dany Laferrière : *Le Cri des oiseaux fous* (2000).
Gaétan Soucy : *La petite fille qui aimait trop les allumettes* (2000).
Michel Tremblay : *La grosse femme d'à côté est enceinte* (1978).
Sylvain Trudel : *Du mercure sous la langue* (2005).

7 Annexes

Bibliographie

Dès lors qu'on rédige un ouvrage consacré à la littérature française, constituer une bibliographie relève du pari impossible : les références foisonnent et on se retrouve vite face à des choix embarrassants. Si la collection « Clés en main » ne s'adresse pas en priorité à un public d'experts mais propose, au contraire, des manuels destinés à un public large, l'étape nécessaire de la bibliographie conduit néanmoins à présenter des lectures plus spécialisées, plus pointues. À chacun ensuite, selon son bon vouloir, selon son plaisir, selon l'intérêt qu'il porte à une question, d'aller de l'avant ou de s'en tenir à ce qui lui a été proposé dans l'ouvrage.
En tête de la bibliographie figurent quelques livres à caractère général, dictionnaires ou histoires littéraires. Viennent ensuite d'autres références, classées par genre littéraire : roman, théâtre, poésie. Nous terminons par des ouvrages qui permettent, à l'intérieur d'un genre déterminé ou de manière plus transversale, d'approfondir une question précise, par exemple celle de la courtoisie ou de l'humanisme.

Histoires littéraires et dictionnaires

Kléber HAEDENS, *Une histoire de la littérature française,* Paris, Grasset, 2007.
Daniel COUTY, *Histoire de la littérature française,* Paris, Bordas, 2004 ; *Dictionnaire des œuvres et des thèmes de la littérature française,* Paris, Hachette, 1991.
Jean D'ORMESSON, *Une autre histoire de la littérature française,* Paris, Gallimard, 2005.
Charles DANTZIG, *Dictionnaire égoïste de la littérature française,* Paris, Grasset, 2005.
Pierre BRUNEL et Denis HUISMAN, *La Littérature française des origines à nos jours,* Paris, Vuibert, 2007.
Henri MITTERRAND, *Dictionnaire des grandes œuvres de la littérature française,* Paris, Le Robert, 1997.

Sur le roman

Michel RAIMOND, *Le Roman depuis la Révolution,* Paris, Armand Colin, 1967.
Milan KUNDERA, *L'Art du roman,* Paris, Gallimard, 1986 ; *Le Rideau,* Paris, Gallimard, 2005.
René GIRARD, *Mensonge romantique et vérité romanesque,* Paris, Hachette Pluriel, 1978.
Lakis PROGUIDIS (direction), *L'Atelier du roman* (revue littéraire trimestrielle, qui paraît depuis 1993), Boréal-Flammarion.

Sur le théâtre

André DEGAINE, *Histoire du théâtre dessinée,* Paris, Nizet, 1992 ; *Le Théâtre raconté aux jeunes,* Nizet, 2006.
Anne UBERSFELD, *Lire le théâtre,* Paris, Éditions sociales, 1981.
Jacqueline DE JOMARON, *Le Théâtre en France,* LGF, 1993.

Sur la poésie

Jacques CHARPENTREAU, *Trésors de la poésie française,* Paris, Hachette Jeunesse, 2004.
Jean-Louis JOUBERT, *La Poésie,* Paris, Armand Colin-Gallimard, 1965.
Jean-Pierre RICHARD, *Poésie et profondeur,* Paris, Le Seuil, 1955.

Sur la courtoisie

Denis DE ROUGEMONT, *L'Amour et l'Occident,* Paris, Plon, 1972.
Georges DUBY, *Le Chevalier, la Femme, le Prêtre,* Paris, Hachette, 1981.
Henri-Irénée MARROU, *Les Troubadours,* Paris, Le Seuil, 1971.

Sur l'humanisme

André CHASTEL, *L'Humanisme,* Skira, 1995.
Marc FUMAROLI, *Exercices littéraires ; de Rabelais à Valéry,* Paris, Gallimard, 2006.

Sur la comédie

Charles MAURON, *Psychocritique du genre comique,* Paris, José Corti, 1985.
Pierre VOLTZ, *La Comédie,* Paris, Armand Colin, 1964.

Sur la tragédie

Christian BIET, *La Tragédie,* Paris, Armand Colin, 1997.
Jacques SCHERER, *La Dramaturgie classique en France,* Paris, Nizet, 1983.
Paul BÉNICHOU, *Morales du Grand Siècle,* Paris, Gallimard, 1988.

Sur le classicisme

Roger ZUBER, Micheline CUÉNIN, *Littérature française, le classicisme* (tome 4), Arthaud, 1990.
Marc FUMAROLI, *Le Poète et le Roi ; Jean de La Fontaine en son siècle,* Paris, éditions de Fallois, 1997.

Sur le romantisme

Paul BÉNICHOU, *Le Temps des prophètes,* Paris, Gallimard, 1997.
Yves VADÉ, *L'Enchantement littéraire ; écriture et magie de Chateaubriand à Rimbaud,* Paris, Gallimard, 1990.
Michel LIOURE, *Le Drame romantique et ses grands créateurs,* Paris, PUF, 1955.

Sur le fantastique

Roger CAILLOIS, *Anthologie du fantastique,* Paris, Gallimard, 1977.
Tzvetan TODOROV, *Introduction à la littérature fantastique,* Paris, Le Seuil, 1970.

Sur le surréalisme

Maurice NADEAU, *Histoire du surréalisme,* Paris, Le Seuil, 1970.

À ma mère et à ma grand-mère

Index des auteurs

T

U

V

W

Y

Z

Remerciements

À Muriel, pour nos quinze ans et aux trois louveteaux : Matteo, Andrea et Zoé

– À l'ami Bertrand, qui, d'abord, n'a pas pu se joindre moi pour ce livre ;
– à l'ami Pierre, qui m'a soufflé quelques noms d'écrivains que j'allais oublier ;
– aux autres amis, qui, de semaine en semaine, ont suivi les progrès de ce travail.

Toutes les clés, une collection de culture générale accessible à tous, pour tout savoir ou se rafraîchir la mémoire.

Déjà parus :
la littérature française
la chanson française
les séries TV
les religions
les tueurs en série

Impression réalisée sur CAMERON par
BRODARD ET TAUPIN
La Flèche
Imprimé en France
Dépôt légal : septembre 2007
N° d'impression : 43114
ISBN : 978-2-0123-7334-1
23-23-7334-01/8